초보자와 지도자를 위한 수영 지침서

수영지도론

김재호 저

대경북스

머리말

20세기 중후반만 해도 수영을 즐기려면 가까운 강이나 호수, 해변 등을 찾아야 했다. 그러나 생활체육의 저변 확대와 더불어 전국적으로 수많은 실내수영장이 건설되어 과거에 비해 손쉽게 수영을 할 수 있게 되었고, 각 수영장마다 전문 강사들이 배치되어 정확한 동작을 단계적으로 학습할 수 있게 되었다.

수영은 여러 가지 장점을 지닌 스포츠이다. 수영은 전신운동이므로 신체를 아름답게 만들어주며, 유산소운동이므로 심폐지구력과 전신지구력을 강화시켜 준다. 또한 무중력 상태의 운동이므로 물리치료요법과 예방의학으로 이용할 수 있으며, 어린이나 노인 또는 비만인 사람이 운동을 하더라도 관절부상의 위험이 없는 부드러운 운동이다. 그렇기 때문에 건강과 즐거움을 위해 수영을 하는 사람도 많지만, 상해와 질병으로부터 재활하기 위해 수영을 하는 사람도 많다.

그러나 수영은 물 속이라는 특수한 환경에서 실시하기 때문에 안전사고에 유의하여야 하며, 사고예방을 위해 반드시 안전수칙을 지켜야 한다. 본 서에서는 수영 이론적 기초, 각종 영법과 스타트 및 턴 기술 등은 물론 대상별 수영지도법, 수영과 관련된 상해의 예방 및 처치법과 사고발생시 응급처치법 등 수영이라는 스포츠를 즐기는 데 꼭 필요한 정보를 담기 위해 노력하였다.

본 서의 내용을 살펴보면 다음과 같다.

제1장 수영의 특성에서는 수영이라는 스포츠의 특성에 대하여 기술하였다.

제2장 여러 가지 영법에서는 자유형, 배영, 평영 등 수영의 여러가지 영법에 대하여 기술하였는데, 각 영법별로 다리와 팔 등의 동작과 호흡법, 지도방법 및 평가방법 등을 자세히 설명하였다.

제3장 스타트와 턴에서는 수영의 스타트와 턴에 대하여 기술하였다.

제4장 대상별 수영트레이닝에서는 나이별 · 성별 및 임산부나 천식아, 뇌성마비아, 장애인 등 대상에 따른 수영의 특성과 지도방법에 대하여 기술하였다.

제5장 수영장의 위생관리와 질병에서는 수영장의 위생관리와 그와 관련된 질병에 대해 기술하였다.

제6장 수영상해 예방과 처치에서는 수영을 함으로써 발생할 수 있는 각종 상해와 예방법에 대하여 설명하였다.

제7장 수영사고와 응급처치에서는 수영 중 발생할 수 있는 여러가지 사고와 함께 사고가 발생했을 때 취할 수 있는 응급처치에 대하여 기술하였다.

아무쪼록 본서가 체육스포츠를 전공하는 학생들과 수영이라는 스포츠에 관심을 가진 분들, 그리고 상해 및 질병에서 벗어나기 위해 재활수영을 실시하는 분들 모두에게 도움이 되기를 바라며, 수영관련 지도자, 수상안전요원, 응급처치요원 및 구급요원 등에게 지침서로서 활용될 수 있기를 기대한다.

2020년 3월

저자 김재호

차 례

1 수영 초보자를 위한 기본 지식

2 수영의 기초과학과 특성 ★

3 수영 초보자 지도법 ★

5 배영 지도법 ★

8 기타 영법 지도법

10 수영사고와 응급처치

제 1 장

수영 초보자를 위한 기본 지식

1. 수영이란 무엇인가

1) 정의

수영(水泳)은 단순히 단어를 풀어쓰면 물(水)에서 헤엄(泳)을 치는 행위를 말하지만, 넓게 보면 굉장히 다양한 뜻을 지니고 있는 용어이다. 수영은 보통 물을 이용한 여가, 운동, 경기는 물론 생존을 위한 수단의 의미도 가지고 있다.

수영은 오랜 기간 동안 최고의 공공 오락 행위로 여겨지고 있으며, 교육 커리큘럼에 수영 수업을 필수적으로 포함시키는 국가도 많다. 또한 공식적인 운동경기로서의 수영은 현대 하계올림픽을 포함한 다양한 지역, 국가, 대륙에서 개최되고 있다. 수영 방법에 따라 경영(競泳), 수구(水球), 다이빙, 싱크로나이즈드 스위밍 등 다양한 종목이 있다.

2) 과학

수영은 중립에 가까운 부력에 의존한다. 인간의 몸은 물보다 밀도가 약간 낮기 때문에 물은 수영을 하는 동안 인간의 체중을 지탱해 준다. 결과적으로 수영은 달리기와 같은 육상 활동에 비해 인체에 미치는 충격이 적다.

물의 밀도와 점도는 물에서 움직이는 물체에 대한 저항을 만들어낸다. 이러한 물의 특성 때문에 수영 스트로크는 이 저항을 이용하여 추진력을 생성하지만, 반대급부로 몸이 저항에 끌려가는 것이다.

더 빨리 수영하고 덜 지치기를 원하는 수영선수들은 물의 저항을 줄이기 위해 더 빠른 스트로크 기법을 이용하려고 노력한다. 스트로크가 빨라질수록 신체를 유체

역학적으로 활용할 수 있다. 예를들면 물과의 마찰면적을 최대한 줄이기 위해 몸을 굽히고, 파동저항을 줄이기 위해 가능한 한 멀리 팔을 뻗는 방법이 있다.

또한 수영장에 입수하기 직전 쪼그려앉는 운동이나 스쿼트로 허벅지 근육을 따뜻하게 만들면 출발할 때 도움이 된다.

3) 기술

수영은 '스트로크(영법)'라고 알려져 있는 다양한 스타일을 사용한다. 경기를 하려면 정해진 스트로크를 사용해야 하지만, 경기가 아닌 경우에는 그럴 필요가 없다. 훈련을 받지 않은 초보자들은 네 발 달린 동물들이 수영하는 방법과 유사한 개헤엄을 활용해도 좋다.

경기나 레크리에이션 수영에 사용되는 스트로크는 자유형, 배영, 평영, 접영으로 나뉜다. 1800년대에 시작된 유럽수영대회는 주로 평영이 사용되었다. 1873년 존 아서 트러젠(J. Arther Trudgen)은 본인의 이름을 딴 트러젠 스트로크를 소개했다. 그것은 머리를 수면 밖으로 낸 상태로 팔은 자유형 동작인 크롤 스트로크를 쓰고, 다리는 평영 스트로크를 쓰는 방법이다. 이 스트로크는 익수자에게서 시선을 떼지 않고 빠르게 접근할 때 사용하는 방법 중 하나다. 익수자가 발생했을 때 위치를 놓치면 구조가 힘들고, 설사 구조했다고 하더라도 발버둥치는 익수자에게 빨려 들어가 동반 익사의 위험이 있기 때문에 인명구조에서는 이런 스트로크가 효과적이다.

접영은 1930년대에 발달했는데, 1953년에 고유의 스트로크로 인정받기 전까지 평영의 변형으로 여겨졌다. 접영은 모든 영법 중에 가장 힘들지만, 모든 근육을 단련하는 데에 효과적이며 가장 많은 칼로리를 소모한다.

훈련이나 구조 같은 특정 목적을 위한 스트로크도 있으며, 특정 신체부위를 사용하지 못하는 사람을 위한 특수한 스트로크도 개발되었다.

4) 목적

여가에서부터 직업이나 경기까지 인류가 수영을 하는 이유는 다양하다.

(1) 레크리에이션(오락)

수영은 인간이 참여하기 쉬운 신체활동이다. 레크리에이션으로 하는 수영은 운동, 휴식, 재활에도 사용될 수 있다. 또한 물이라는 물질적인 요소 덕분에 수영은 육상 활동을 할 수 없는 사람도 쉽게 접근할 수 있어서 유익한 운동이다.

(2) 건강

수영은 육상 운동에 비해 비교적 오래 할 수 있다. 시간이 경과할수록 근육에 일정한 산소를 계속 공급해야 한다. 또한 수영은 근육 강화에도 도움이 되기 때문에 굉장히 효과적인 운동이라고 할 수 있다. 관절염환자들의 증상을 완화시키는 데에도 도움이 된다.

수영은 에어로빅 운동과 마찬가지로 스트레스를 해소하는 역할도 한다. 또한 심혈관질환자들에게도 많은 도움이 되며, 임산부나 산모들의 정신건강에도 긍정적인 영향을 미치는 것으로 확인되고 있다.

(3) 장애인 수영

미국의 '장애인 법'에 의하면 미국의 모든 수영장은 장애인 수영선수들이 이용할 수 있도록 규정하고 있다.

(4) 노인 수영

수영은 삶의 질을 향상시키고 장애가 될만한 요소를 감소시킴으로써 노인에게 유용하게 작용한다. 또한 폐경 후 여성들의 뼈 건강을 증진시키거나 유지시켜 준다.

(5) 경기

경영경기는 1896년부터 올림픽종목으로 존재했고, 현재는 50m에서 1,500m에 이르는 종목들이 운영되고 있다. 다른 종목으로는 오픈워터수영, 다이빙, 싱크로나이즈드 수영, 수구, 철인 3종경기 등이 있다.

(6) 직업

어떤 이들은 전복이나 진주 등을 캐서 생업을 유지하기 위해 수영을 한다. 물속에서 위험에 처한 사람들을 구조하는 사람들에게도 수영은 반드시 필요하고, 해양생물을 관찰하는 데에 활용되기도 한다.

한편 수영은 군사적인 목적도 가지고 있다. 해병대와 같은 특수기동부대나 해안경비부대의 군인들은 필수적으로 수영을 익혀야 한다. 이들은 수영을 통해 특정 장소에 접근하고 정보를 수집하고, 전투 시에 침투하거나 탈출하게 된다. 또는 침몰하는 선박이나 잠수정에서 탈출하는 용도로도 수영이 활용된다.

수영은 프로스포츠의 역할도 하는데, 많은 기업들이 세계적인 수준의 선수들에게 후원을 하고 있다.

5) 위험

사람이 물속에서 활동할 때는 육지에서 활동하는 것처럼 움직이기 힘들기 때문에 언제나 크고 작은 위험들이 도사리고 있으며, 최악의 경우 익사할 가능성도 있다. 경험이 부족한 초보자가 물에 대한 공포를 느껴 과호흡을 하면 익사할 수 있다.

신체가 완전히 성장하고 폐가 최대로 확장된 성인은 중립적인 부력을 가지고 있어서 고요하고 잔잔한 물에서는 약간의 노력만으로도 뜰 수 있다. 그러나 아동의 경우 신체가 발달하지 않았기 때문에 물에 뜨기 힘들어서 가라앉지 않기 위한 노력을 지속적으로 해야 한다.

물속에 너무 오래 머물면 저체온증이나 심부전에 의해 사망에 이를 수도 있다. 또한 장기간 바다에 떠 있으면 탈수현상이 일어날 수 있고, 드물지만 소금물을 잘못 마셔 폐에 들어가면 호흡기에 이상이 생겨서 즉사할 수도 있다. 이런 현상은 구명조끼를 입고 있을 때에도 겪을 수 있는 위험한 현상이기 때문에 빠른 구조가 필요하다.

수영장에서는 박테리아, 바이러스, 기생충에 감염이 될 위험도 있고, 락스 소독이 잘못된 경우 염화가스에 중독될 수 있다. 심장마비로 사망하는 경우도 간혹 발생한다. 바다, 호수, 강 등에서 해파리, 갑각류, 바다뱀, 전기뱀장어처럼 위험한 수생 생물과의 접촉으로 상처를 입을 수도 있다.

따라서 모든 수영장은 구조 훈련을 받은 사람들을 배치하여 철저한 안전을 보장하여야 한다.

2. 수영의 역사

1) 고대

이집트 남서부 와디수라 동굴에서 수영을 하는 사람이 그려져 있는 벽화가 발견되었다. 이것을 증거로 1만년 전에도 수영을 했다고 인식한다. 그런데 수영과 무관한 주술적인 의미를 지니고 있을 가능성도 배제할 수 없다. 또한기원전 9000년에서 4000년 사이에 만들어진 것으로 알려진 이집트 유물 중에 자유형 손동작, 즉 프런트 크롤(front crawl)을 하는 듯한 모습의 사람이 그려진 그림도 발견되었다.

그림 1-1 수영하는 사람이 그려진 이집트 동굴 벽화

바빌로니아나 아시리아의 벽화에는 평영을 하는 듯한 모습의 사람이 그려져 있는데, 기원전 4000년경 카비르사막에서 발견된 그림이 가장 유명하다.

기원전 2800년경 인도에서는 길이 12m, 폭 7m의 수영장이 지어졌고, 크레타섬에 있는 미노스궁전에는 목욕을 할 수 있는 탕이 있다.

수영선수들에 대한 묘사는 중동 문명이나 폼페이 유적에서도 발견되고 있다. 문헌으로 남은 가장 오래된 사료는 기원전 2000년경으로 거슬러 올라간다. 비록 수영에 대한 자세한 묘사는 나와 있지 않지만 길가메시, 오디세이, 베오울프나 성경 같은 문헌에서 등장하고 있다.

2) 근대 초기

수영은 벌거벗은 상태로 진행되어야 하므로 상대적으로 보수적이었던 근대 초기에는 대중적인 문화로는 존재할 수 없었다. 1490년즈음 레오나르도 다 빈치는 구명조끼를 입은 듯한 사람이 물에서 헤엄치는 그림을 그렸다.

제대로 된 문헌으로 남은 가장 오래된 자료는 1538년 스위스 잉골슈타트대학교의 독일어 전공 교수였던 니콜라우스 빈만(Nikolaus Wynmann)의 《수영을 하는 자 혹은 수영의 예술에 관한 읽기 즐거운 대화》이다. 이 책의 목적은 익사의 위험성을 줄이기 위한 것이었으며, 평영을 배우는 방법에 대해 매우 체계적으로 접근하고 있다. 또한 공기를 채운 소의 방광이나 갈대 다발, 코르크 벨트 같은 수영 보조 도구에 대한 설명도 자세히 언급되어 있다.

1587년 캠브리지대학교의 에버라드 딕비(Everad Digby) 교수는 인간이 물고기보다 더 빠르다는 주장이 담긴 논문을 썼다. 라틴어로 쓰여진 이 논문에는 평영, 배영, 자유형 등 세 가지 영법이 글과 함께 40개 이상의 목판화 그림들을 수록했다.

1595년 크리스토퍼 미들턴(Christopher Middleton)은 《수영을 배우기 위한 짧은 입문서》라는 저서를 남겼는데, 이 책은 각각 다른 수영 스타일과 방법을 기록한 첫 번째 가이드북이었다.

그림 1-2 레오나르도 다 빈치의 구명조끼 스케치

1696년 프랑스의 과학자 멜키체덱 테베노(Melchisedech Thevenot)는 저서 《수영의 기술》을 통해 현대의 평영과 가장 유사한 영법을 묘사했다. 이 책은 영어로 번역되면서 오랜 기간 교과서 역할을 했다.

1798년 근대 체육의 아버지라 불리는 요안 구츠무스(Johann GutsMuths)는 널리 알려진 체조 전문서뿐만 아니라 수영에 대한 저서도 간행하였는데, 여기에서 수영을 배우기 위한 3단계 접근법을 기술하였다. 그는 물에 익숙해져야 하고, 물 밖에서 수영 동작을 연습하고, 그 후 물속에서 수영 동작을 연습해야 한다고 주장하면서, 이 3단계가 모든 수영 교육의 필수 요소라고 믿었다.

3) 경쟁 스포츠로서의 수영

수영은 1800년대 초 영국에서 경쟁 스포츠로 등장했다. 1828년 최초의 실내 수영장인 성 조지 욕실이 대중에게 공개되었다. 1837년에는 영국에서 국내수영협회가 결성되면서 6개의 인공 수영장에서 정기적인 수영대회를 개최하기 시작했다. 1880년 국가 운영 기구인 아마추어수영협회가 결성될 즈음에는 이미 전국적으로 300개가 넘는 지역 대회가 열리고 있었다.

1844년에는 두 명의 아메리카 원주민들이 런던에서 개최된 수영대회에 참여했다. 이때 영국 선수들은 전통적인 평영을 사용했지만, 아메리카 원주민들은 수세대에 걸쳐 독자적으로 개발된 횡영을 선보이면서 그중 한 명인 '비행하는 갈매기(Flying Gull)'가 우승을 차지한다. 그러나 영국 언론들은 이 영법을 두고 '세련되지 못한 팔 동작에 조잡스러운 발차기'라고 비판했다. 그 이유는 당시 영국인들에게는 물을 사방으로 많이 튀기는 것은 야만적인 행위로 받아들였기 때문이었다. 또한 머리를 물 안에 넣고 수영하는 것을 선호하던 영국인들은 머리가 물에 잠기는 영법은 신사답지 못하다고 여겼다.

이후 영국에서는 1873년까지 공식 대회 영법으로 평영만 인정했지만, 이미 대중들 사이에서는 1840년대 말부터 횡영이 인기를 끌고 있었다. 결국 영국은 횡영도 대회에서 허가하게 되었는데, 그것은 존 아서 트러젠(J. Arther Trudgen) 덕분이었다. 그는 아르헨티나 부에노스 아이레스에서 남아메키라 원주민들이하는 횡영을 목격한 후 1868년에 영국으로 돌아오자마자 연구하기 시작하여 1873년에 획기적인 영법을 개발하면서 1875년 지역 대회에서 우승을 했다. 그 영법은 고대 아시리아에서 사용됐을 것으로 추정되는 영법과 비슷한 측면이 있었다. 이 영법은 전세계적으로 빠르게 퍼져나가며 인기를 얻었다. 그리고 오늘날에도 여전히 효과적인 영법으로 활용되고 있다. 1895년 J.H.세이어스(J.H. Thayers)가 100야드(91미터) 대회에서 횡영으로 1분 2초의 기록으로 우승하게 된다.

바다 수영도 이 시기부터 본격적으로 활성화되었다. 1875년 매튜 웹(Matthew Webb) 선장은 수영으로 영국의 도버해협을 최초로 건넜다. 영국 도버에서 출발한 웹은 평영을 활용하여 21시간 45분만에 프랑스 칼레항에 도착했는데, 그 거리는 21.26마일(34.21km)이었다. 36년 후인 1911년 빌 버지스가 이 해협을 횡단하기 전까지 웹은 유일하게 도버해협을 건넌 인물이었다.

그림 1-3 트러젠 영법

영국에서의 수영 인기에 힘입어 독일(1882년), 프랑스(1890), 헝가리(1896)에서도 각각 수영연맹이 설립되었다. 최초의 유럽 아마추어선수권대회는 1889년 오스트리아 비엔나에서, 세계 최초의 여자선수권대회는 1892년 스코틀랜드에서 개최됐다.

스웨덴 스톡홀름 출신 낸시 에드버그(Nancy Edberg)는 1847년부터 스톡홀름에서 여성 수영을 대중화시켰다. 에드버그는 남녀 모두 수영 강습을 받을 수 있는 데 공헌하였고, 이웃 국가인 덴마크와 노르웨이에도 여성들을 위한 수영 강습을 도입하였다. 1856년부터 그녀의 제자들과 함께 개최한 수영대회는 유럽 최초의 여성 수영대회였다.

4) 올림픽 시대

프랑스의 피에르 드 쿠베르탱은 고대 그리스인의 프시케(정신, 이상)와 에로스(육체, 현실)의 결합을 추구한 체육에 매료되었다. 1894년 국제올림픽위원회(International Olympic Committee : IOC)를 창설한 쿠베르탱의 노력으로 1896년 4월 6일부터 15일까지 그리스 아테네에서 첫 올림픽을 개최하였다. 참여국은 13개 국, 선수는 300여 명이었다.

아테네올림픽은 남자만 참여할 수 있는 대회였다. 수영은 6종목 개최가 예정되었으나 100야드, 500야드, 1200야드 자유형 네 종목과 선원이 참여하는 100야드 등 네 종목만 시범적으로 채택되었다. 경기방식은 종목별 거리만큼 떨어진 바다로 증기선을 타고 나간 후 해안으로 돌아오는 것이었다.

수영은 두 번째 대회였던 1900년 파리올림픽에서 정식종목으로 채택되어 쎄느강에서 개최되었다. 자유형 200m, 1000m, 4000m, 배영 200m, 팀 릴레이 200m가 개최되었다. 또한 장애물 경주와 잠영이 추가되었으며, 초대 올림픽과는 달리 미터법이 적용되었다. 존 아서 자르비스(John Arthur Jarvis)는 4000m에서 1시간 이

내로 들어왔는데, 이 4000m 종목은 2008년에 1만m가 추가되기 전까지 최장거리 종목이었다.

1904년 미국 세인트루이스올림픽에서는 더 많은 경기가 개최되었는데, 파리에서 개최된 미터법과는 달리 미국에서 개최되었기 때문에 야드법으로 표기되었다. 50야드(46m), 100야드, 220야드(200m), 440야드(800m), 1마일(1.6km)의 자유형과 100야드 배영, 440야드 평영과 팀 릴레이 200야드(4×50야드)가 실시되었다. 참고로 그당시 자유형은 크롤영법이 나오기 전이었기 때문에 우리가 아는 자유형(크롤)이 아닌 트러젠이 전파한 횡영이 인기를 끌었다. 또한 이 대회에서 처음 공식 대회로 채택된 다이빙이 있었는데, 지금처럼 일정한 높이에서 뛰는 종목이 아니라 누가 가장 멀리 점프를 하는지를 측정하는 대회였다. 이 종목은 19세기와 20세기 초반에 인기를 얻다가 1920년대에 이르러 "그냥 물에 뛰어들기만 해서 밋밋하고 운동이라고 볼 수 없다"는 비판을 받으며 인기를 잃고 수영대회에서 사라졌다.

1912년 낸시 에드버그의 고향인 스웨덴 스톡홀름에서 열린 올림픽에서는 여성부 경기가 처음으로 개최되었다. 이는 1800년대 중반부터 여성 수영대회를 꾸준히 개최한 에드버그의 힘이었지만, 안타깝게도 정작 본인은 1892년에 세상을 떠나 올림픽을 볼 수 없었다. 남성부 경기는 200m(4×50) 팀 릴레이가 800m(4×200m)로 늘어나고, 400m 평영이 추가되었다. 여성부 경기는 100m 자유형과 400m(4×100m) 자유형 팀 릴레이가 개최됐다.

1924년 파리올림픽에서는 처음으로 코르크로 만든 레인 구분선이 도입되었다.

5) 수영 혁명

(1) 영법의 발전

1928년 아이오와대학의 코치 데이빗 암브러스터가 선수들이 수영하는 모습을 찍은 수중 사진을 바탕으로 영법 연구를 시작한 이래, 과학적인 연구방법이 발전되었다. 특히 일본에서는 수중 사진을 통해 스트로크 메커니즘을 연구한 후 1932년 LA 올림픽에서 금메달 5개, 은메달 5개, 동메달 2개 등 총 12개의 메달을 획득하면서 10개의 메달을 획득한 개최국 미국을 제치고 수영 부문 1위를 차지했다.

1934년에 암브러스터가 고안한 평영을 할 때 팔을 물 위로 올려서 돌리는 접영은 매우 고난도의 기술이었던만큼 속도는 크게 향상되었다. 1년 뒤, 아이오와대학에서 암브러스터의 지도를 받던 선수 잭 시그는 한 번 팔을 휘저을 때 두 번 찰 수 있는 접영의 돌핀킥을 개발하면서 100야드(91m)를 1분만에 주파하였다. LA올림픽에서 자유형 금메달 기록이 58초였으니 시그의 기록은 대단한 발전이었다. 그러나 1936년 독일 베를린에서 개최된 올림픽은 돌핀킥이 금지되어 있어서 사용할 수 없었다. 그런데 암브러스터가 개발한 접영 팔동작은 허용되어 평영에서 접영 팔동작이 활용되었다.

이 시기에 배영도 많은 발전을 이루었다. 기존의 배영은 누운 상태로 수상이든 수중이든 팔을 쭉 뻗어서 돌리는 방식이었다. 그런데 아돌프 카이퍼(Adolf Kiefer) 등의 호주 수영선수들이 수중에서 팔을 구부려서 물의 저항을 줄여 불필요한 힘 손실을 막는 방식을 개발하게 된다. 그 결과 카이퍼는 베를린올림픽에서 금메달을 따게 되었다. 이 방식은 현재까지 가장 보편적인 배영 주법으로 사용되고 있다.

(2) 잠영 논란

반면 이 당시의 평영은 세부적으로 규정이 계속 바뀌고 있었다. 평영은 가슴 위는 물 밖으로 내고 있어야 하기 때문에 모든 영법 중에 가장 저항을 강하게 받아 느릴 수밖에 없었다. 이런 점을 극복하기 위해서 발견한 것이 잠영이었다. 시작부터 최대한 멀리 물속에서 잠영을 하는 방법을 써서 기록을 단축시킨 것이다.

단적인 예로 일본의 후루카와 마사루가 있다. 후루카와는 1956년 멜버린올림픽에서 200m 평영 부문 금메달을 차지했는데, 첫 150m까지는 잠영을 거의 하지 않았다. 그러나 6천cc에 달하는 폐활량(일반 남성 평균 3500cc)을 자랑하던 그는 마지막 50m 중 거의 45m를 물속에서만 수영하면서 기록을 세웠다. 이 사건을 계기로 많은 수영선수들이 평영보다는 잠영 개발에 집중했다. 그 과정에서 많은 선수들이 산소 결핍 현상을 겪었는데, 심지어 경기 도중에 기절하는 사태마저 벌어지게 된다. 사태의 심각성을 인지한 국제수영연맹은 평영경기에서 스타트와 턴할 때 물속에서 수영할 수 있는 거리를 제한하기에 이른다.

1988년 서울올림픽에서는 일본의 스즈키 다이치와 미국의 데이비드 벅오프(David Berkoff)가 배영 100m종목에서 이 잠영을 사용했다. 특히 벅오프는 33m를 수중에서 돌핀킥으로만 이동하는 모습을 선보였다. 스즈키가 55.05, 벅오프가 55.18로 금메달과 은메달을 획득하게 되면서 국제수영연맹은 1991년에 배영도 잠영을 15m로 제한하게 된다.

1998년 접영에서의 잠영이 15m로 제한을 받게 되면서 모든 종목에서 15m 제한이 실시되고 있다.

3. 수영의 경기종목

수영의 모든 공식기록은 국제수영연맹이 정한 국제규격을 적용한 수영장에서 나온 것만 인정한다. 국제수영연맹의 FINA는 프랑스어 Fédération Internationale de NAtation의 약자이다.

기록은 롱코스(50m)와 숏코스(25m)로 나뉘어서 인정된다. 남성 2명과 여성 2명이 출전하는 혼성 혼영 기록은 세계 기록에서 제외되었으나, 2013년 7월부터 공식기록으로 인정하고 있다.

» **자유형** : 50m, 100m, 200m, 400m, 800m, 1500m

» **배영** : 50m, 100m, 200m

» **평영** : 50m, 100m, 200m

» **접영** : 50m, 100m, 200m

» **개인혼영** : 100m(숏코스 한정), 200m, 400m

» **계영(릴레이)** : 4×50m 자유형(숏코스 한정), 4×100m 자유형, 4×200m 자유형, 4×50m 혼영(숏코스 한정), 4×100m 혼영

» **혼성계영** : 4×50m 자유형(숏코스 한정), 4×100m 자유형(롱코스 한정), 4×50m 혼영(숏코스 한정), 4×100m 혼영(롱코스 한정)

4. 수영경기장

대회를 목적으로 한 수영경기장은 국제수영연맹(FINA)의 규정을 준수해야 한다. 《FINA 시설규정》(2015~2017)에는 경영수영장 규격뿐만 아니라 다이빙, 수구, 싱크로나이즈드 수영장 등의 규정도 담겨 있으나 이 장에서는 교재의 목적상 경영수영장 기준만 서술한다.

1) 일반사항

마스터즈 대회를 제외한 모든 세계선수권과 올림픽의 수영경기장은 국제수영연

맹(FINA)의 규정을 준수한 풀에서 열려야 한다. 이러한 풀을 올림픽 표준 수영장이라 한다. 그 외 FINA 주최의 이벤트를 개최하려면 올림픽 표준까지는 아니더라도 최소한의 FINA 시설 규정은 준수해야 한다. 올림픽이나 세계선수권대회를 개최하기 위해 만들어진 수영장은 해당 대회가 개최되는 해의 1월 1일부터 이용할 수 있어야 한다.

2) 경영수영장

(1) 길이

① **50m(롱코스)** : 자동심판장치 터치패널이 수영장의 양쪽 끝에 사용될 때, 2개 패널 사이의 필수거리가 50m여야 한다.

② **25m(숏코스)** : 자동심판장치 터치패널이 수영장의 양쪽 끝에 사용될 때, 2개 패널 사이의 필수거리를 25m여야 한다.

(2) 치수 허용오차

① 50m의 공칭길이에 레인별로 0.03m의 오차가 허용되며, 수영장의 꼭지점 부분에서부터 물 표면까지 0.3~0.8m의 오차가 허용된다. 이 치수들은 측량사 또는 권한을 가진 다른 직원들 또는 수영장이 위치한 나라의 지명되거나 공인된 직원들에 의해 증명되어야 한다.

② 25m의 공칭길이에 레인별로 0.03m의 오차가 허용되며, 수영장의 꼭지점 부분에서부터 물 표면까지 0.3~0.8m의 오차가 허용된다. 이 치수들은 측량사 또는 권한을 가진 다른 직원들 도는 수영장이 위치한 나라의 지명되거나 공인된 직원들에 의해 증명되어야 하며, 터치패널을 설치했을 때 오차범위를 초과해서는 안 된다.

(3) 깊이

스타팅 블록을 가진 풀에서는 돌출벽에서 최소 1~6m까지 허용되며, 최소1.35m의 깊이를 가져야 한다. 다른 곳에서는 최소 1m의 깊이도 허용한다.

(4) 벽

① 돌출벽은 평행하고 수직하여 물의 표면에 90도 직각을 이룬다. 돌출벽은 수면 아래 0.8m 위치까지 단단하고 미끄럼방지처리가 된 표면의 재질로 만들어 경기 참가자들이 벽을 짚고 돌 때 미끄러지는 위험을 방지할 수 있도록 한다.

② 수영장 벽을 따라 휴식 선반이 설치된다. 휴식 선반은 수면 아래 1.2m 미만으로 설치되어야 한다(0.1~0.15m 더 넓게 허용 가능. 내부와 외부 둘 다 난간의 설치가 가능하지만, 내부난간을 선호한다.

③ 배수로는 풀의 4개 면에 모두 설치된다. 만약 돌출벽 쪽 배수로가 설치된다면, 물 표면으로부터 0.3m까지 터치패널이 설치되어야만 한다. 또한 배수로는 그릴이나 스크린으로 덮여 있어야 한다.

(5) 레인

첫 번째 레인과 마지막 레인은 바깥쪽으로 0.2m의 간격을 더 가져야 하며, 다른 레인들은 적어도 2.5m 간격을 유지해야 한다.

(6) 레인로프

① 8개의 레인을 가진 수영장에는 레인로프가 설치되어야 하며, 수영장 양 끝의 돌출벽위로 부표가 수면에 떠 있을 수 있도록 고정장치가 필요하다. 각각의 레인로프는 최소 0.1m~최대 0.15m의 직경을 가진 부표들로 구성되어야 한다. 또한 다음과 같은 색상을 가진 로프가 필요하다.

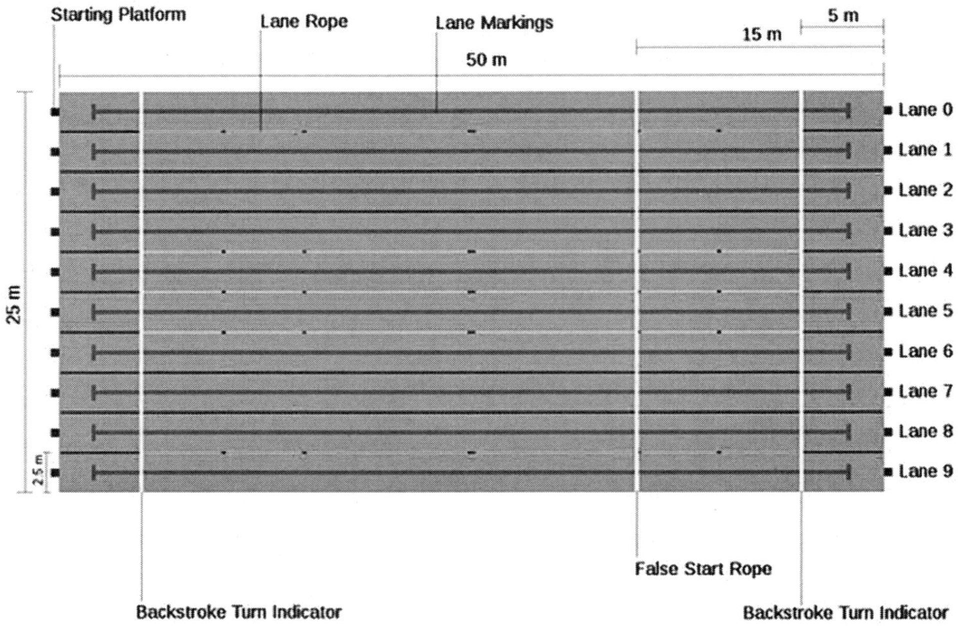

그림 1-4 FINA 공식 수영장 50m 레인 규격

그림 1-5 레인로프 색상

» 1, 8 레인 : 초록색 2줄

» 2, 3, 6, 7 레인 : 파란색 4줄

» 4, 5 레인 : 노란색 3줄

수영장의 양쪽 끝에서 5m의 거리까지는 빨간색이어야 하고, 각 레인 사이에 하나의 레인로프가 설치되어야 한다. 레인로프들은 단단히 고정되어 쭉 뻗어 있어야 한다.

② 수영장 양쪽 끝벽에서 15m 구간부터 부표의 색깔로 거리를 구분할 수 있다.

③ 50m 수영장에는 부표를 이용해서 25m 부분을 표시한다.

④ 레인의 숫자는 부드러운 재질이며, 수영장의 양쪽 끝까지 레인로프가 설치되어 있어야 한다.

⑤ 스타팅 플랫폼 : 스타팅 플랫폼들은 단단하여 스프링효과를 줄 수 없다. 물 표면에서부터 플랫폼까지의 높이는 0.5m에서 0.75m로 한다. 상부 표면적이 최소 0.5×0.5m여야 하고, 미끄럼방지 재료로 피복한다. 최대경사는 10도 이상이 될 수 없다. 플랫폼은 앞면 또는 측면은 시작하는 선수들에게 편안함을 줄 수 있도록 설계되어야 한다. 따라서 0.04m 이상의 플랫폼 두께, 최소 0.1m의 각 측면 두께, 플랫폼 표면에서 0.03m에서 잘려진 앞부분의 두께가 0.4m가 되는 것을 권장한다. 전방 출발을 위한 손잡이들은 스타팅 플랫폼의 양쪽에 설치될 수 있다. 배영 시작을 위한 손잡이들은 수면에 수평 수직방향으로 0.3m~0.6m 이내에 설치되어야 한다. 손잡이들은 돌출벽의 표면에 평행하며, 벽을 넘어 돌출되지 않아야 한다. 돌출벽에서 0.1~0.6m까지의 거리에서 스타팅 플랫폼이 설치된 곳의 수심은 1.35m가 되어야 한다. 전자판독보드가 블록 아래에 설치될 수 있다. 이때 깜빡임은 허용되지 않으며, 수치는 배영경기가 시작되는 동안에 움직이거나 방해요소가 되면 안 된다.

⑥ 넘버링 : 각각의 스타팅블록은 수영장의 4면에서 명확하게 읽혀져야 한

다. 반대편에서 시작하고 끝나는 50m 경기들을 제외하고, 레인 숫자 0은 우측에 있어야 한다. 터치패널은 상단에 번호가 매겨져 있어야 한다.

» 배영 반환점 표식 : 수영장 양쪽 끝벽 위 5m 구간에서 시작하여 수면 위 1.8m 구간까지 수영장을 가로질러 깃발이 달린 로프들이 설치된다. 특유의 마크들은 수영장의 양쪽 돌출벽에서부터 15m 정도, 각 레인로프에서 인식 가능한 곳까지 설치되어야 한다.

⑧ 배영을 위한 선반 : 배영 선반은 이와 같이 사용되어야 한다.

» 선반은 수면 위아래 4cm까지 조절이 가능하다.

» 선반은 최소 65cm 길이다.

» 선반은 경사 10도에 2cm의 두께, 8cm 높이여야 한다.

⑨ 부정출발 방지로프는 시단부 앞쪽 15m에 놓인 고정표준기에서 수면 1.2m아래에 수영장을 가로질러서 설치된다. 이것은 신속이탈장치에 의해 표준에 부합하게 되고, 경기 진행 시 효과적으로 모든 레인을 다룰 수 있어야 한다.

⑩ 물의 온도 : 25~28도를 유지해야 한다. 경기 동안에 수영장의 물은 수심의 변화가 없고, 커다란 출렁거림도 없어야 한다. 대부분의 나라들에서 규정하는 건강규정을 준수하기 위하여 유입과 유출은 커다란 전류 또는 난류가 생성되지 않는 범위 내에서 허용된다.

⑪ 조명 : 스타팅 플랫폼에서와 회전구간에서 빛의 세기는 600lux 보다 작아야 한다.

⑫ 레인 마킹은 어두운 감도의 색깔로 해야 하며, 각 레인 중앙의 수영장 바닥에 놓여 있어야 한다. 두께 : 최소 0.2m, 최대 0.3m, 길이 : 50m 풀에서는 46m, 25m 풀에서는 21m. 각각의 레인표시 선은 레인라인과 동일한 폭의 1m 길이의 교차선이 있는 수영장 돌출벽 2m 전에 끝난다. 타겟라인은 레인라인과 같은 폭을 가진 각각의 레인의 중앙에 있는 터치 패널 또는

돌출벽에 표시된다. 타겟라인은 수영장 바닥 최대 3m 구간부터 갑판가장자리(연석)까지 중단 없이 적용된다. 0.5m 길이의 교차선은 교차선 중심부터 수면 아래 0.3m 구간에 위치한다. 2006년 1월 이후에 지어진 50m 수영장의 경우, 0.5m의 교차선이 수영장 각 끝에서부터 15m 표시구간에 위치한다. 2013년 10월 이후로 교차선은 교차선 중심부터 돌출벽까지 측정되어야 한다.

⑬ 칸막이 벽 : 칸막이벽이 돌출벽 역할을 수행하는 경우 터치패드는 수면 위 0.3m부터 수면아래 0.8m 이내에 장착되어야 하고, 그 표면이 단단하고 부드럽지만 미끄러지지 않는 안전한 수직의 표면으로서 경기 코스를 위한 레인 전체의 폭을 유지할 수 있도록 해야 한다. 또한 선수들의 손, 발, 발가락, 손가락이 닿는 수면 위 · 아래에 위험한 요소들이 없어야 한다.

3) 올림픽과 세계선수권대회를 위한 경영수영장

길이 : 50m(자동심판장치 터치패널 사이의 간격) ; 회전 구간에서 터치패널 또는 벽 그리고 시단부에서 자동심판장치 터치패널 사이가 25m인 세계수영선수권대회(25m)는 제외한다.

(1) 치수오차 허용사항

일반 경영수영장과 동일하다.

(2) 폭

올림픽과 세계선수권대회에서는 25m

(3) 수심

최소 2m이지만, 싱크로나이즈 수영과 같은 다양한 경기를 위해 수영장을 사용할 경우에는 3m를 권고한다.

(4) 벽

일반 경영수영장과 동일하다.

(5) 플러시 월

올림픽과 세계선수권대회를 위한 수영장은 양쪽 끝에는 벽과 동일하게 평평한 플러시월 장비가 장착되어야만 한다.

(6) 레인의 수

8개 레인. 하지만 올림픽게임과 세계선수권대회에서는 10개 레인이 필요하다.

(7) 공간 분리

1레인 당 2.5m의 간격을 갖는다. 올림픽게임과 세계선수권대회에서는 1~8레인의 공간을 분리하도록 레인로프가 필요하다. 만약에 레인이 10개라면, 숫자 0부터 9까지 표시해야 한다.

(8) 레인로프

경기코스를 위한 레인 전반에 설치되어야 하며, 양쪽 돌출벽에 앵커 브라켓을 설치하여 각각의 벽에 고정해야 한다. 앵커(고정장치)는 수영장 양쪽 끝의 부표들이 수면 위에 있도록 하는 역할을 한다. 각각의 레인로프는 최소 0.05m에서 최대 0.15m의 지름을 가지고 수영장 끝에서 끝까지 부표들이 떠 있는 구조로 구성되어 있다.

색상은 일반 수영장 규정과 동일하다.

(9) 스타팅 플랫폼

일반 수영장 규정과 같다. 적어도 표면적이 0.5m×0.6m여야 하고 미끄럼방지재질이어야 하는 것 이외에 부정출발 방지로프가 반드시 설치되어 있어야 한다.

(10) 넘버링

일반 수영장 규정과 동일하다.

(11) 배영 반환점 표식

일반 수영장 규정과 동일하다. 수깃발이 달린 로프들은 수면 위 1.8m 구간에 위치하게 된다. 깃발들은 다음의 치수를 가지고 로프에 고정된다.

» 양쪽 측면에서 0.4m, 로프 위에서 0.2m로 삼각형 형태를 이룬다.

» 각각의 깃발 사이의 간격은 0.25m다. 만약에 깃발에 어떠한 그림이 프린트되어 있거나 서포트하고 있다면, 그 그림들은 FINA에 의해 이미 승인되어진 것들이어야 한다.

(12) 부정출발 방지로프

일반 수영장 규정과 동일하다.

(13) 물의 온도

일반 수영장 규정과 동일하다.

(14) 빛의 세기

수영장 전반적으로 빛의 세기는 1500lux를 초과해서는 안 된다.

(15) 레인마킹

일반 수영장 규정과 동일하다. 각 레인의 중심선 사이의 거리는 2.5m다.

(16) 교차 공간 처리

만약에 수영장과 다이빙풀이 같은 공간에 있다면, 최소 5m의 간격을 띄워야 한다.

5. 수영의 세계 기록

FINA에서 인정하는 기록은 롱코스(50m)와 숏코스(25m)로 나뉜다. 롱코스는 1900년대 초부터 이미 활성화되었으나, 숏코스의 경우 1991년부터 기록 인정 비준을 시작했다. 현존하는 기록들에는 일정한 경향이 있는데, 2008년 2월부터 2009년 12월 사이에 나온 기록들이 굉장히 많다. 이 기록들의 공통점은 당시 첨단 기술에 의해 개발된 전신수영복이 허용됐다는 점이다.

전신수영복은 나일론 합성섬유로 만들어진 스판덱스였다. 일반적인 수영복과 달리 물에 닿았을 때 미끄러지는 효과가 있었으며, 수분 흡수율 또한 현저하게 낮았다. 또한 지퍼를 닫으면서 전신을 압박하여 몸의 면적을 줄임으로써 기록 향상에 굉장히 많은 도움이 됐다.

2008년 2월부터 2009년 12월까지 130개 이상의 세계 기록이 경신되면서 이 수영복은 사용이 금지되었다. 그 후 수영복의 재질에 대한 논의가 이어졌으며 2015년에 나온 기준 지침에 의해 직물의 두께나 부력 및 투과성을 조절하기 위한 구체적인 제한 규정이 마련되었다. 2019년 현재 남성 수영복은 배꼽 위나 무릎 아래로 확장할 수 없

그림 1-6 전신 수영복을 입은 미국 대표팀

고, 여성 수영복은 목을 가리거나 어깨를 덮거나 무릎 아래까지 확장할 수 없다.

이 장에서는 올림픽 공식경기인 롱코스 기록만 게재한다.

표 1-1 롱코스 남자 세계 신기록(2020.01 기준)

종목	시간	이름	국적	날짜	대회	도시
50m 자유형	20.91	세자르 시엘루	브라질	09.12.18	브라질 선수권	브라질 상파울루
100m 자유형	46.91	세자르 시엘루	브라질	09.07.30	세계 선수권	이탈리아 로마
200m 자유형	1:42.00	폴 비더만	독일	09.07.28	세계 선수권	이탈리아 로마
400m 자유형	3:40.07	폴 비더만	독일	09.07.26	세계 선수권	이탈리아 로마

800m 자유형	7:32.12	장 린	중국	09.07.29	세계 선수권	이탈리아 로마
1500m 자유형	14:31.02	쑨 양	중국	12.08.04	올림픽	영국 런던
50m 배영	24.00	클리멘트 콜레스니코	러시아	18.08.04	유럽 선수권	영국 글래스고
100m 배영	51.85	라이언 머피	미국	16.08.13	올림픽	브라질 리우데자네이루
200m 배영	1:51.92	애런 피어솔	미국	09.07.31	세계 선수권	이탈리아 로마
50m 평영	25.95	애덤 피티	영국	17.07.25	세계 선수권	헝가리 부다페스트
100m 평영	56.88	애덤 피티	영국	19.07.21	세계 선수권	대한민국 광주
200m 평영	2:06.12	안톤 추코프	러시아	19.07.26	세계 선수권	대한민국 광주
50m 접영	22.27	안드리 고보로프	우크라이나	18.07.01	세테 콜리 선수권	이탈리아 로마
100m 접영	49.5	카엘렙 드레셀	미국	19.07.26	세계 선수권	대한민국 광주
200m 접영	1:50.73	크리스토프 밀락	헝가리	19.07.24	세계 선수권	대한민국 광주
200m 개인혼영	1:54.00	라이언 록티	미국	11.07.28	세계 선수권	중국 상하이
400m 개인혼영	4:03.84	마이클 펠프스	미국	08.08.10	올림픽	중국 베이징
4×100m 자유형 계영	3:08.24	마이클 펠프스 가렛 웨버-게일 쿠렌 존스 제이슨 레작	미국	08.08.11	올림픽	중국 베이징
4×200m 자유형 계영	6:58.55	마이클 펠프스 릭키 베렌스 데이빗 워터스 라이언 록티	미국	09.07.31	세계 선수권	이탈리아 로마
4×100m 혼영 계영	3:27.28	애런 피어솔 에릭 샨투 마이클 펠프스 데이빗 워터스	미국	09.08.02	세계 선수권	이탈리아 로마

표 1-2 롱코스 여자 세계 신기록(2020.01 기준)

종목	시간	이름	국적	날짜	대회	도시
50m 자유형	23.67	사라 셰스트룀	스웨덴	17.07.29	세계 선수권	헝가리 부다페스트
100m 자유형	51.71	사라 셰스트룀	스웨덴	17.07.23	세계 선수권	헝가리 부다페스트
200m 자유형	1:52.98	프레데리카 펠레그리니	이탈리아	09.07.29	세계 선수권	이탈리아 로마
400m 자유형	3:56.46	케이티 레데키	미국	16.08.07	올림픽	브라질 리우데자네이루
800m 자유형	8:04.79	케이티 레데키	미국	16.08.12	올림픽	브라질 리우데자네이루
1500m 자유형	15:20.48	케이티 레데키	미국	18.05.16	TYR 선수권	미국 인디애나폴리스
50m 배영	26.98	류 시앙	중국	18.08.21	아시안 게임	인도네시아 자카르타
100m 배영	57.57	레건 스미스	미국	19.07.28	세계 선수권	대한민국 광주
200m 배영	2:03.35	레건 스미스	미국	19.07.26	세계 선수권	대한민국 광주
50m 평영	29.4	릴리 킹	미국	17.07.30	세계 선수권	헝가리 부다페스트
100m 평영	1:04.13	릴리 킹	미국	17.07.25	세계 선수권	헝가리 부다페스트
200m 평영	2:19.11	리키 페더슨	덴마크	13.08.01	세계 선수권	스페인 바르셀로나
50m 접영	24.43	사라 셰스트룀	스웨덴	14.07.05	스웨덴 선수권	스웨덴 보라스
100m 접영	55.48	사라 셰스트룀	스웨덴	16.08.07	올림픽	브라질 리우데자네이루

200m 접영	2:01.81	류 쯔거	중국	09.10.21	중국 선수권	중국 지난
200m 개인혼영	2:06.12	커틴커 호수	헝가리	15.08.03	세계 선수권	러시아 카잔
400m 개인혼영	4:26.36	커틴커 호수	헝가리	16.08.06	올림픽	브라질 리우데자네이루
4×100m 자유형 계영	3:30.05	샤이나 잭 브론테 캠벨 엠마 맥키온 케이트 캠벨	호주	18.04.05	커먼 웰스 선수권	호주 골드코스트
4×200m 자유형 계영	7:41.50	아리안 티트무스 매디슨 윌슨 브리아나 드로셀 엠마 맥키온	호주	19.07.25	세계 선수권	대한민국 광주
4×100m 혼영 계영	3:50.40	레건 스미스 릴리 킹 켈시 달리아 사이먼 마누엘	미국	19.07.28	세계 선수권	대한민국 광주

6. 한국 수영의 역사와 기록

1) 한국 수영의 역사

우리나라의 수영은 《삼국사기》 등의 사료에서도 등장하는데, 이는 오래전부터 우리 조상의 수영에 대한 관심이 컸다는 증거다. 또한 '수희'라는 전통놀이가 있었고, '수전'이라는 전투방법이 교범에 있었으나 구제적인 형태는 나와 있지 않다.

우리나라에서 수영을 처음으로 가르친 것은 무관학교였다. 1898년에 발표된 무관학교 칙령에 의하면 7월 하계 방학 때 학생들에게 수영을 가르친 것으로 나온다. 이것이 우리나라 최고의 수영 교육이라고 볼 수 있다.

대중에게 수영강습회가 처음 개최된 것은 1916년 원산청년회의 주최로 열린 수영강습회로 알려져 있다. 자유형, 평영, 배영 등의 영법이 소개된 것은 1927년 한강수영연구회 주최의 수영강습회였다.

최초의 전국대회는 1929년 전조선수영대회였다. 경성제국대학(현 서울대학교)에 지어진 25m 풀장에서 개최되었고 주최사는 동아일보였고, 참여 선수는 약 80여 명이었다.

1929년 조직된 조선수영구락부는 1930년 조선수상경기협회로 개명되어 발족했다. 조선수상경기협회는 발족하자마자 조선체육회와 공동으로 제1회 전조선수상경기대회를 개최했다.

조선수상경기협회는 1945년 조선수상경기연맹을 거쳐 1948년 대한수상경기연맹으로 개칭하면서 국제수영연맹에 가입하게 되었다.

대한수상경기연맹은 한국전쟁이 끝난 후 1954년에 대한체육회에 가입하였다. 이후 1958년 도쿄에서 개최된 제3회 아시안게임에 처음으로 우리나라 선수가 진출하게 되면서 한국의 수영 문화가 대중들에게 본격적으로 알려지며 급속도로 발전하게 되었다. 1962년 제4회 아시안게임에서 진장림(평영 100m)과 조창제(플랫폼다이빙 10m)가 각각 동메달을 획득하면서, 수영 종목으로는 처음으로 한국에 메달을 안겨주었다.

대한수상경기연맹은 1966년에 대한수영연맹으로 발족, 1978년에는 아시아수영연맹에 가입하였고 이후 1984년에 아시아수영선수권대회를 개최하기에 이른다.

1986년 제10회 아시안게임이 개최된 서울 잠실종합운동장 수영장은 대회가 끝난 후 일반인들에게 개방하였다.

2) 한국 수영 기록

1958년 도쿄 아시안게임에 출전한 이래 한국 선수들은 역대 아시안게임에서 100개가 넘는 메달을 획득해왔다. 1970년 방콕 아시안게임에서 조오련은 자유형 400m와 1500m에서 금메달을 따내 한국 수영 역사상 첫 금메달을 안겨다줬다. 조오련은 1974년 테헤란 아시안게임에서도 자유형 400m와 1500m 금메달을 따면서 대회신기록도 세웠다. 여성 첫 금메달은 수영 신동으로 불렸던 최윤희에게서 나왔다. 1978년 방콕아시안게임에 12세의 나이로 출전해 동메달 3개나 획득한 최윤희는 1982년 뉴델리 아시안게임에서 배영 100m와 200m, 개인혼영 200m에서 금메달을 따내며 3관왕에 오른다. 이 대회에서 우리나라는 금 3, 은 4, 동 5를 따내면서 전성기의 막을 올리게 된다.

그 후 아시안게임에서 한국은 꾸준히 강세를 보였지만 세계 대회에서는 성과를 내지 못했지만, 2007년 박태환이 호주 멜버른에서 열린 세계선수권대회에서 자유형 400m에서 금메달을 따내게 된다. 이 메달은 한국의 세계선수권대회 첫메달이자 우승이었다. 박태환은 이듬해 열린 2008년 베이징올림픽 남자 자유형 400m에서 아시아 신기록을 세우면서 금메달을 따냈고, 200m에서도 은메달과 아시아 신기록을 세우면서 수영계 스타로 떠오르게 된다.

박태환 이후로는 세계 대회에서 메달을 따는 한국 선수는 한동안 나오지 않았다. 설상가상으로 2014 인천 아시안게임 이후에는 박태환의 도핑 테스트 양성반응이 나오면서 이 대회 수영종목에서 딴 13개의 메달 중 6개가 박탈당하는 사태에 이른다.

그후 침체기에 빠져 있던 중 2019년 광주 세계선수권대회 여자 다이빙 1m 스프링보드에서 김수지가 동메달을 따내면서, 경영은 아니지만 역사상 네 번째 수영 세계대회 메달을 한국에 안겨주었다.

표 1-3 롱코스 남자 한국 신기록(2020.01 기준)

종목	시간	이름	소속	연도	대회	도시
50m 자유형	22.26	양재훈	강원도청	2019	세계 선수권	대한민국 광주
100m 자유형	48.42	박태환	인천광역시청	2014	NSW주 오픈	호주 뉴사우스웨일스
200m 자유형	1:44.80	박태환	단국대	2010	아시안 게임	중국 광저우
400m 자유형	3:41.53	박태환	단국대	2010	아시안 게임	중국 광저우
800m 자유형	7:49.93	박태환	단국대 대학원	2012	올림픽	영국 런던
1500m 자유형	14:47.38	박태환	단국대 대학원	2012	NSW주 오픈	호주 뉴사우스웨일스
50m 배영	24.93	강지석	전주시청	2018	국대 선발	대한민국 광주
100m 배영	54.17	이주호	아산시청	2018	국대 선발	대한민국 광주
200m 배영	1:57.67	이주호	아산시청	2018	국대 선발	대한민국 광주
50m 평영	27.47	주장훈	오산시청	2017	동아 대회	대한민국 광주
100m 평영	1:00.20	문재권	서귀포시청	2019	국대 선발	대한민국 김천
200m 평영	2:09.86	조성재	서울체고	2019	FINA 월드컵	러시아 카잔
50m 접영	23.71	양정두	인천광역시청	2014	전국 체전	대한민국 제주
100m 접영	52.45	장규철	강원도청	2012	GAS 오픈	영국 런던

200m 접영	1:56.63	이태구	신성고등학교	2016	전국 체전	대한민국 아산
200m 개인혼영	2:00.31	박태환	인천광역시청	2014	MBC 대회	대한민국 김천
400m 개인혼영	4:03.84	김민규	인천체고	2009	동아시안 게임	중국 홍콩
4×50m 자유형 계영	1:32.26	양재훈 송임규 전기영 이상수	강원도청	2019	코나미 오픈	일본 도쿄
4×100m 자유형 계영	3:17.92	양재훈 장동혁 이호준 박선관	강원도청 서울체고 영훈고 인천시청	2019	유니버시아드	이탈리아 나폴리
4×200m 자유형 계영	7:15.05	이유연 장동혁 황선후 이호준	한국체대 서울체고 서울체고 영훈고	2019	세계 선수권	대한민국 광주
4×50m 혼영 계영	1:42.10	송임규 최동열 양재훈 이상수	강원도청	2019	코나미 오픈	일본 도쿄
4×100m 혼영 계영	3:36.53	이주호 문재권 양재훈 이유연	아산시청 서귀포시청 강원도청 신성고등학교	2018	아시안 게임	인도네시아 자카르타-팔렘방

표 1-4 롱코스 여자 한국 신기록(2020.01 기준)

종목	시간	이름	소속	연도	대회	도시
50m 자유형	25:08	정소은	서울시수영연맹	2019	전국 체전	대한민국 서울
100m 자유형	54.86	고미소	인천체고	2015	전국 체전	대한민국 춘천

200m 자유형	1:58.41	김서영	경북도청	2019	국대 선발	대한민국 김천
400m 자유형	4:11.98	이의섭	미국 파이크스빌고	2017	아레나 프로	미국 애리조나
800m 자유형	8:39.06	한다경	전북체육회	2019	국대 선발	대한민국 김천
1500m 자유형	16:32.65	한다경	전북체육회	2019	국대 선발	대한민국 김천
50m 배영	28:17	유현지	전북체육회	2016	동아 대회	대한민국 광주
100m 배영	1:00.16	임다솔	아산시청	2019	국대 선발	대한민국 김천
200m 배영	2:09:49	임다솔	아산시청	2019	국대 선발	대한민국 김천
50m 평영	31:08	김달은	하이코리아	2009	전국 체전	대한민국 대전
100m 평영	1:07:44	김혜진	전북체육회	2018	국대 선발	대한민국 광주
200m 평영	2:24.20	정슬기	부산시체육회	2009	제주 한라배	대한민국 제주
50m 접영	26.26	정소은	서울시 수영연맹	2019	FINA 월드컵	러시아 카잔
100m 접영	57.07	안세현	경남 SK텔레콤	2017	세계 선수권	헝가리 부다페스트
200m 접영	2:06.67	안세현	경남 SK텔레콤	2017	세계 선수권	헝가리 부다페스트
200m 개인혼영	2:08.34	김서영	경북도청	2018	아시안 게임	인도네시아 자카르타-팔렘방
400m 개인혼영	04:35.93	김서영	경북도청	2017	국대 선발	대한민국 김천

4×50m 자유형 계영	1:47.55	김서영 정유인 최지원 함찬미	경북도청	2019	맥도날드 퀸즐랜드	호주 브리즈번
4×100m 자유형 계영	3:42.58	이근아 정소은 최지원 정유인	경기체고 서울시수영연맹 경북도청 경북도청	2019	세계 선수권	대한민국 광주
4×200m 자유형 계영	8:04.24	유지원 박수진 최지원 김서영	경북도청	2019	전국 체전	대한민국 서울
4×50m 혼영 계영	1:56.43	함찬미 김서영 정유인 최지원	경북도청	2019	맥도날드 퀸즐랜드	호주 브리즈번
4×100m 혼영 계영	4:03.38	임다솔 백수연 박예린 정소은	아산시청 광주시체육회 강원도청 서울시수영연맹	2019	세계 선수권	대한민국 광주

제 2 장

수영의 기초과학과 특성

1. 수영의 역학적 특성

최근 실내수영장과 스위밍스쿨의 증가로 수영은 더욱 더 활성화되고 있다. 특히 과거에는 아마추어 스포츠와 레크리에이션 활동으로 실시되던 수영이 최근에는 어린이와 고령자 또는 임산부에 이르기까지 다양한 연령층에서 실시되고 있다. 일반적인 건강증진과 질병의 치료·예방을 위한 수단으로서도 수영이 실시되는 등 수영 인구의 증가와 함께 실시연령층과 목적면에서도 매우 확대되었다.

따라서 수영의 트레이닝에서도 성·연령·발육수준·건강상태 등을 고려하여야 한다. 이를 위해서는 수영의 역학적 측면을 이해하여야 실제 수영지도와 트레이닝에 도움이 될 것이다.

1) 학습하지 않으면 할 수 없는 운동

태어난 지 얼마 되지 않은 신생아는 누가 가르쳐 주지 않아도 본능적으로 어머니의 가슴에서 젖을 빠는 동작을 하고, 3개월 무렵에는 목을 가누며, 6개월 무렵이 되면 기어다니거나 앉고, 1세를 넘기면 걷기 시작한다. 이러한 신체활동은 태어날 때부터 가지고 있는 능력으로 발육상태가 정상이라면 일정한 시기가 되면 반드시 하는 것이다.

이에 비해 헤엄치는 동작은 학습하지 않으면 할 수 없는 운동이다. 자전거 타기처럼 수영도 어느 시기에 그 기술을 반복연습해서 습득하여 두면 이후 다소의 공백이 생기더라도 다시 할 수 있다. 그러나 학습해 두지 않았다면 물에 빠졌을 때와 같은 특별한 경우에 물속에서 살아나올 수 없다. 또한 학습에 의해 서서히 수영능력이 향상되고, 수영한 거리와 시간으로 기능이 어느 정도 향상되었는가를 알 수 있다.

2) 두 팔로 하는 전신운동

보통 수영은 전신운동이라 불리는데, 이는 두 팔과 다리의 근육이 모두 활용된다는 것을 의미한다. 육상에서 하는 운동은 대부분 주로 하지근육에서 원동력을 얻고 있는 데 비해서 수영은 상지의 근력을 크게 움직여야 한다.

모스터드(Mosterd)와 욘블로이드(Jongbloed)에 의하면 팔에 의한 추진력이 자유형은 60~70%, 배영은 60% 전후, 접영은 약 50%이고, 킥력이 크게 작용된다고 생각되는 평영도 30~40%는 팔의 힘에 의한 것이다(그림 2-1).

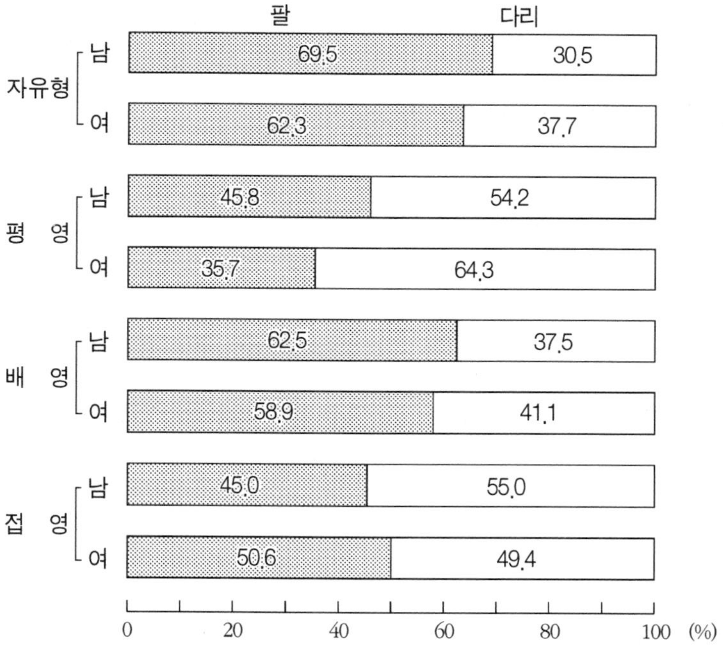

그림 2-1 각종 영법의 추진법에 의한 팔과 다리의 비율

이와 같이 추진력이 큰 비율을 차지하는 상지의 동작은 견갑대의 회전운동이라는 형태로 행해진다. 그 때문에 대흉근, 대원근, 광배근, 삼각근, 승모근, 상완삼두근, 상완이두근 등 체간과 상지에 부착하는 거의 모든 근육이 운동에 관여한다고 볼 수 있다(그림 2-2). 따라서 장기간 수영을 한 사람은 상반신이 잘 발달되어 이른바 역삼각형의 체형이 된다.

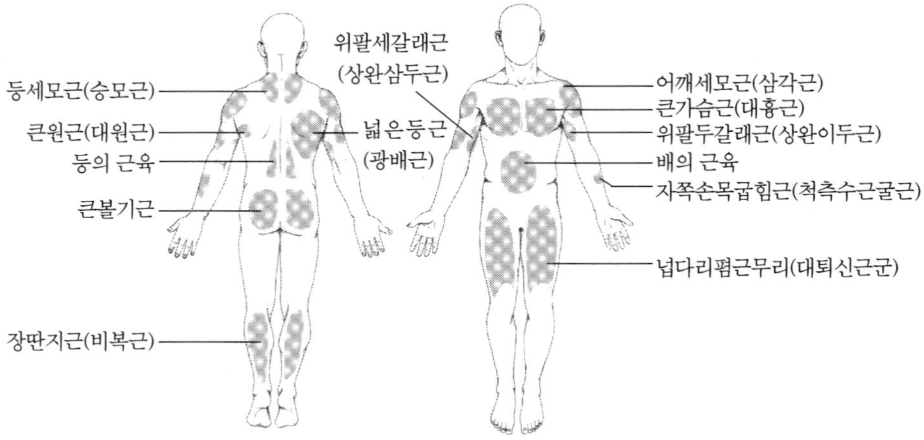

그림 2-2 수영에서 주로 사용하는 근육군

3) 물속에서 하는 운동

육상운동이 일상생활과 같이 공기 속에서 의복을 입은 상태로 실시되는 데 비해 수영은 물속에서 알몸으로 실시하는 운동이다. 따라서 수영에는 육상운동과는 여러 가지 다른 요인이 관여하게 되는데, 그 요인은 다음과 같다.

(1) 열전도율

공기와 물은 형태를 자유롭게 바꿀 수 있는 유체(流體)라는 점에서는 같지만, 보통의 온도와 압력의 범위에서 공기는 기체, 물은 액체형태이며, 그 물리적 성질은 매우 다르다. 밀도는 물이 1기압 4℃로 최대이고, 1g/cm²인 데 대해 공기는 1기압 15℃의 표준상태로 물의 약 1/820이다. 또한 비열은 물이 1cal/g · deg로 물질 중 최대이고, 공기는 0.24cal/g · deg로 물의 약 1/4이다. 열전도율은 상온에서 공기는 0.02㎉/cm · sec · deg인 데 반해, 물은 0.5㎉/cm · sec · deg로 훨씬 크다.

물은 비열이 크기 때문에 신체주위의 물의 온도가 쉽게 상승하지 않고, 또 열전도율이 높기 때문에 몸의 열방출이 크다. 따라서 장기간 물속에 있는 훈련을 계속하면 물에 열을 빼앗기는 것에 대해 방어하는 능력이 커진다. 바꾸어 말하면 한랭 스트레스에 대한 신체의 적응이 증가한다는 것이다. 예를 들어 해협을 횡단하는 사람은 일반인에 비해 찬물속에서 직장온도가 완만히 저하되며, 그 정도가 작다는 것을 알 수 있다.

퓨(Pugh)는 일반인이 각 온도에서 수영할 때 직장온도 변화를 관찰한 결과 21.8~24.2℃ 사이에서 직장온도의 저하가 현저히 나타났다고 보고하였다(그림 2-3). 또한 일정 기간 동안 신체의 냉각 정도는 신체와 주위의 온도차에 비례하는 것으로 알려져 있다. 따라서 수온이 24℃ 이하인 장소에서 수영을 할 때에는 체온이 급속하게 저하되고, 소비에너지도 커진다는 것을 알아두어야 한다.

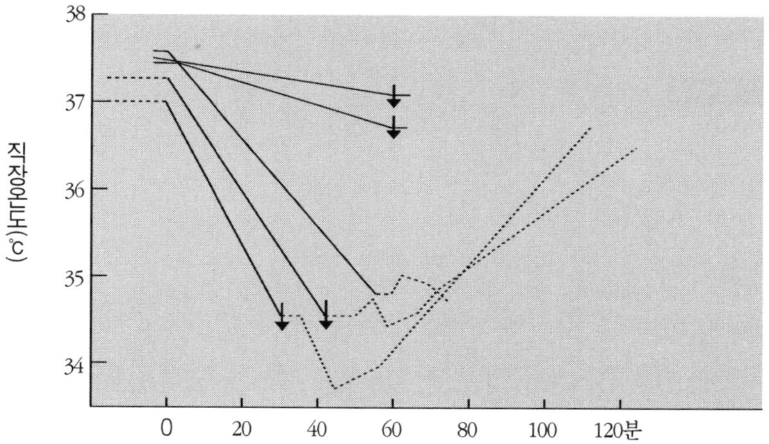

그림 2-3 수온차에 의한 체온 저하의 경향

물의 열전도율이 높은 것을 이용하여 저온에서부터 서서히 물에 친숙해지도록 주의하지 않으면 안 되고, 수영 후에는 물을 충분히 닦아내어 운동 후의 열방출을 최소한으로 줄여야 한다.

(2) 부력

아르키메데스의 원리에 의해 물속에서는 인체의 부피만큼 부력을 받는다. 인간의 비중은 폐 내에 공기를 흡입한 상태일 때 약 0.95이므로, 신체 전체에 장력을 받으면 뜨게 된다(그림 2-4). 물론 체형과 신체조직에 따라 받는 부력에는 차이가 있지만, 폐 내 공기량을 조절하여 신체비중을 증감시킴으로써 부력을 바꿀 수 있다. 일단 뜨게 되면 손발의 움직임을 이용하여 앞쪽으로 나아가는 추진력을 만들기만 하면 헤엄칠 수 있다. 또 물속에서는 육상운동처럼 바닥이나 지면 등에서 반복적으로 충격을 받음으로써 하지에 부하를 받는 일이 없다는 이점도 있다.

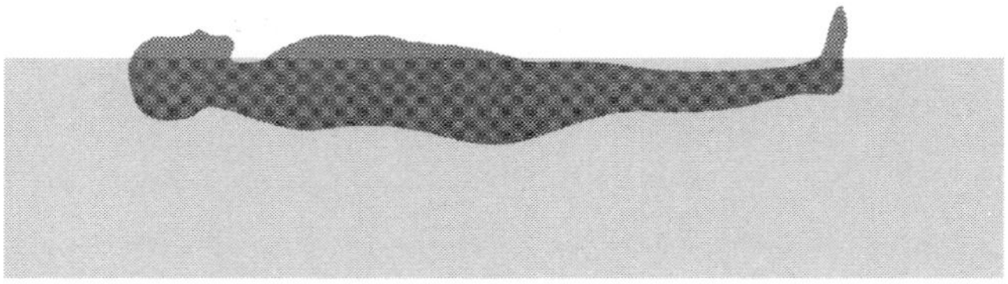

그림 2-4 인간의 뜬 자세

(3) 수압

물의 밀도는 1g/cm^{3}로 공기에 비해서 훨씬 크며, 그 압력은 물속에서 신체에 크게 영향을 미친다. 파스칼의 원리에 의해서 물속의 신체는 깊이에 따라 균일한 수압을 받는다. 예를 들면 공기 중에서 1기압인 것이 수심 50cm에서는 1.05기압, 1m에서는 1.10기압의 압력을 받는다는 것이다.

수영동작은 보통 30~50cm의 수심에서 복와위(머리를 숙여 엎드린 자세)나 앙와위(고개를 젖혀 위를 보는 자세)로 하므로, 신체는 공기에서보다 0.03~0.05기압의 압력을 더 받는 셈이다. 특히 흉곽은 압력의 영향을 더욱 많이 받는데, 숨을 들이마실 때 흉곽를 넓히는 동작이 수압에 저항을 받으므로 일종의 노력호흡을 하지 않으면 안 된다(그림 2-5).

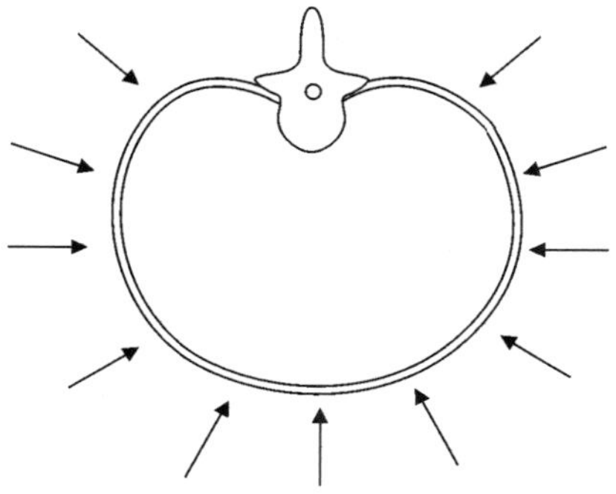

그림 2-5 수중에서 가슴흉곽(우리)에 가해지는 수압

그 때문에 장기간 수영 트레이닝을 계속한 사람은 흉곽이 두드러지게 발달하여 흉위, 폐활량, 환기량 등이 많아진다. 예를 들면 흉위 1m, 폐활량 8,000cc, 환기량 150ℓ/분인 선수도 있다.

한편 흉강내압이 높아져 순환계의 변화에 따른 압력의 영향을 거의 받지 않게 된다. 그러나 수중에서는 노력호흡이 필요하므로, 폐활량이 1,500cc 이하인 사람이나 허약한 사람이 수영을 할 때에는 주의해야 한다.

(4) 효율

운동의 기능적 효율은 어떤 일을 수행하는 데에 소비한 에너지에서 일을 뺀 값이다. 운동에 필요한 에너지는 에너지 대사에 이용된 산소소비량에 의하여 요구된다.

표 2-1 신체운동에 따른 소비에너지 비교

운동종목	남(체중 60kg의 경우)			여(체중 50kg의 경우)		
	kcal/kg/분	60분운동의 kcal	100kcal 소비에 필요한 시간(분)	kcal/kg/분	60분운동의 kcal	100kcal 소비에 필요한 시간(분)
보행(60m/분)	0.052	187	32	0.050	150	40
보행(70m/분)	0.059	212	28	0.057	171	35
보행(80m/분)	0.073	263	23	0.070	210	29
보행(90m/분)	0.079	284	21	0.076	228	26
보행(100m/분)	0.101	364	16	0.097	291	21
달리기(1,000m)	0.646	2.326	3	0.620	1.180	3
달리기(1,500m)	0.409	1.472	4	0.392	1.179	5
달리기(5,000m)	0.291	1.048	6	0.279	837	7
마라톤	0.257	928	6	0.247	741	8
테니스(전후형 평균)	0.150	540	11	0.144	432	14
배 구	0.147	529	11	0.141	423	14
탁 구	0.144	518	12	0.138	414	14
하이킹	0.068	245	24	0.065	195	31
골 프(18홀 코스)	0.081	292	21	0.078	234	26
리듬체조	0.079	284	21	0.076	228	26
평지싸이클(10km/1시간)	0.078	281	21	0.075	225	27
평지싸이클(15km/1시간)	0.117	421	14	0.112	336	18
도로싸이클(10km/1시간)	0.046	166	36	0.044	132	45
평지싸이클(5km/1시간)	0.068	245	24	0.065	195	31
수영 크롤(00m/61.5초)	1.558	5.609	1	1.496	4.488	1
수영 접영(100m/64.5초)	0.967	3.481	2	0.928	2.784	2
수영 자유형(200m)	0.831	2.992	2	0.798	2.394	3
수영 원 영	0.139	500	12	0.133	399	15
스키보행(60m/분)	0.101	364	16	0.097	291	21
스키활강	0.122	439	14	0.117	351	17

육상운동의 대표인 달리기운동의 효율은 보고자에 따라 다소의 차이가 있지만, 20~50%의 범위로 되어 있다.

수영의 효율에 관하여 5.24±0.49%(Di Prampero, 1974), 자유형의 풀 동작은 7.7%, 자유형 6~7%, 평영은 4~6%, 비단련자의 평영은 2.7%, 평영의 킥 동작은 2~4%, 자유형의 킥 동작은 1~2%(Holmer, 1974)라는 보고가 있다. 즉 육상운동에 비해 수영은 그 효율이 1/4~1/10으로 매우 낮다는 것을 알 수 있다. 예를 들면 60분의 운동에 소비하는 에너지량을 환산할 때 골프는 292kcal에 불과하지만, 1,500m달리기는 1472kcal이고, 수영은 자유형 200m라도 2992kcal가 된다.

반대로 같은 100kcal를 소비하는 데 필요한 시간이 수영은 1~2분에 불과하므로, 다른 운동과 비교할 때 매우 짧은 시간으로 더 나은 운동효과를 얻을 수 있다는 이점이 있다(표 2-1).

4) 수평자세의 운동

대부분의 운동은 서는 자세, 즉 수직자세를 기본으로 하여 실시되는 것이 일반적이다. 이에 비해 수영은 자유형 · 평영 · 접영은 머리를 숙인 엎드린 자세에서 배영은 위를 보고 향한 누운 수평자세에서 실시된다.

수영이 수평자세로 실시되는 것은 물의 부력 때문인데, 이 때문에 신체의 혈류가 촉진되어 신진대사가 원활해진다. 특히 하지와 골반의 혈류가 촉진되기 때문에 수영을 가볍게 하는 것만으로도 하지의 피로감이 나아질 수 있다. 임산부 수영도 일반적으로 임산부가 많이 느끼는 하지의 피로감과 허리부분의 중압감이 수영에 의해 경감되는 것으로 밝혀져 있다.

5) 일정 구간의 반복운동

현재 대부분의 사람들은 수영을 수영장에서 하고 있다. 수영장은 25m 또는 50m의 거리로 한정되어 있기 때문에, 그 사이를 반복 이동하지 않으면 안 된다. 예를 들어 25m의 수영장에서 1,500m를 하려면 30회 왕복해야 한다. 트레이닝을 하는 경우는 그 이상의 횟수를 매일 반복하는 것이다. 이는 실험용 쥐가 일정 구간을 반복운동하는 것과 같다. 따라서 수영의 트레이닝은 매우 단조롭기 쉽고, 장기간 실시하게 되면 싫증을 느끼는 경우가 적지 않다.

수영의 트레이닝에서는 항상 의욕을 잃지 않도록 동기를 부여시켜 실시하는 것이 중요하고, 트레이닝의 내용도 개개에 따라 변화시킬 필요가 있다. 즉 경영선수라도 때로는 수구의 트레이닝을 실시한다든지, 다른 스포츠를 하는 것도 좋다고 본다.

6) 스포츠상해가 적은 운동

수영은 럭비, 유도, 야구, 축구 등과 비교해서 스포츠상해가 적은 운동이라 할 수 있다. 그러나 혼잡한 수영장에서 안구와 구강 손상, 다이빙에 의한 경추탈구 또는 골절, 마찰에 의한 피부장애, 수영장의 열, 외이염, 장기간의 동일한 트레이닝으로 인한 요통과 견관절통, 슬관절통 등 수영 특유의 상해가 있다.

수영은 안전한 운동이라고 생각되는 경우가 많지만, 잘못된 트레이닝법과 지도관리의 부족으로 상해 또는 사망사고가 발생한 예도 적지 않다. 다른 접촉경기에 비해 스포츠상해가 적은 것은 사실이지만, 수영을 할 때에도 충분한 주의가 필요하다.

7) 병의 치료와 예방에 이용되는 운동

수영은 수중운동이라는 특수성 때문에 각종 질병의 치료와 예방에 이용되고 있다. 예를 들어 골관절질환의 물(水)치료법이라는 형태로 수영이 옛날부터 이용되었고, 뇌성마비아동의 훈련, 천식아동에 대한 단련요법, 자폐아의 유희요법 등으로 수영이 이용되고 있다.

최근에는 임산부의 출산에 대한 근심과 출산을 가볍게 하기 위해, 또는 고령자의 건강증진과 병자의 재활훈련(장기요양자나 신체장애자 등의 사회복귀를 위한 작업지도나 훈련)으로서도 수영이 실시되고 있다. 앞으로 그 응용범위가 확대될 것으로 예측된다.

그림 2-6 재활훈련

2. 수영의 기능적 특성

수영은 물을 매체로 해서 행해지므로, 육상에서 하는 기타 운동과는 다음과 같은 다른 특성을 지니고 있다.

» 고정된 지지점없이 행해진다. 수영은 동요하기 쉬운 물속에서 신체의 밸런스를 유지하면서, 각각 수영목적에 맞도록 목 · 발 · 다리 · 호흡 등의 동작을 기교 있게 조합해야 한다.

» 자기 체중의 대부분을 지탱할 필요가 없다. 수중에서는 아르키메데스의 원리에 의해 수중에 있는 부피와 같은 물무게의 부력을 받는다. 이것이 수영이 유아 · 아동 · 노인 · 신체부자유자들의 운동에 적합한 요인 중의 하나이기도 하다.

» 체위는 수면과 평행이 되므로 팔 동작이 몸을 추진시키는 데 큰 역할을 한다.

» 운동을 하면서 자기몸의 움직임, 특히 팔동작을 보기는 힘들다. 따라서 미숙한 단계에서는 그릇된 동작을 하기 쉽고, 수영방법에도 나쁜 버릇을 갖게 되기 쉽다.

» 특수한 호흡법이 필요하다. 진행에 방해적 작용을 하는 저항을 적게 하든가, 수영의 정확한 조화를 이룬 움직임(coordination)을 위한 특수호흡법이 필요하다. 경기적인 트레이닝에서 스피드를 주로 한 단거리 종목에서는 무산소적인 호흡, 장거리종목에서는 유산소적인 호흡이 중시된다.

» 다른 스포츠종목에 비해 운동으로서의 수영의 기본형태는 비교적 단순하다. 따라서 어린이들도 가능하지만, 장차 신장할 수 있는 기본적인 것을 포함하여 장래에 진보 · 개선할 수 있는 탄력성을 지닐 수 있다.

제 3 장

수영 초보자 지도법

1. 두려움 떨쳐내기

많은 사람들이 수영 배우기를 주저하는데, 그것은 익사 등의 사고가 두렵기 때문이다. 그러나 대부분의 사고는 단순한 안전 조치에 의해서 충분히 방지될 수 있기 때문에 두려워할 필요는 없다.

안전하게 수영을 배우기 위해서는 다음 지침을 꼭 숙지해야 한다.

1) 단독 수영 금지

경험이 많은 수영 숙련자와 함께 수영해야 한다. 꼭 다수일 필요는 없으며, 인명구조원이 있는 지역이 수영하기에 가장 좋은 장소다.

2) 흐르는 물에서 수영 금지

수영은 인명 구조원이 배치되어 있는 수영장에서 배우는 것이 가장 좋다. 그러나 바다나 강에서 수영을 배워야만 하는 경우 우선 물의 움직임을 파악해야 하며, 급류에 휘말렸을 경우 빠져나올 수 있는 조치를 반드시 숙지해야 한다.

3) 수심이 깊은 곳은 피하기

처음 배울 때에는 깊은 곳을 반드시 피해야 한다. 발이 닿지 않는 곳에서는 공포를 이겨내는 것이 결코 쉽지 않기 때문에 최대한 얕은 곳에서 수영을 배우기로 한다.

4) 험악한 날씨에는 수영 금지

가벼운 비를 맞는 정도는 괜찮지만 비바람이 세차게 몰아칠 경우 즉시 물 밖으로 나와야 한다. 이 규칙은 수영의 숙련도에 관계없이 무조건 지켜야 하는 항목이다.

5) 추운 곳에서 수영 금지

추위는 팔다리를 경직시키기 때문에 추운 날씨에는 절대 수영을 하지 않기로 한다.

2. 물과 친해지기

1) 수영장에 들어가는 법

물에 들어갈 때에는 몸을 먼저 적셔주는 것이 중요하다. 심장 부위에서 가장 멀리 있는 손이나 발부터 천천히 물을 적신 후, 수영장에 들어가는 계단을 이용해서 물에 들어간다. 이때 손잡이를 잡고 한 칸씩 서서히 내려가면서 몸이 물에 익숙해지게 유도한다.

2) 수중 보행

허리 아래까지 오는 얕은 물에 들어가면 일단 선 자세로 물에 익숙해지고 공포심을 없애야 한다. 어느 정도 물에 서 있는 것이 자연스러워지면 그때부터는 한 걸음씩 앞으로 전진한다. 처음부터 수영장 한가운데서 걷기 무섭다면 벽을 잡고 안전하게 천천히 걸어간다. 걷는 것이 익숙해지면 속도를 점점 높여보고, 점프도 하면서 수중 보행에 익숙해져보자.

3. 물에 뜨기

1) 지탱할 것에 의지하여 하체 띄우기

수영 초보들은 우선 수면에 뜨는 것에 익숙해져야 한다. 수영장의 벽에 걸치거나 물에 뜨는 수영판에 의지하여 다리가 뒤로 수면으로 떠오르게 만들어야 한다. 이 단계는 쉽게 해낼 수 있지만 만약 잘 안 될 경우 상체가 뜨면서 하체가 가라앉을 수 있다. 이럴 경우 물에 빠진다는 공포심 때문에 몸에 힘이 들어가 경직이 되기 때문에 더 가라앉게 된다. 걱정을 가라앉히면서 몸에 힘을 빼고 물에 뜨기 위한 시도를 계속 해야 한다.

2) 물 위에 전신을 띄우기

하체가 뜨는 것에 익숙해지면 이제는 지탱할 수 있는 도구를 놓고 누워서 뜨는 것을 연습한다. 혹시 모를 상황에 대비하고 공포심을 줄이기 위해서 수심이 얕은 곳에서 시도하는 것이 좋다. 코와 입은 물 위에 뜨지만 귀는 물에 잠긴 상태에 이르면 기분이 이상해질 수 있지만 익숙해져야 한다.

안정적으로 뜨기 위해서는 팔을 넓게 벌려서 몸을 T자 형태로 만드는 것이 좋다. 처음 물에 뜰 것 같으면 심호흡을 크게 해서 폐에 공기를 많이 불어넣어서 더 잘 뜰 수 있게 조절한다. 물에 뜨는 게 익숙해진다고 해도 갑자기 몸을 움직일 경우 가라앉을 수 있으니, 처음에는 최대한 누워 있는 상태로 떠다니는 것이 좋다. 이 자세를 배면 뜨기라고도 부른다.

4. 뜨기 자세

1) 해파리 뜨기

가슴 정도 깊이의 수영장에서 숨을 깊게 들이마신 후 머리와 허리를 굽혀 팔을 늘어뜨려 역 U자 모양으로 만든다. 그 상태로 몸에 힘을 빼면서 등 부분이 수면 위로 두둥실 뜨게 한다.

일어설 땐 멈추고 있던 호흡을 내쉬면서 무릎을 구부리고 두 다리를 가슴 쪽으로 끌어모으는 동작과 두 팔로 물을 아래로 누르는 동작을 함께 반복한다. 수영장 바닥에 발이 닿으면 온 몸을 펴면서 일어선다.

2) 새우등 뜨기

가슴 정도 깊이의 수영장에서 숨을 크게 들이마신 후 머리와 허리를 구부리고 어깨 넓이 정도로 다리를 벌려서 발목을 잡는다. 그 상태로 몸에 힘을 빼면서 등 부분이 수면 위로 떠오르게 한다. 수면 위로 등 부분이 뜬 상태로 최대한 오래 버틴다.

3) 쪼그려 뜨기

두 다리를 함께 모은 후 머리와 허리를 구부려서 무릎을 굽힌 후 양손으로 정강이 위를 껴안듯이 잡는다. 그 상태로 턱을 가슴으로 당기고 머리를 자연스럽게 숙여서 물속으로 넣는다. 초반에는 전신이 가라앉거나 앞으로 기울어질 수 있지만 부력의 원리로 수면 위로 등이 떠오르면서 안정감을 찾게 된다.

일어설 땐 정강이를 잡고 있는 손을 풀고 호흡을 내쉬면서 두 팔로 물을 아래로 누르면서 발로 수영장 바닥에 디딘으며 일어선다.

4) 수평 뜨기

몸의 자세를 물과 수평으로 만드는 자세다. 자유형, 평영, 접영처럼 엎드려서 하는 수영의 기본이 되는 자세다. 해파리 뜨기 자세에서 팔을 뻗으면서 상체를 펴는 동시에 다리를 뒤로 뻗고 하체를 들어올려 일직선으로 편다. 이때 가장 중요한 것은 몸 자세가 수평으로 되어야 하며, 몸에 힘을 주어 몸의 비틀림이 있어서는 안 된다.

처음에는 폐의 부력에 의해 상체만 뜨고 다리가 가라앉을 수 있는데, 이 경우 양손을 수면에서 약 15~20cm 정도 아래로 내리면서 양팔을 어깨에서 최대한 앞으로 빼는 느낌으로 몸의 중심을 앞으로 이동시킨다. 턱은 가슴 쪽으로 가볍게 끌어당기고 정수리가 수면 위로 나오지 않도록 한다.

추진력이 생기면 더 잘 뜨는 자세이기 때문에 2인 1조로 짝을 지어서 앞에서 손을 잡아당기거나 뒤에서 발을 밀어도 좋다. 또는 혼자서 벽에 다리를 댄 후 밀면서 앞으로 나가도 좋다.

5. 물속에서 숨 내쉬기

물속에서도 숨을 쉴 수가 있다. 우선 얕은 깊이의 물에 들어가 얼굴을 물에 넣을 준비를 한다. 공기를 크게 들이마신 후 얼굴을 물속에 집어넣는다. 숨이 찰 때까지 코로 숨을 내쉬고 참기 힘들면 물 밖으로 나온다. 물속에서 숨을 내쉴 땐 거품이 뿜어나오게 되니 이 감각에 익숙해지기로 한다. 만약 코로 숨을 내쉬는 것이 불편하다면 코를 손으로 막거나 코 마개를 하고 입으로 숨을 내쉬면 된다.

또한 맨 눈으로 물속에 들어가서 눈을 뜨는 것보다는 수경을 끼는 것이 좋다. 수경을 끼면 물속에서 눈을 편하게 뜰 수 있고 더 선명하게 볼 수 있다. 수경을 쓰기 전에는 미리 물에 담궈 스펀지나 고무가 흡착하기 용이하게 만드는 것이 좋다. 수경을 눈에 맞추고 나면 머리 뒤쪽의 끈을 조여서 조절한다.

추위는 팔다리를 경직시키기 때문에 추운 날씨에는 절대 수영을 하지 않기로 한다.

제 4 장

자유형 지도법

1. 자유형의 유래와 역사

자유형(free style)은 규칙에서 허용하는 그대로 자유롭게 할 수 있는 수영 형태이다. 자유형 경기에서는 어떠한 형태의 수영을 해도 되지만, 프런트 크롤(front crawl)이 아직도 제일 빠르기 때문에 선택의 여지가 없이 사용되고 있다. 따라서 프런트 크롤(front crawl)과 자유형(free style)은 자연스럽게 동의어가 되어버렸다.

1844년에 아메리카 원주민 '웨니시카 웬비(비행하는 갈매기)'와 '사바(담배)'에 의해 크롤 영법이 영국에 소개됐지만, 오랜 기간 동안 영국은 자유형 종목에서 평영이나 횡영을 활용했다. 그러던 중 1875년에 존 아서 트러젠에 의해 크롤 팔 동작과 평영 발차기를 혼합한 트러젠 영법이 인기를 끌기 시작했다.

크롤 영법의 대중화에는 호주의 캐빌 가문이 크게 기여했다. 아버지 프레데릭 캐빌은 영국의 유명한 수영 선수였는데, 그의 막내아들인 여섯째 리치먼드 캐빌이 크롤 영법의 대중화에 앞장섰다. 리치먼드는 국제수영대회에서 처음으로 크롤 영법을 선보였다. 그는 1902년 런던 수영대회에서 100야드(91m)를 1분대 이하로 돌파한 최초의 선수였다.

그 후 미국의 수영 선수 찰스 대니얼스가 이 영법을 발전시켜서 6킥에 1스트로크로 이루어진 오늘날의 6비트 킥 영법을 완성시켰다. 대니얼스는 이 영법으로 1904년 세인트루이스올림픽과 1908년 런던올림픽 수영에서 자유형 금메달 4개를 포함한 총 7개의 메달을 따냈다.

2. 자유형의 초보자 지도법

1) 다리동작

현대적 자유형은 직접적인 추진력에 다리가 크게 기여하지 않는 것으로 되어 있다. 그러나 다리동작(kick)은 전체적인 스트로크에 필수적이다. 왜냐하면 다리는 근본적으로 조타 역할을 함과 동시에 수영자가 자세를 잡는 데 도움을 주기 때문이다. 다리는 몸통의 연장선으로 필요할 때 저항을 줄여주고 킥(kick)을 한다. 그 역할을 잘 수행하기 위해서 많은 킥 연습이 필요하다.

자유형의 전통적인 다리동작은 6비트 킥(beat kick)으로, 한 스트로크당 3번의 킥을 한다. 이 숫자는 팔 스트로크의 리듬에 부드럽게 맞아 들어간다. 그로 인하여 신체가 옆으로 롤링할 수 있다. 수년 동안 6비트 킥(beat kick)만이 유일한 다리동작으로 여겨져 왔다. 따라서 수영할 때 킥을 하지 못하면 초보자들은 좌절하곤 했다.

이제는 예전보다 수영을 잘 알기 때문에 6비트 킥을 추천하기는 해도 각 개인의 형태에 필요한 자세를 통제할 수 있으면 어떠한 킥 리듬이든 상관하지 않는다(그러나 초보자는 6비트 킥을 원칙으로 한다).

그림 4-1은 킥의 일반적인 규모와 무릎이 구부러지는 정도를 나타내고 있다. 킥은 둔부에서 시작되고 무릎이 두 방향을 연결하여 하지와 발의 힘작용을 유도한다. 발에는 힘을 빼고 수면 가까이 또는 일부가 수면으로 나와서 작고 하얀 포말을 일으키는 정도로 이루어져야 한다.

또한 표 4-1은 자유형의 기본자세를 부위별로 나타내고 있다.

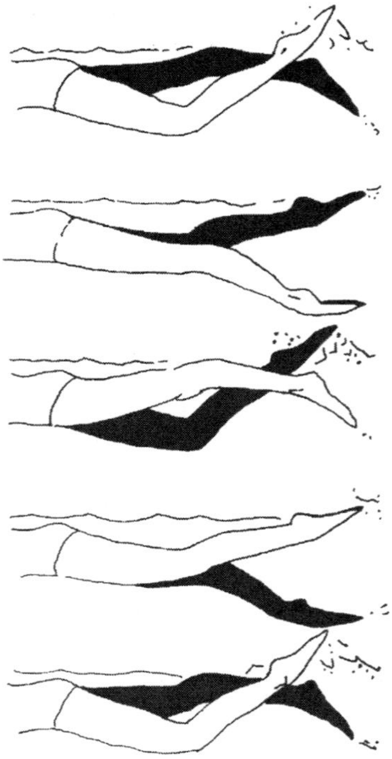

그림 4-1 자유형의 킥

표 4-1 자유형의 기본자세

자세의 형태	손끝부터 발끝까지 일직선으로 곧게 편다.
머 리	수면에 이마와 눈썹 사이의 위치를 유지한다.
팔	양손 끝을 모아 머리를 전방으로 내밀듯이 팔꿈치를 곧게 편다.
다 리	양쪽 무릎은 주먹 한개 너비로 벌리고, 무릎을 안쪽으로 회전시키는 느낌으로 발끝을 모은다.
허 리	수면 위에서는 허리에 물이 넘칠 정도로 하여 허리를 약간 펴는 자세를 유지한다.

자유형의 킥 지도 시 주의점 ★

» 무릎을 구부리게 하지 말고 발을 가능한 뒤로 쭉 뻗도록 한다.
» 무릎의 적정 굽히기가 자연적으로 이루어지게 한다.
» 처음은 풀 사이드(pool side)를 잡고 연습한다.
» 킥보드 없이 팔을 앞으로 뻗고 하는 어뢰 킥을 연습시킨다.
» 다리동작을 올바르게 할 수 있을 때까지 킥보드를 잡고 연습시킨다.
» 그룹별로 연습할 때에는 킥보드를 잡거나 혹은 킥보드 없이 짧은 거리를 경주시킨다.

2) 팔동작

팔동작(pull)은 다음과 같이 5동작으로 구분할 수 있다.

① **입수**……손의 입수는 어깨와 일직선상으로 이루어지며 손바닥은 바깥쪽으로 45°정도 경사지게 입수하는 것이 물속에서 기포(물거품)를 만들지 않은 방법이다. 입수는 손가락→손목→전완→팔꿈치→어깨 순으로 한다(그림 4-3의 ① 참조).

② **글라이드(glide)**……입수 후 수면 아래 20㎝ 전후 깊이로 뻗는다. 이때 손목을 약간 굽히고 손바닥과 팔 전체로 물을 안는다(그림 4-3의 ②~④). 이러한 동작을 일명 프레스 다운(press down)이라고 한다. 이때 전체중을 팔에 실어 중심을 앞으로 이동시키는 느낌으로 압력을 손바닥과 팔 안쪽 전체로 느끼는 것이 좋다.

③ **풀(pull)**……팔꿈치는 굽히면서 손바닥이 몸통의 중심선 부근을 통과하도록 하여 물을 끌어당긴다. 팔은 가슴앞 부근에서 90~110°정도 굽히고 손바닥으로

물을 끌어당긴다(그림 4-3의 ④~⑤).

④ **푸시(push)**……팔이 몸통과 직각이 되는 위치까지 물을 끌어당긴 다음 손바닥과 전완으로 재빨리 물을 뒤로 밀어낸다(그림 4-3의 ⑤-⑧). 이때 손의 속도는 최대한 높인다. 실제로는 풀이 끝날 무렵에 푸시가 시작된다. 바꾸어 말하면 팔로 젓는 동작은 한 가지뿐이지만, 그것은 전후로 나누어 앞부분을 풀, 뒷부분을 푸시라고 한다. 푸시가 끝나면 팔의 힘을 빼고 손바닥이 대퇴부쪽을 향하게 물 밖으로 빼올린다. 이 동작이 물속에서 팔의 순간저항을 극소화시키는 요령이다.

⑤ **리커버리(recovery)**……물 밖으로 빼올린 팔의 힘을 뺀 채 앞으로 옮긴다. 이때에는 먼저 팔꿈치를 굽히면서 앞으로 옮기며, 옮기는 도중에 손가락 끝이 팔꿈치를 앞질러 나아가 다시 입수한다. 물에서 빼낸 손끝이 앞으로 되돌아갈 때는 손끝이 수면에 닿을 듯 말듯한 높이를 유지한 채 앞으로 옮겨져야 한다. 이러한 팔의 동작을 리커버리라고 한다.

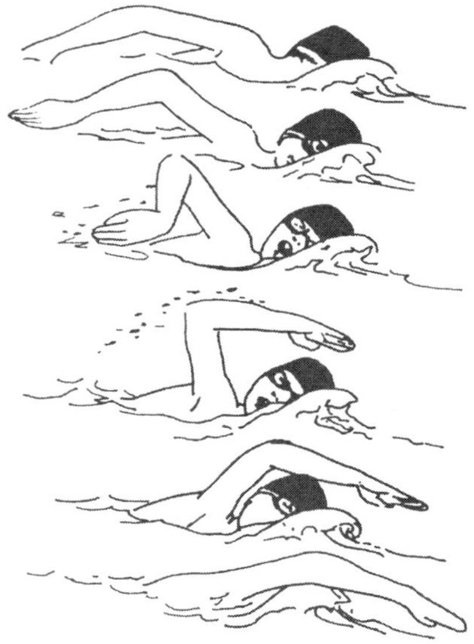

그림 4-2 자유형의 리커버리

리커버리 동작 중 유의할 점 ★

» 팔을 너무 옆으로 벌린 채 돌리지 말 것(몸의 중심이 좌 · 우로 흔들리는 원인)
» 손을 너무 쳐들어 돌리지 말 것(몸통이 상 · 하로 움직이는 원인)
» 팔에 너무 힘을 주어 옮기지 말 것(에너지의 손실, 리커버리때에는 힘을 빼 줌으로써 근육의 혈류를 대사시켜 산소 공급을 촉진)

» 리커버리 동작이 정확하여야 잘못된 리커버리 동작으로 인해 발생하는 심각한 문제인 '수영자의 어깨상해'를 줄일 수 있다.

자유형의 풀동작 지도 시 주의점 ★

» 입수를 정확히 해야 스트로크를 정확히 할 수 있다.
» 지상이나 허리 깊이의 물에서 지도할 때에는 입수할 때 필요한 것을 설명해준다.
» 수영자들의 동작이 정확하게 못하면 손과 팔을 잡아주어 올바른 자세를 갖추도록 한다.
» 손을 구부려서는 안 되며, 손가락은 가볍게 모아서 패들 모양을 만든다.
» 풀을 하는 동안 손의 궤적은 역 S모양임을 기억하자.

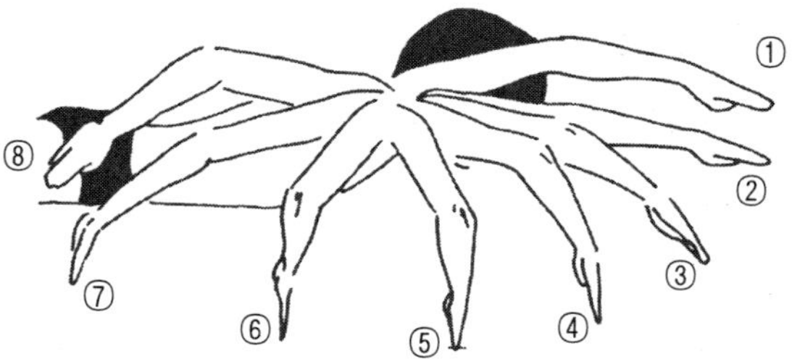

그림 4-3 자유형의 풀동작

3) 자세

자유형은 양팔을 교대로 사용하기 때문에 자연스런 롤링 동작이 나오게 된다. 최상의 자유형 동작인지를 본인이 알든 모르든 간에 처음에는 왼쪽 옆으로 눕고, 다시 오른쪽 옆으로 눕는 자세를 이용함으로써 물에서 깨끗하게 미끄러지는 모양을

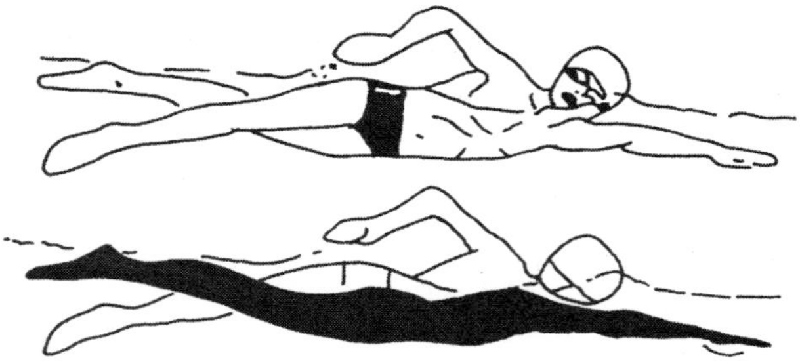

그림 4-4 자유형의 자세

만들 수 있다. 숙련된 수영자는 신체 롤링을 제한하지 않고 상체근육을 스트로크에 이용한다.

신체의 롤링과 연관된 스트로크 타이밍을 맞출 때에는 다음에 유의해야 한다.

① 앞으로 뻗은 팔과 같은 방향으로 신체가 돌아갔을 때 풀을 시작한다.

② 뒤로 미는 동작은 스트로크하는 팔쪽으로 신체가 돌아갔을 때 실시한다.

팔동작의 중요포인트는 다음과 같다.

» 팔꿈치는 손보다 높은 위치를 유지할 것

» 한쪽 팔은 언제든지 스트로크하고 있을 것

» 풀은 몸의 바로 아래로 당길 것

4) 기본적인 머리 위치와 머리 동작

머리를 약간 앞으로 들어올려 수면과 머리 사이가 일치되도록 한다. 목을 위로 구부릴 때는 등의 위쪽도 같이 펴서 수영자가 수면 위를 타는 느낌을 갖도록 한다.

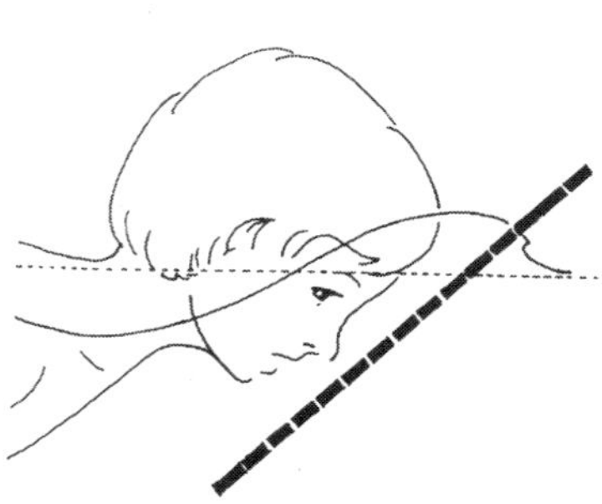

그림 4-5 기본적인 머리 위치

한편 갑작스럽게 흔들리는 동작은 다른 불필요한 동작 요인이 될 수 있으므로 피하여야 한다. 예를 들면 풀을 할 때 갑자기 미끄러뜨리면 호흡할 때 팔을 따라서 머리가 옆으로 움직일 수 있다. 실제로 신체와 연관지어 볼 때 머리는 거의 움직일 필요가 없다. 신체는 옆으로 움직이고, 머리는 몸을 따라서 양쪽으로 기울이면 된다.

5) 호흡

호흡은 코와 입으로 빠르게 해야 하는데, 들숨은 입을 통하고 날숨은 입과 코를 통해서 한다(코로 숨을 내쉬면 콧구멍으로 물이 들어가는 것을 방지할 수 있다).

한편 머리는 몸통의 롤링에 맞추어 자연스럽게 오른쪽으로 돌려진다. 이때 그 반작용으로 숨을 들이쉬어야 한다. 호흡할 때 머리가 아래 · 위로 흔들리거나 좌 · 우로 움직이면 몸통의 중심선축이 불안정해지므로 중심선에서 벗어나지 않도록 해야 한다. 또 호흡의 타이밍은 숨을 들이쉴 때 몸통의 움직임(롤링)을 가장 크게 하고, 물속에 있는 팔이 몸통선과 90°정도의 각을 이루었을 때부터 숨을 내쉬기 시작한다.

흔히 보는 호흡의 문제점은 손이 입수하기 시작할 때까지 입을 수면 위에 내놓음으로써 발생하는 호흡 지연이다. 이처럼 호흡이 늦어지는 이유는 몸통의 롤링과 풀의 팔힘이 일치되어 않아 효과적인 풀이 되지 않기 때문이다. 자유형 수영기술 연습의 초기 단계부터 이러한 문제점이 발생하지 않도록 유의해야 한다.

3. 자유형의 중급·고급자 지도법

1) 풀동작의 실수 및 교정

지도자들이 다음과 같은 사례에 직면하면 당황하는 경우가 많다. 상황에 따라 동작의 기술을 정확하게 해줄 수 있는 예를 몇 가지 들어본다.

(1) 실수 1

숨을 들이쉬기 위한 시간을 벌기 위해서 팔을 지나치게 앞쪽으로 글라이드시키면서 하는 '늦은 호흡'은 종종 팔꿈치를 떨어뜨리는 결과를 초래한다.

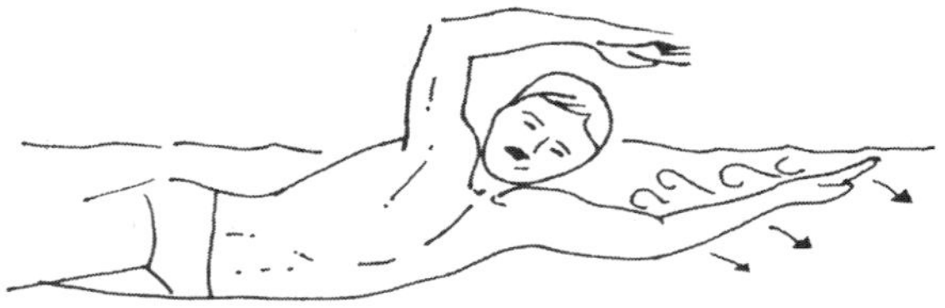

그림 4-6

교정 1

호흡하기 위하여 머리를 돌리기 전에 완전히 숨을 내쉬도록 한다. 날숨보다 최소한 2배의 시간이 걸린다. 수영자에게 겨드랑이를 떼고 팔꿈치를 밖으로 향하도록 해서 팔꿈치가 떨어지지 않게 한다.

(2) 실수 2

손이 앞으로 입수하기 전에 너무 일찍 호흡한다. 이것은 종종 몸을 움직이도록 하기 때문에 이 동작을 보상하기 위해서 반대쪽 손과 전완을 지나치게 밑으로 내리는 동작을 유도하게 된다.

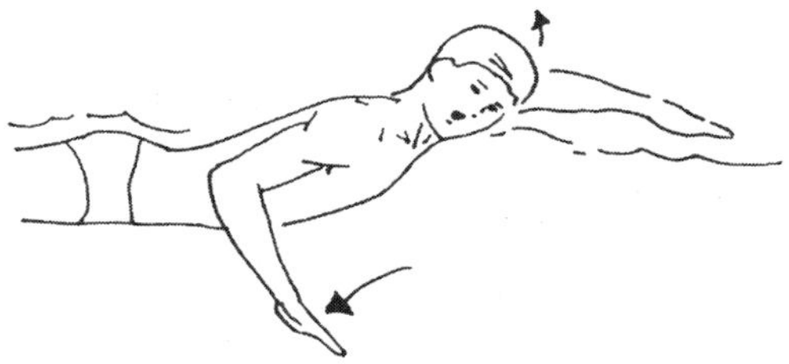

그림 4-7

교정 2

앞에서 입수되는 손을 본 후 머리를 돌릴 수 있도록 숨을 길게 내쉬어야 한다. 숨을 들여쉬기 위해서 머리를 돌리기 전에 앞에서 손이 입수하는 것을 보아야 하고, 또한 손에 물의 압력을 느껴야 한다.

(3) 실수 3

때로 킥을 거의 하지 않는 수영자들은 숨을 내쉬는 동안 다리가 너무 가라앉아서 상체에 지나친 부담을 주게 된다. 다리가 가라앉으면 지나친 저항을 받게 되고, 둔부가 올라가기 위하여 머리를 낮추는 경향이 있다.

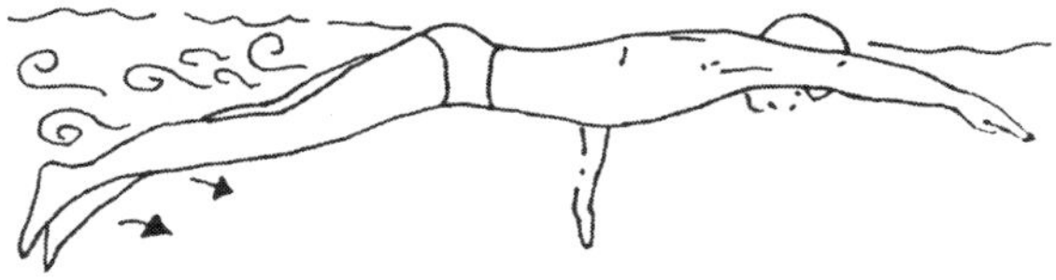

그림 4-8

교정 3

머리를 들어올려 앞머리가 수면 위에 나오게 한다. 수영자가 다리를 수면 가까이 유지시키고 체위를 유지하도록 다리동작을 지도한다.

(4) 실수 4

숨을 들이쉬기 위해서 목을 돌리는 대신 지나치게 옆으로 몸을 돌려 비틀어진 체위를 만든다. 머리는 수면 밖으로 들리고, 둔부는 물속으로 가라앉는다. 결국 앞에 있는 팔의 통제능력을 잃게 되어 팔꿈치는 떨어지고 머리는 잘못된 자세가 된다.

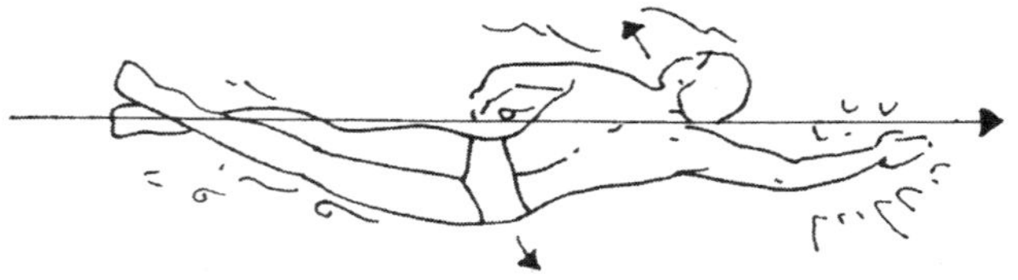

그림 4-9

교정 4

1~3의 교정방법을 사용한다. 머리를 들어서 앞머리가 수면과 일치되도록 한다. 들숨을 위해서 머리를 돌리기 전에 입수하는 것을 스스로 보게 한다. 균형 유지를 위해서 다리를 사용하고, 호흡을 위해서 몸 전체 아니라 목을 돌리게 한다. 신체 롤링은 자연스럽게 이루어져야 한다. 만약 롤링이 의식적으로 이루어진다면 그것은 잘못된 것이다.

이러한 실수를 최소화하기 위해서는 양팔의 타이밍을 다음과 같이 해야 한다. 즉 양팔을 교대로 스트로크하는 것이지만 완전한 대칭적인 교대는 아니다.

수중 3 : 수상 1 즉, 오른손 당길 때 왼손이 입수 상태가 되는 것이 일반적인 타이밍이다.

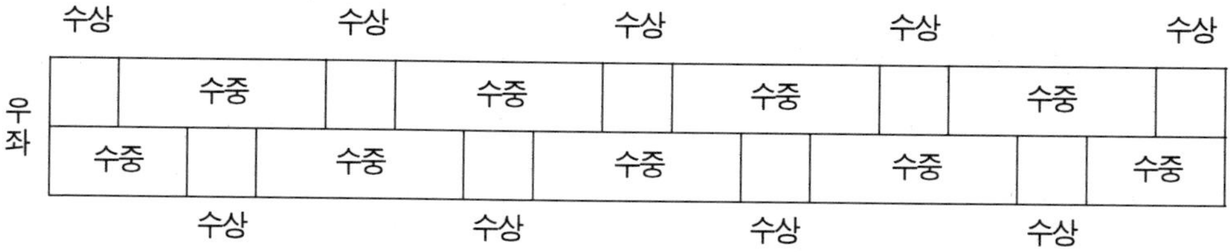

2) 자유형의 평가

(1) 자유형 평가의 요소

세밀한 정확성보다 더욱 중요한 것은 스트로크의 전체적인 타이밍이다. 자유형의 성공적인 열쇠는 다음과 같다.

» 각 풀을 실시할 때 한 팔에서 다른 팔로 동작의 부드러운 연결

» 좋은 신체의 궤적 유지

» 균형 있는 동작(오른팔과 왼팔을 같은 정도로 구부린다)

» 양쪽으로 쉽게 호흡할 수 있는 좋은 머리 자세 유지

» 다리의 효율적인 사용

(2) 자유형 평가의 체크 포인트

» 자유형 킥의 리듬을 살필 때에는 개개인의 스타일에 필요한 신체궤적을 통제하는 의무를 실행하는지 확인한다.

» 킥은 둔부에서 시작하는지, 무릎은 하지의 힘작용을 리드하는지, 발의 힘을 뺏는지를 살핀다. 킥은 수면 가까이, 또는 수면에 하얀 포말을 일으키면 된다.

» 손은 구부리지 않도록 하고, 손가락은 모아서 패들(물갈퀴) 모양을 만든다.
» 입수 시에는 손가락이 먼저 들어간 다음 손목, 전완 그리고 팔꿈치가 뒤따르는지를 확인한다.
» 풀은 천천히 시작하여 점차 가속을 준다. 팔은 커브를 그리면서 밑으로 내려가서 마치 담을 넘어가는 것처럼 보여야 한다. 상완은 수면에 고정되어 있다가 풀에 합류한다. 풀의 중간부에는 팔꿈치가 풀의 옆벽을 향하도록 한다.
» 전체 풀에서 손모양은 역 S자 모양이 된다. 풀의 끝부분은 수영복의 다리선 또는 엄지손가락이 허벅지를 스치고 지난 다음 리커버리 동작으로 들어간다.
» 리커버리 시는 어깨가 먼저 수면 밖으로 나간 다음 상완→팔꿈치→손목→손의 순서이다. 팔꿈치가 높게 유지되는지, 전완이 부드럽게 돌아가는지를 살핀다. 전완이 재입수지점을 가르키기 시작하면 손가락이 리드한다.
» 마지막 재입수과정을 제외하고는 리커버리하는 동안 전완과 손에 긴장을 풀었는지를 살펴본다.
» 몸이 한쪽으로 롤링되었을 때 한쪽 어깨가 다른 쪽 어깨보다 얼마나 높은가를 살펴본다.
» 신체의 롤링을 살펴볼 때 어깨도 같은 정도로 롤링되었는지를 확인한다.
» 어깨가 수평이 되지 않았는지를 살펴본다.
» 머리를 앞으로 든 상향 곡선이 수면상의 머리선과 일치하는가를 살펴본다.
» 신체의 롤링에 따른 머리의 움직임을 살펴서 편안하게 이동하는지를 살핀다. 이때 머리에 갑작스런 움직임이 있어서는 안 된다.
» 호흡을 할 때는 신체의 롤링에 따라 머리를 조금 더 돌린다. 자연스럽게 물에 잠긴 상태에서 입으로 공기를 내뿜는다.
» 숨을 입으로 들이쉬는지, 입과 코로 내쉬는지를 살핀다.
» 숨은 천천히 내쉬어야지 갑자기 많이 내쉬면 안 된다. 수영자들은 호흡을 멈추어서는 안 된다.

3) 종합동작

• 동작 ①~②

» 오른손은 어깨의 전방에서 손바닥을 외하방으로 하여 엄지부터 입수한다.

» 왼손은 가슴 아래에서 풀의 절반을 마친 상태로 팔꿈치의 각도는 90°~110°를 유지한다.

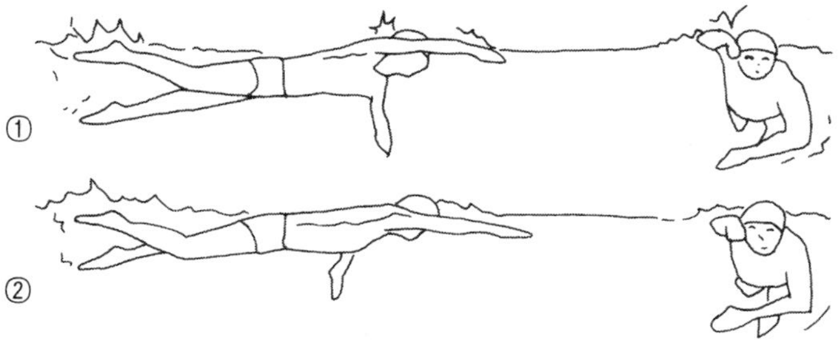

• 동작 ③~④

» 당기기가 끝난 왼손은 허벅지 부분을 향하여 팔꿈치를 펴면서 강하게 밀어낸다.

» 오른손은 팔꿈치를 뻗힌 채로 계속하여 15~20㎝ 아래로 누른다.

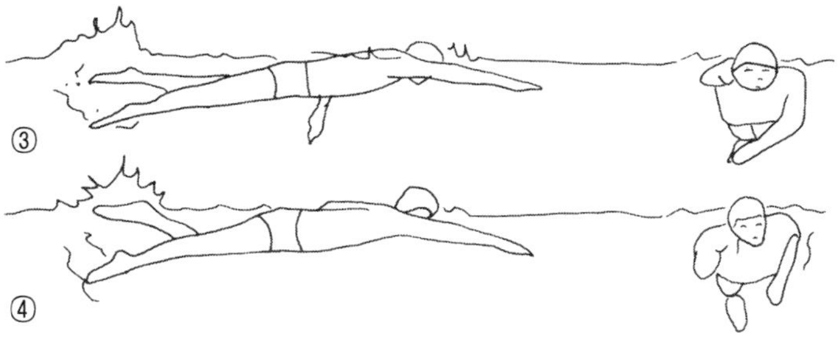

- **동작 ⑤~⑥**

» 왼팔은 피니시를 완료하면서 리커버리를 위해 팔꿈치가 먼저 물 위로 나온다.

» 동시에 왼발을 강하게 한다. 이 동작으로 히프가 하강하는 것을 막아준다.

» 오른손은 손바닥을 가슴쪽을 향해 물을 캐치한다.

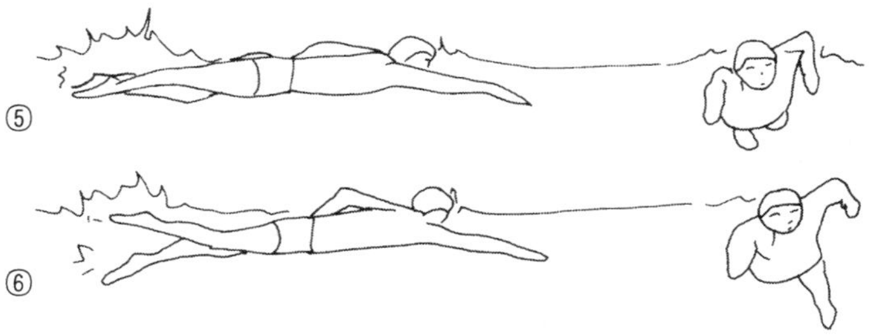

- **동작 ⑦~⑧**

» 물을 캐치한 오른손은 가슴쪽으로 물을 껴안는 기분으로 물을 당기면서 팔꿈치를 서서히 굽히기 시작한다.

» 피니시를 끝낸 왼팔은 물속에서 완전히 빠져 나온다.

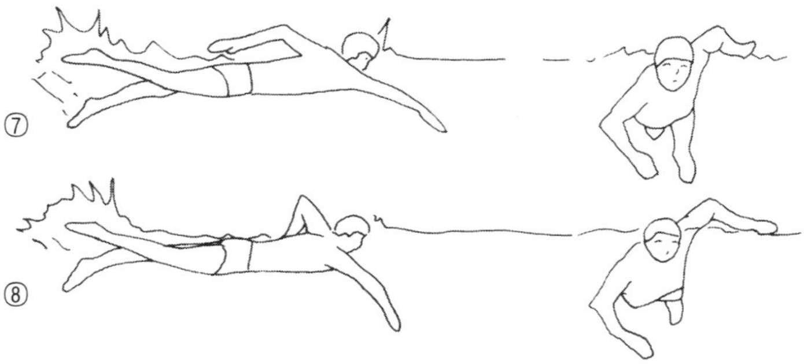

• **동작 ⑨~⑩**

» 서서히 굽혀진 오른손이 가슴 아래에 왔을 때 풀의 절반이 끝난 상태로 팔꿈치의 각도는 90~110°가 될 때까지 취급한다.

» 리커버리의 왼팔은 어깨선을 넘으면서 전완이 전방으로 나간다.

» 양팔이 교차된다.

» 오른발을 강하게 내려 찬다.

⑨

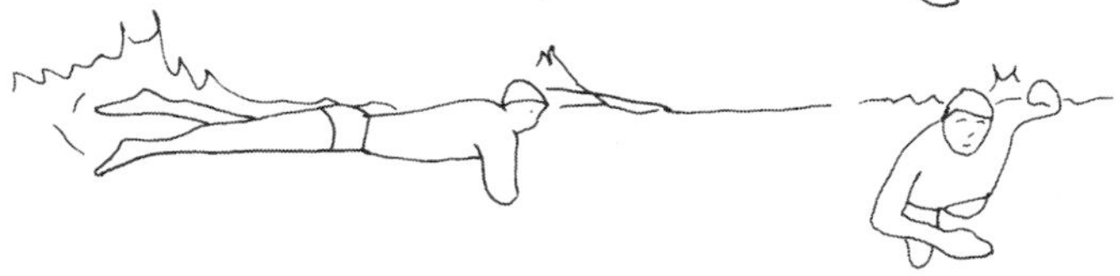

⑩

• **동작 ⑪~⑫**

» 풀이 끝남과 동시에 오른팔은 가슴에서 허벅지쪽으로 강하게 밀어내면서 피니시 동작으로 이전된다.

» 왼팔은 입수와 동시에 호흡을 위해 얼굴을 돌리기 시작한다.

» 양발이 교차된다.

⑪

⑫

• **동작 ⑬~⑭**

» 왼팔은 입수와 동시에 팔꿈치를 곧게 편채로 15~20㎝의 지점까지 물을 계속 누른다.

» 오른팔은 마지막 피니시동작으로서 엄지가 허벅지를 스친다. 이때 호흡을 위해 입의 절반이 수면 위로 나온다.

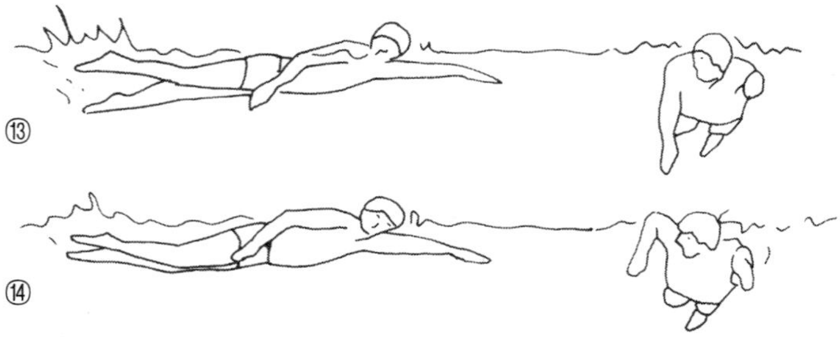

• **동작 ⑮~⑯**

» 오른발을 강하게 아래로 찬다.

» 왼손으로 하방으로 누르면서 물을 캐치한다.

» 오른팔은 피니시를 종료하면서 입은 완전히 수면 위에 나와 숨을 단숨에 들이킨다.

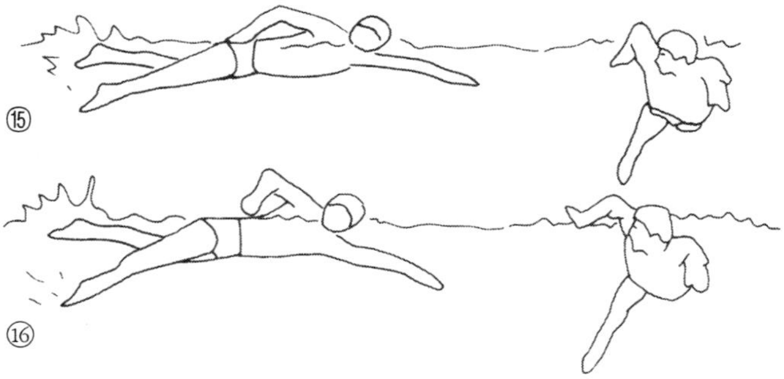

• **동작 ⑰~⑱**

» 물 밖으로 나온 오른팔이 리커버리로 이전되면서 얼굴은 다시 수중으로 되돌아 간다.

» 오른팔이 어깨선을 넘으면서 얼굴은 완전히 수중 전방으로 향한다.

» 왼발은 다시 킥을 준비하면서 일련의 동작을 반복한다.

⑰

⑱

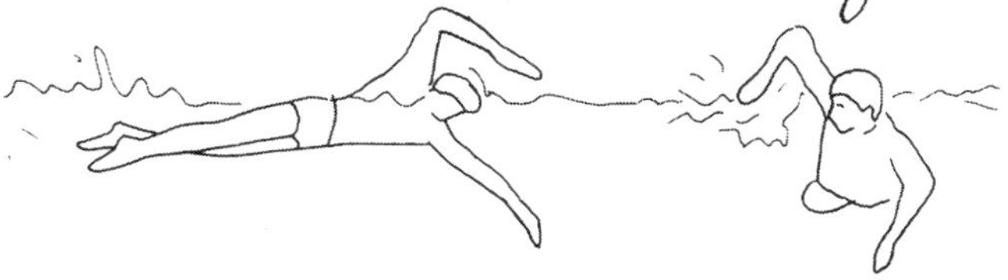

제 5 장

배영 지도법

1. 배영의 유래와 역사

배영(back stroke)은 정식 종목으로 채택하는 경영종목 중 유일하게 배를 위로 향하게 두고 하는 영법이다. 또한 유일하게 물속에서 출발하는 영법이기도 하다.

배영은 호흡이 용이하다는 장점이 있지만, 전방을 볼 수 없어서 방향을 제대로 잡지 못한다는 문제점이 있다.

19세기 후반 영국에서는 평영을 뒤집어 경영에 도입하려는 시도가 이루어졌다. 크롤의 교대되는 팔 동작을 뒤집은 팔 동작과 물장구 동작을 뒤집은 킥 동작을 결합시켰더니, 평영보다 빠른 스피드를 낼 수 있었다. 해리 헤이너에 의해서 대중화된 이 영법은 1900년 파리올림픽부터 정식 종목으로 채택되었다.

20세기 초반까지의 배영은 누운 상태로 수상이든 수중이든 팔을 쭉 뻗어서 돌리는 방식이었다. 그 후 아돌프 카이퍼(Adolf Kiefer) 같은 호주의 수영선수들이 수중에서 팔을 구부려서 물의 저항을 줄여 불필요한 힘 손실을 막는 방식을 개발하게 된다. 그 결과 카이퍼는 1936년 베를린올림픽에서 금메달을 땄다. 이 방식은 현재까지 가장 보편적인 배영 주법으로 사용되고 있다.

2. 배영의 초보자 지도법

배영(back stroke)은 양팔은 교대로 돌리며, 다리는 자유형 킥과 반대로 움직이며, 몸이 옆으로 롤링한다는 점에서 자유형과 유사하다. 배영은 백 크롤(back crawl)이라고도 한다. 규칙에서는 배영은 수평자세에서 90° 이상을 좌·우로 움직이지 못하게 하고 있다.

1) 다리동작

좋은 배영은 기본적인 6비트 킥(beat kick)이 필수적이다. 킥의 크기는 중간이며, 무릎이 수면 밖으로 나와서는 안 된다(일반적으로 발생하는 실수). 발은 힘을 빼고 물속에 있어야 하지만, 물살이 밖으로 나올 정도로 충분한 킥을 해주어야 한다. 다리가 내려갈 때는 긴장을 풀고 곧게 펴서 무릎이 과신전(hyperextension)되어야 한다(자연적 과신전은 킥에 플러스가 된다).

다음 킥을 올려차기 위해서 무릎 방향이 반대로 변화하여 올라가지만, 다리와 발(그림 5-1 표시)은 계속해서 내려간다. 이를 위해서 다리는 무릎에서 약 30° 정도 구부러진다.

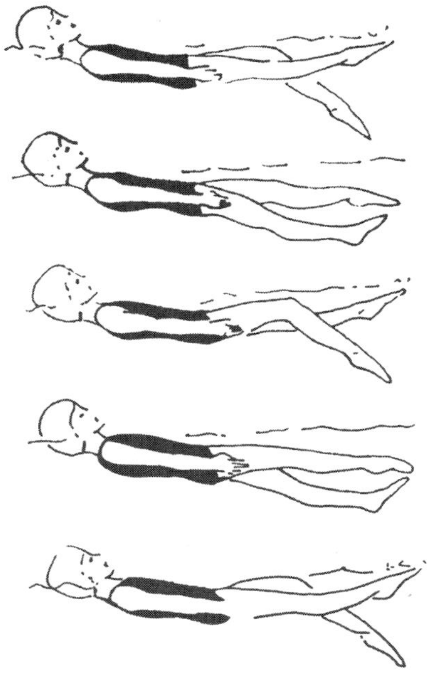

그림 5-1 배영의 다리동작

자유형과는 달리 배영 킥은 차기와 내려차기 모두 발힘을 완전히 뺀 상태에서 한다. 발을 올려찰 때 안짱다리처럼 안쪽으로 구부러진다.

킥 연습만 할 때는 다리는 수직운동을 하겠지만, 배영 스트로크를 할 때는 몸이 옆으로 기울어지기 때문에 다리가 움직일 것이다. 그러나 다리킥의 리듬이 고정되어 있는 한 바람직한 사실로 받아들일 수 있다. 보조자가 있을 때에는 그림 5-2와 같은 다리동작 연습도 효과적이다.

그림 5-2 보조자와의 연습

2) 팔동작

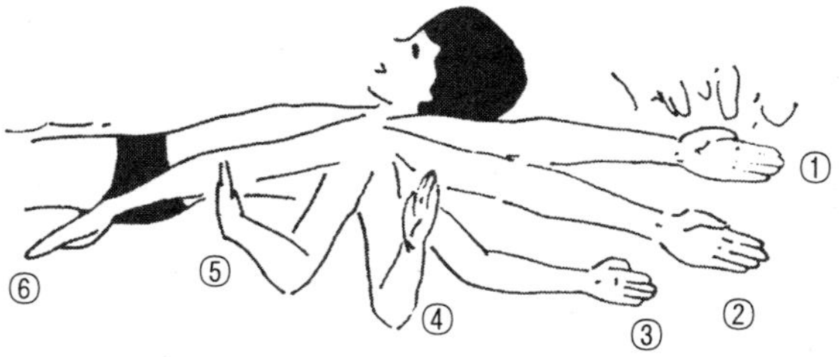

그림 5-3 배영의 풀동작

① **입수**……리커버리에서 시작한 손은 공중을 돌아 어깨앞에서 새끼손가락을 밑으로 하여 입수한다(그림 5-3의 ①). 이때 어깨는 수면 위에 얹어놓은 것처럼 되고, 손끝부터 먼저 입수하는 느낌으로 입수한다. 입수 때 손이 어깨 안쪽으로 지나치게 들어가거나 바깥쪽으로 지나치게 나가면 몸통의 선이 흩트러져서 추진력이 감소된다(손끝 방향은 중심(0)에서 55분과 5분 위치가 좋음).

② **캐치(catch)**……입수한 손은 수면 아래 20~30cm(수면에서 약 15~20°) 깊이에서 먼저 손목부터 물결을 잡는다(그림 5-3의 ②-④). 자유형과 마찬가지로 손바닥으로 물의 압력을 느끼고 몸 전체가 손바닥에 올라타 앉은 느낌으로 앞으로 이동한다. 이때 몸의 롤링(좌 · 우 어깨의 상하움직임)은 최대가 된다.

③ **풀(pull)**……기본적으로는 자유형과 거의 같다. 즉 어깨를 축으로 해서 팔 전체로 물을 끌어모은 다음 팔꿈치를 굽히기 시작한다(그림 5-3의 ④). 팔은 아래쪽을 향해서 저어간다. 팔꿈치는 점차 굽어져 어깨와 평행 위치(그림 5-3의 ④-⑤)에서 최대 90~105°정도 구부러진다. 이때에는 팔씨름을 할 때처럼 상대방의 팔을 내려누르는 감각으로 한다.

④ **푸시(push)**……위 ③의 상황에서 손목에 힘을 주어 단숨에 물을 뒷편으로 밀어낸다. 이때 속도는 최대한 가속한다. 밀어낸 손은 아래쪽을 향해 손목에 힘

을 주어 누른다(이 상태를 푸시다운이라고 한다)(그림 5-3의 ⑤-⑥). 어깨의 선은 수평으로 되돌아온다. 풀에서 푸시, 푸시다운으로 이어지는 동작은 야구공을 던질 때의 느낌과 닮은 점이 많다. 풀을 옆에서 보면 S자형을 그리는 것을 알 수 있다.

⑤ **리커버리(recovery)**……물속을 젓고 난 다음 손은 어깨의 힘을 빼고 허벅지옆으로부터 자연스럽게 리커버리한다. 이때에는 몸통의 롤링을 이용하므로 어깨를 가급적 수면 위에서 유지하면 물의 저항을 줄일 수 있다(그림 5-4).

팔 동작의 중요 포인트는 다음과 같다.

» 한쪽 팔은 언제나 스트로크하고 있을 것

» 리커버리는 몸통선을 따라 팔을 뻗은 채로 행할 것

» 새끼손가락부터 입수할 것

» 머리는 고정시키고 바로 위를 주시할 것

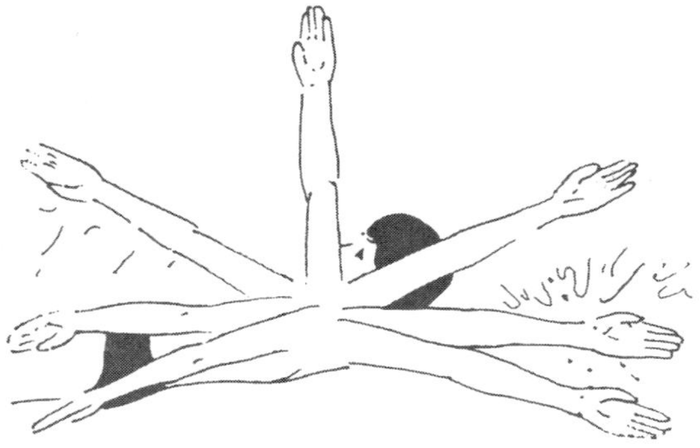

그림 5-4 배영의 리커버리

3) 호흡

배영은 항상 얼굴이 수면 위에 나와 있으므로 호흡이 용이하다. 리커버리로 손이 머리 위를 지날 때 흉부가 넓어지므로 숨을 들이쉬고, 그 손이 물속을 저어갈 때 숨을 내쉰다. 물론 호흡은 수영의 피치(박자)에 맞추어야 한다. 코로 토하고 입으로 들이쉬는 것이 원칙이다. 배영 시에는 갑자기 물이 얼굴을 덮을 때가 있으므로 호흡리듬을 잘 익혀 두어야 한다.

4) 신체와 머리자세

머리는 30°정도 들고 어깨는 가슴쪽으로 약간 굽히고, 둔부는 약간 구부려져 몸의 선을 둥글게 하고, 얼굴은 수면 밖으로 나와 있어야 한다. 이렇게 함으로써 물속에서 신체가 움직이는 것을 쉽게 해준다.

머리 주위의 수면은 귓볼밑에 위치하여 작은 수상스키같이 만든다. 수영자의 가슴은 수면에 있고 둔부는 1~2인치 가량 물속에 있으며, 허벅지는 물에서 높게 위치한다. 머리는 움직이지 말아야 한다. 그러나, 초보자들은 마치 물에서 앉아 있는 것같아 상당한 저항을 발생시킨다. 턱을 가슴으로 너무 당겨도 안 되고, 머리를 뒤로 젖혀 진행방향을 보아서도 안 된다. 처음 초보자들은 머리자세를 똑바로 잡을 때 목근육이 뻣뻣하다고 불평할 수도 있지만, 이것은 곧 없어진다.

5) 팔 · 다리 · 호흡의 컴비네이션

그림 5-5는 팔 · 다리의 컴비네이션을 나타낸 것이다. 왼손으로 물을 잡는 동시

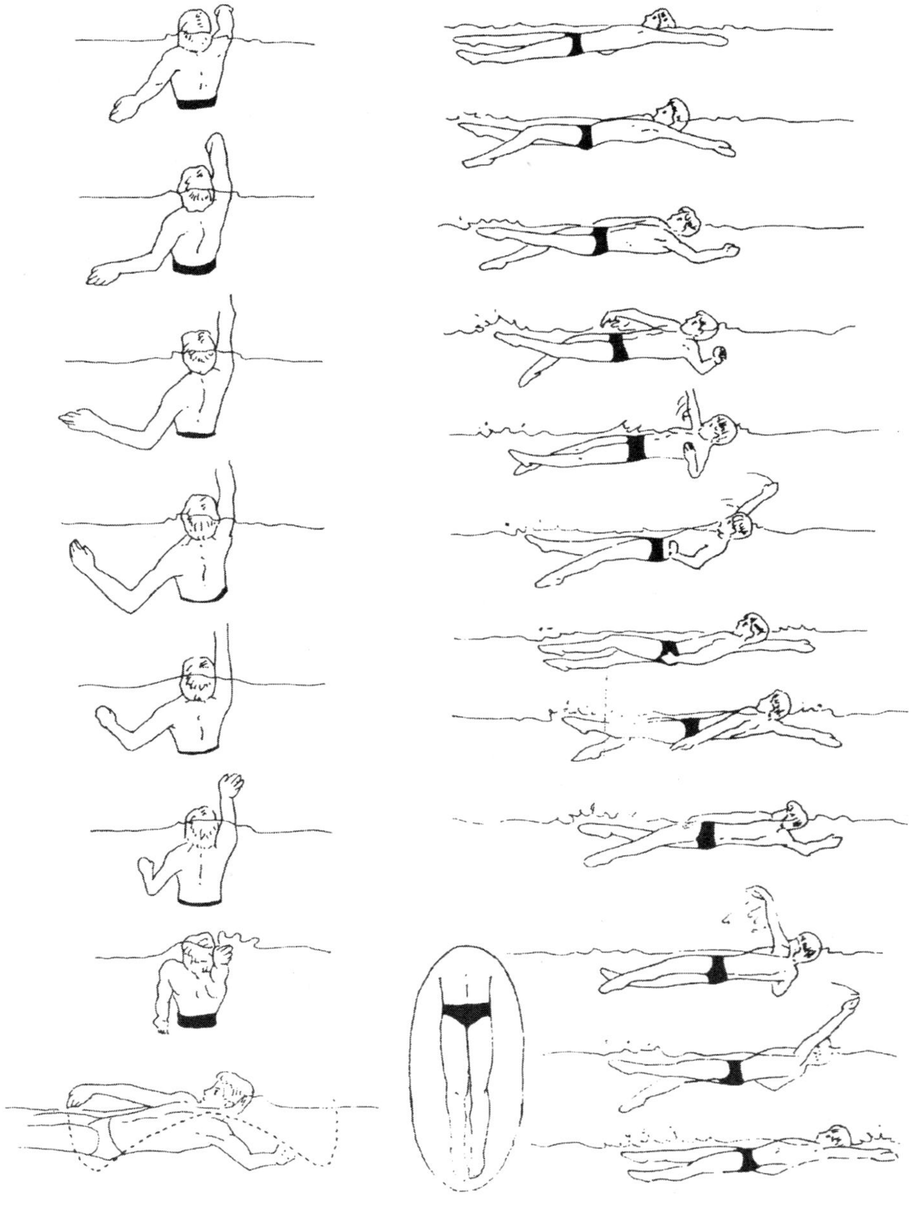

배영의 앞에서 본 팔궤적과 옆에서 본 팔궤적

배영의 연속동작

그림 5-5 **배영의 팔·다리 컴비네이션**

에 반대편인 오른다리의 킥이 시작된다. 오른손 젓기가 끝나는 동시에 왼다리는 위쪽을 강하게 차올린다. 즉 2스트로크 6비트(beat)의 표준적인 연결동작이다. 배영은 발차기 힘과 더불어 손동작의 추진력에 큰 영향을 받으므로 상반신의 절묘한 롤링을 이용한다.

롤링을 잘 이용하면 어깨에 오는 물의 저항을 방지하고, 손의 입수와 캐치(잡는 동작) 및 풀(pull)을 이상적으로 할 수 있다. 그러나 롤링을 심하게 하면 허리가 불안정해져서 진행이 지그잭으로 변화하므로 자연스러운 롤링으로 수영자세를 조절하는 것이 좋다. 영법 전체로 보면 손동작(pull)과 발차기(kick)를 조화시켜서 수영을 하지만, 자유형보다는 발차기의 역할이 크므로 전반적으로 손동작에 의존하는 것 같은 컴비네이션(combination)은 피하는 것이 좋다.

3. 배영의 중급 · 고급자 지도법

1) 배영의 평가방법

» 어깨와 등 위쪽이 가슴쪽으로 약간 구부러져 있는지를 살핀다.

» 신체의 선이 둔부에서 약간 구부러졌는지를 살핀다. 둔부는 1~2인치 정도 물속에 있어야 하지만, 앉은 자세가 되어서는 안 된다.

» 수영자의 가슴은 수면에 있어야 한다. 속도가 빨라지면 허리부터 수면 위로 올라간다.

» 턱은 가슴쪽으로 너무 당겨도 안 되고, 앞을 보려고 뒤로 젖혀도 안 된다.

» 머리는 약 30° 정도 위로 올려야 한다. 귓볼이 수면과 일치하는지를 살핀다.

» 고정적인 6비트 킥(beat kick)이 되는지를 살핀다. 좋은 배영은 이것이 기본이다. 킥의 크기는 중간, 다리는 약 30° 정도 구부러지고 무릎이 수면으로 올라가서는 안 된다. 킥의 방향은 다리를 올려차면서 펼 때 뒤를 향해야 한다.

» 풀하는 어깨는 거의 목밑까지 가라앉아야 한다.

» 팔이 입수할 때 새끼손가락이 먼저 입수하는지를 살핀다.

» 리커버리시 풀의 끝에서 팔이 똑바로 펴져서 나오는지, 어깨 위로 움직이는지 살핀다. 팔이 올라올 때는 수면 밖으로 나온다. 초보자들은 새끼손가락부터 먼저 수면 밖으로 나오도록 한다. 그러나 어느 수준에 오른 선수들은 엄지손가락이 먼저 나올 수도 있다.

» 풀(pull)할 때 손과 팔이 입수하여 물속으로 들어가면 수면에서 팔과 이루는 각은 15~20°가 되어야 한다. 풀 하는 손이 물을 잡을 때는 팔꿈치를 구부린다.

» 풀이 진행되면서 팔꿈치는 수영장 바닥쪽으로 이동하고, 전완과 손은 날개처럼 S스컬링 동작을 한다.

» 풀이 진행되면서 팔의 각도는 커지고 풀의 중간부에서 팔꿈치는 수영장바닥을 향해 있으며, 팔의 각도는 30°가 되어야 한다.

» 마지막으로 손날이 밑으로 움직일 때 팔은 풀의 하반부를 통하여 계속해서 천천히 펴진다. 마지막 미는 동작은 아주 강하게 한다.

2) 종합동작

① 왼팔은 새끼손가락의 입수와 동시에 시작된다. 오른손은 피니시를 마치고 리커버리하기 위하여 상방으로 움직인다.

② 오른팔은 리커버리를 위하여 엄지부터 수면상으로 빠져 나온다. 양팔은 일직

선을 이룬다. 오른손은 왼발과 함께 위쪽으로 움직인다.

①

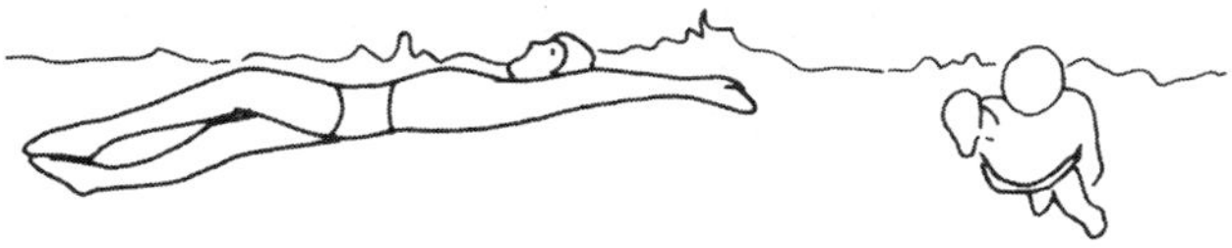

②

③ 왼손은 수압을 느끼면서 손바닥으로서 물을 잡기 시작한다. 오른팔은 수면 위로 완전히 빠져 나온다.

③

④ 왼손은 외후방으로 풀과 동시에 팔굽이 굽혀지기 시작한다. 아래로 차 내린 오른발은 약간 대각선 위쪽으로 차 올릴 준비를 한다.

④

⑤ 왼팔을 구부리면서 손바닥은 후방을 향한다. 오른팔은 어깨를 수면 위로 나온 상태에서 리커버리한다.

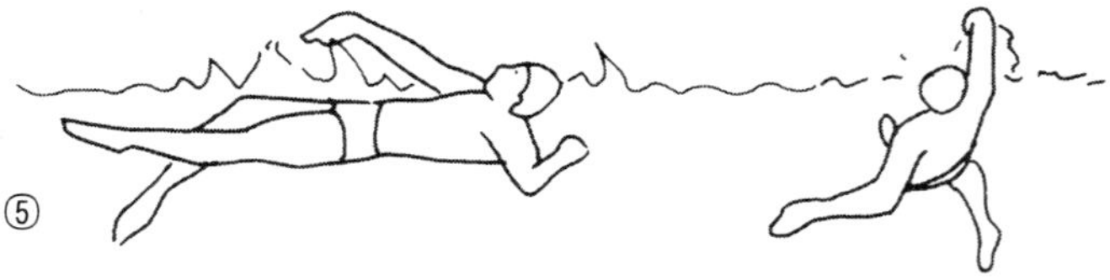

⑤

⑥ 왼손이 어깨의 정횡에 왔을 때 팔꿈치의 각도는 90°~100° 정도이다. 이 시점에서 어깨의 롤링은 45° 정도이다.

⑥

⑦ 왼손은 팔꿈치를 기점으로 하여 후하방으로 물을 밀어낸다. 오른손은 리커버리 머리 부분을 지나면서 손바닥을 외측으로 향한다.

⑦

⑧ 왼손바닥은 대퇴를 향하여 피니시를 강하게 행한다. 리커버리시 팔은 높게 어깨가 수면하로 떨어지지 않게 한다.

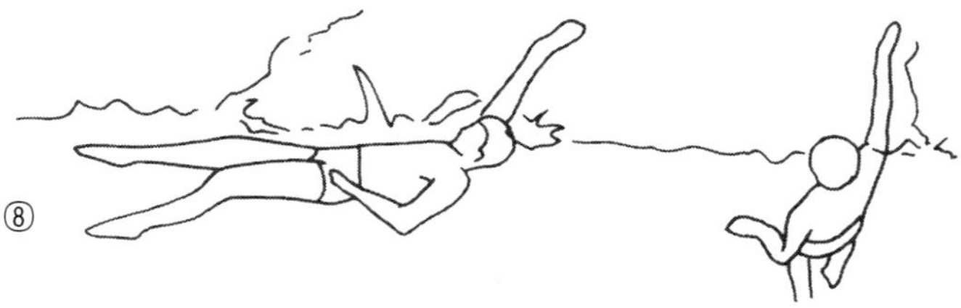

⑧

⑨ 손바닥은 하방으로 피니시를 완료한다. 이때 손의 위치는 15~20㎝ 정도이다.

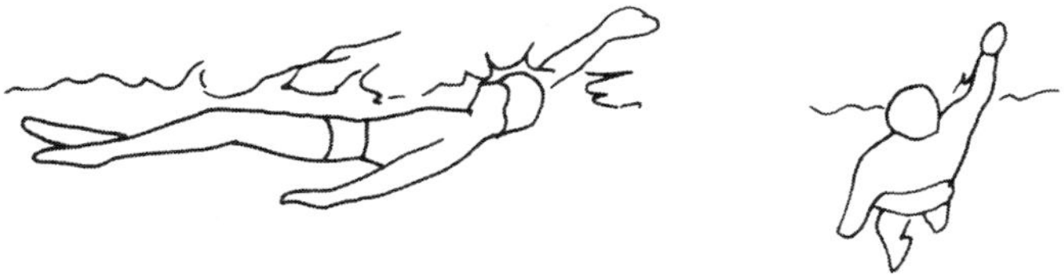

⑨

⑩ 왼손 피니시의 도움으로 오른손이 쉽게 입수한다. 왼손은 리커버리에 들어간다.

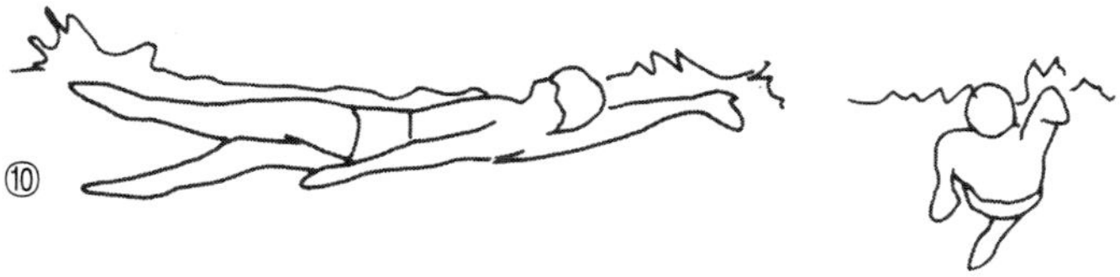

⑩

⑪ 왼손이 물속에 리커버리 시작과 동시에 오른손은 물을 캐치한다. 가슴을 편다.

⑪

⑫ 왼팔은 빼올리기 직전, 오른손의 캐치와 동시에, 오른다리는 차올리고, 왼다리는 무릎을 편 채로 차 내린다.

⑫

⑬ 오른팔은 팔꿈치를 구부리면서 풀에 들어간다.

⑬

⑭ 오른손 팔꿈치는 90° 정도로 풀을 계속한다. 이 때 몸의 롤링(45°)에 의해서 왼팔은 어깨가 수면으로 나와 높은 리커버리가 가능하다.

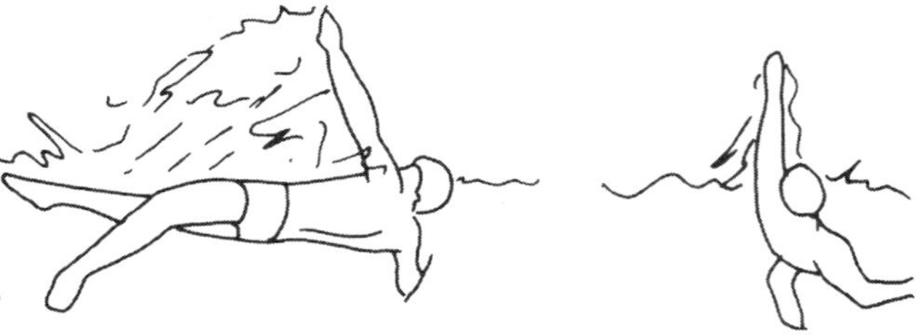

⑭

⑮ 오른팔을 허벅지쪽으로 밀기 시작함과 동시에 왼다리는 계속해서 상방을 향해 대각선으로 찬다.

⑮

⑯ 오른손은 대퇴를 향해 피니시함과 동시에 왼손은 손바닥을 외측으로 하여 리커버리를 계속한다. 일련의 동작을 계속한다.

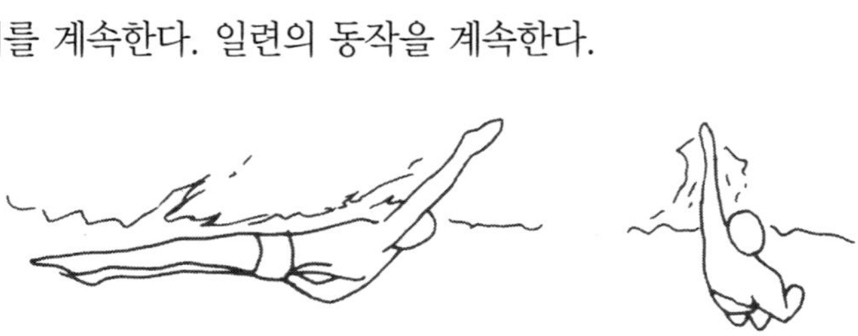

⑯

제 6 장

평영 지도법

1. 평영의 유래와 역사

평영(breast stroke)은 가슴을 물 위에 두고 회전시키지 않는 영법이다. 정식 경영 종목으로 채택된 영법 중에서 속도는 느리지만 머리가 늘 물 밖으로 빠져나와 있어서 가장 안정감이 있어 여가 활동으로서는 가장 인기 있는 영법이며, 가장 역사가 오랜 영법이기도 하다.

문헌으로 남은 가장 오래된 자료는, 1538년 스위스 잉골슈타트대학교의 독일어 전공 교수였던 니콜라우스 빈만(Nikolaus Wynmann)의 《수영을 하는 자 혹은 수영의 예술에 관한 읽기 즐거운 대화》이다. 이 책의 목적은 익사의 위험성을 줄이기 위한 것이었는데, 평영을 배우는 방법에 대해 매우 체계적으로 접근하고 있다. 또한 공기를 채운 소의 방광이나 갈대 다발, 코르크 벨트 같은 수영 보조 도구에 대한 설명도 자세히 언급되어 있다.

1696년 프랑스의 과학자 멜키체덱 테베노(Melchisedech Thevenot)는 저서 《수영의 기술》을 통해 현대의 평영과 가장 유사한 영법을 묘사했다. 이 책은 영어로 번역되면서 오랜 기간 교과서 역할을 했다.

평영은 트러젠 영법이 나오기 전까지 19세기 영국에서 가장 인기를 끌었던 영법이다. 영국인들은 평영을 가장 신사적인 영법으로 생각하였기 때문에 1840년대 말부터 이미 횡영이 인기를 끌고 있었지만, 영국수영협회는 1873년까지 공식 대회 영법으로 평영만을 인정했다. 1875년 매튜 웹 선장이 도버 해협을 횡단할 때도 평영이 사용됐다.

평영 자세는 꽤 오랫동안 따로 마련된 제한 사항이 거의 없었으나 1960년대 중반부터 팔 스트로크가 둔부를 넘지 않는 것으로 변경되어 오늘에 이르고 있다. 1987년 이전에는 머리가 수면 위로 반드시 유지되어야 했지만, 이후에는 머리를 물에 넣는 것이 허용됐다.

평영은 모든 영법 중에 가장 오랜 기간 세부 규정이 계속 바뀌어왔다. 평영은 가슴 위는 물 밖으로 내야 하므로 모든 영법 중에 가장 저항을 강하게 받아 느릴 수밖에 없었다.

이런 점을 극복하기 위해서 발견한 것이 잠영이었다. 단적인 예로 일본의 후루카와 마사루가 있다. 후루카와는 1956년 멜버린올림픽에서 200m 평영 부문 금메달을 차지했다. 첫 150m까지는 잠영을 거의 하지 않았지만 마지막 50m 중 거의 45m를 물속에서만 수영을 하면서 기록을 세웠다. 이 사건을 계기로 많은 수영선수들이 평영보다는 잠영 개발에 집중하게 되면서 많은 선수들이 산소 결핍 현상을 겪었다. 심지어 경기 도중에 기절하는 사태마저 벌어지게 되면서 심각성을 인지한 FINA는 평영 경기에서 스타트와 턴을 할 때 물속에서 수영할 수 있는 거리를 제한하기에 이른다.

2004년 아테네올림픽에서는 일본의 기타지마 고스케가 100m 평영에서 금메달을 따면서 논란이 됐다. 그것은 기타지마가 돌핀킥을 사용했다는 주장이 나왔기 때문이었다. 수중 촬영된 화면에는 돌핀킥처럼 보이는 장면이 있었지만 수면 위에서는 보이지 않았기에 금메달은 인정되었다. 이 사건으로 인해 2005년 7월 FINA는 스타트와 턴을 할 때 돌핀킥을 한 번만 차는 것으로 규정을 변경했다.

2. 평영의 초보자 지도법

평영(breast stroke)은 얼굴을 수면에 내어놓은 채 수영하는 일반 영법과, 숨을 들이쉬기 위해 필요한 순간 이외에는 머리를 물속에 잠근 채 속력을 내는 것을 목적으로 하는 경기용 영법으로 나눈다. 이러한 평영은 경기규칙이 바뀌면서 영법에 많은 변화를 가져왔다.

오늘날 실시되고 있는 평영은 기본적으로 2가지 스타일이 있다. 첫째는 전통적인 스타일인데, 어깨는 수면과 가깝게 하고 둔부를 높이올려 몸통 전체를 편평한 자세로 하는 것이다. 둘째는 신체의 돌핀작용을 허용하거나, 하도록 강조하는 것이다. 물론 이런 돌핀작용은 자연적인 풀 · 호흡 그리고 킥의 결과이다.

다시 말해서 일반적인 영법은 머리를 수면 위에 내어놓고 수영을 하므로 발이 가라앉게 되며, 나아갈 방향에 상당한 저항이 따르므로 머리의 위치를 낮게 할 필요가 있다. 반면 경기용 영법은 머리를 수면 위에 내어 놓은 시간만큼 불리하게 작용하므로 머리를 들고 있는 시간을 가능한 한 짧게 해야 한다.

1) 다리동작

평영의 킥(발차기)에는 힙(whip)킥과 웨지(wedge)킥 2가지 방법이 있는데, 현재 대부분의 수영자는 힙킥을 사용하고 있다(그림 6-1).

힙킥을 할 때 다리를 너무 구부리면 물의 저항을 많이 받고, 물을 뒤편으로 차지 않고 비스듬히 바깥쪽으로 차내면 두 다리로 물을 차서 오무리는 동작에 힘이 가해져 비효율적인 동작이 된다.

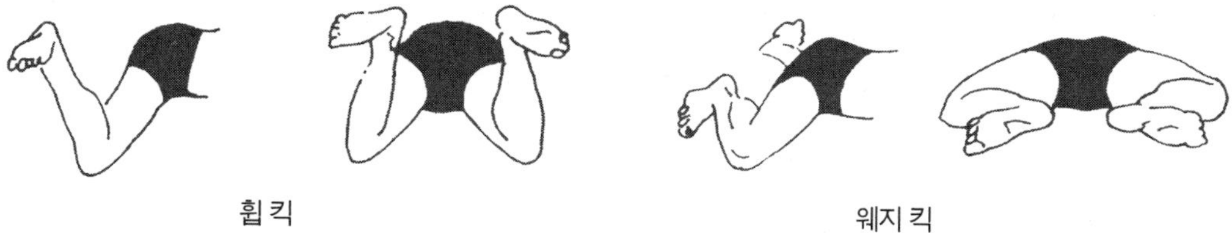

그림 6-1 평영의 킥

그림 6-2는 엎드려 뜬 자세에서 두 다리를 나란히 펴고, 허리·무릎·발목을 자연스럽고 편안하게 하여 저항이 적도록 수면과 수평자세를 취한다. 두 다리의 힘은 빼고 발바닥은 수면을 향하여 점차 벌리고 무릎을 굽히면서 두 다리를 엉덩이쪽으로 끌어당긴다(그림 6-2의 ①). 다음 두 발목을 90°이상 굽히고, 두 발끝이 바깥쪽으로 향하게 하고, 발바닥은 비스듬히 위쪽 뒤편(상후방)으로 향하게 한다(그림 6-2의 ②). 두 발은 그대로 수면에 평행하게 바깥쪽으로 돌려주면서 발바닥 가운데로 물을 뒤쪽 바깥 방향으로 차내면서 다리를 쭉 편다(그림 6-2의 ③). 이때 몸통과 무릎 굽힌 다리의 각도가 105~110° 정도이면 가장 강한 힘을 낼 수 있다.

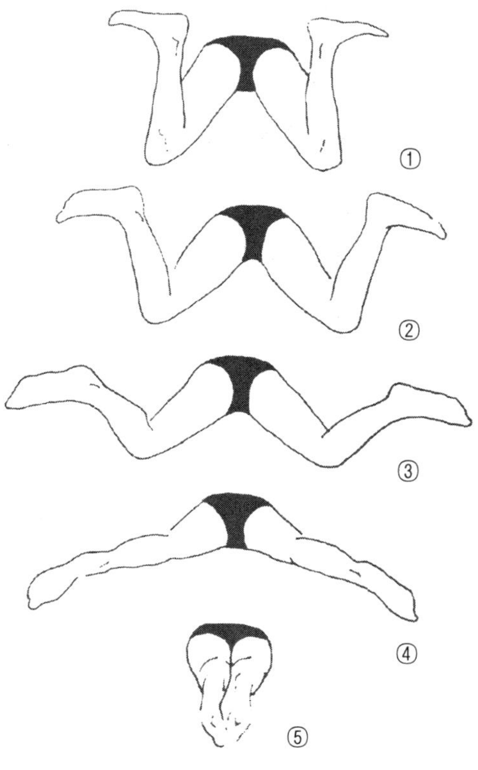

그림 6-2 평영의 휩킵 동작

킥은 물을 차내고 다리를 뻗고 허리도 펴지면 끝난다. 이때 발은 수면쪽으로 킥하며, 다리가 충분히 펴진 다음 이어서 구부러졌던 발목을 펴면서 다시 한 번 물을 뒤편으로 차 내리고 두 다리를 나란히 한다(프로펠러가 도는 모양으로 한다).

이때 양쪽 엄지발가락이 서로 닿을듯 말듯한 정도로 나란히 되는 자세가 좋다(그림 6-2의 ④, ⑤). 다리를 끌어당겨 킥 자세를 취할 때가 가장 저항이 크다. 그러므로 순간적으로 빨리 행동하지 않으면 속력이 떨어지게 된다. 그러나 너무 힘을 주어 끌어당기면 동작에 비례하여 저항이 커지므로 다리의 힘을 빼고 끌어당긴 다음 재빨리 킥(발차기)동작으로 연결한다.

킥(kick)동작을 원활히 하기 위한 연습법 ★

① **킥보드를 사용한 킥**……다리동작을 연습하는 가장 일반적인 방법이다.

② **킥보드를 사용하지 않는 킥**……머리는 수면 밖으로 내어놓고 손을 앞으로 포개어 잡고 곧게 편다(그림 6-3의 ①).

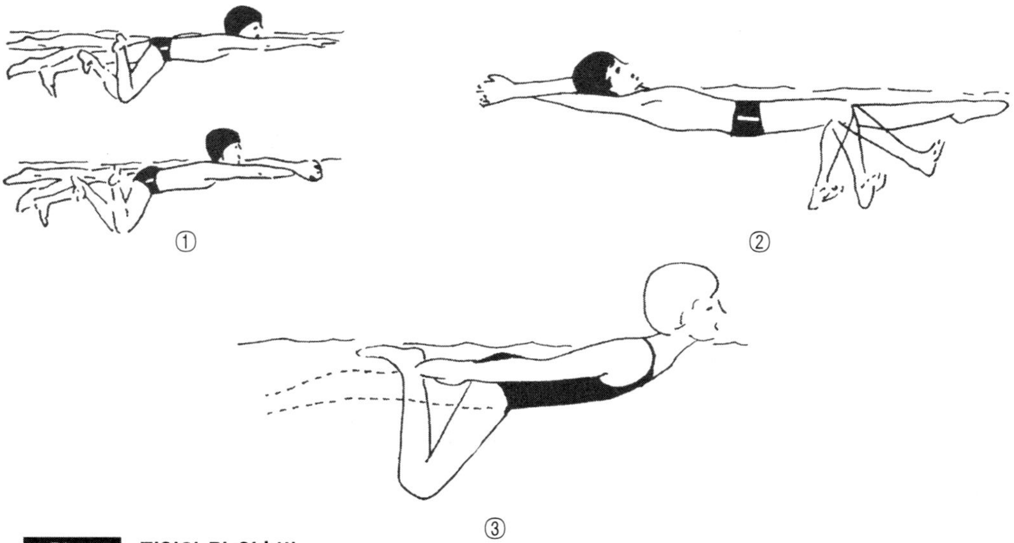

그림 6-3 평영의 킥 연습법

③ **뒤로 누워서 킥**……다리와 발의 느낌 향상을 위한 좋은 연습법이다. 누워서 손을 머리 위에 꼬아서 킥을 한다(그림 6-3의 ②).

④ **발목을 손끝으로 만지는 킥 연습(ankle touch kicking)**……양팔을 손가락끝까지 곧게 펴서 다리를 앞으로 끌 때마다 발목을 만진다(그림 6-3의 ③).

다리동작의 중요 포인트는 다음과 같다.

» 양무릎을 좁게 끌어당겨 강하게 찰 것

» 발을 끌어 당길 때는 등 전체로 끌어당기는 느낌

» 찰 때에는 허리를 펴는 느낌으로 행할 것

2) 팔동작

양쪽 손바닥을 밑으로 하여 머리앞쪽 물밑 20cm(10°) 정도 되는 곳에서 두 손을 모으면서 힘을 빼고 앞으로 뻗는다(그림 6-4의 ①). 앞으로 편 두 손은 손목을 약간

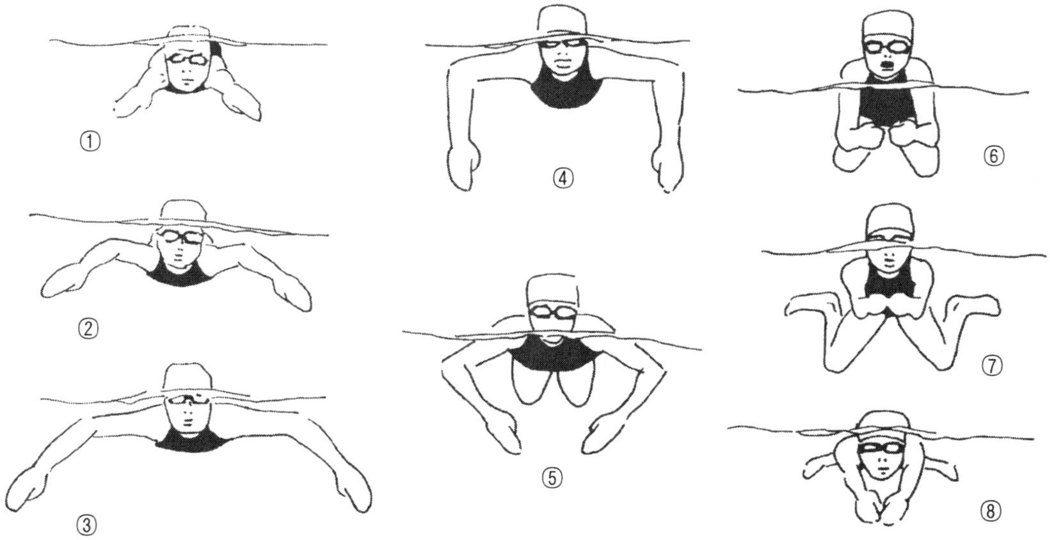

그림 6-4 **평영의 팔동작**

구부리고 손바닥을 엇비스듬히 바깥쪽을 향하게 하며, 두 손은 패들모양을 만든다(그림 6-4의 ②, ③). 두 팔은 약 120°정도 벌어진 부근(그림 6-4의 ③, ④)에서부터 두 손으로 물을 하복부쪽으로 끌어모으는 것같이 풀한 다음, 두 손은 얼굴 바로 아래에서 만난다(그림 6-4의 ⑤, ⑥, ⑦).

안쪽으로 풀할 때 가장 빠르게 하여야 추진력이 많이 생긴다. 이때 턱을 앞으로 내밀고, 몸통의 선은 유선형으로 길게 유지한다. 팔동작은 물속에서 보면 그림 6-5과 같이 심장모양의 궤적을 그린다.

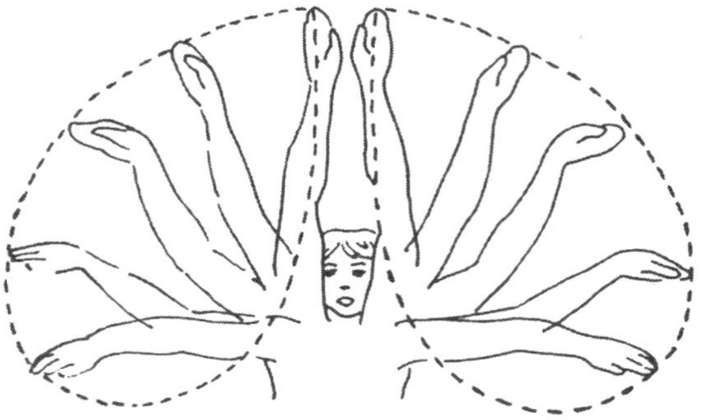

그림 6-5 물속에서 본 풀동작의 궤적

3) 호흡

여기에서는 평영의 호흡을 풀과 연결하여 살펴본다. 머리는 가급적 오래 물속에 있는 편이 좋다. 숨을 들이쉬는 동작 때문에 머리를 들어올리는 것을 가능한 한 적게 빨리 해야 한다. 머리의 아래 · 위 움직임은 몸통이 아래 · 위로 움직이는 동작을 만든다. 또한 머리를 고정시킨 자세로 숨을 들이쉬려면 상체를 들어야 하므로 자연적으로 저항이 큰 자세가 된다.

가장 효율적인 호흡은 두 팔로 물을 젓기 시작함과 동시에 물속에서 조금씩 숨을 토하기 시작하고, 두 팔이 몸통과 직각이 될 무렵에 목을 앞으로 빼내면서 마지막으로 숨을 내쉬는 것이다. 입이 수면 밖에 나왔을 때에는 입을 열고 숨을 들이쉬고, 두 팔을 앞으로 뻗는다. 얼굴은 물 속으로 들어간다(그림 6-6 참조).

호흡할 때 주의할 점은 다음과 같다.

첫째, 호흡을 위해 머리를 전방으로 올릴 때는 몸의 중심선을 향해서 곧게 올린다.

둘째, 머리를 내릴 때 머리를 아래로 쳐박지 않도록 주의한다.

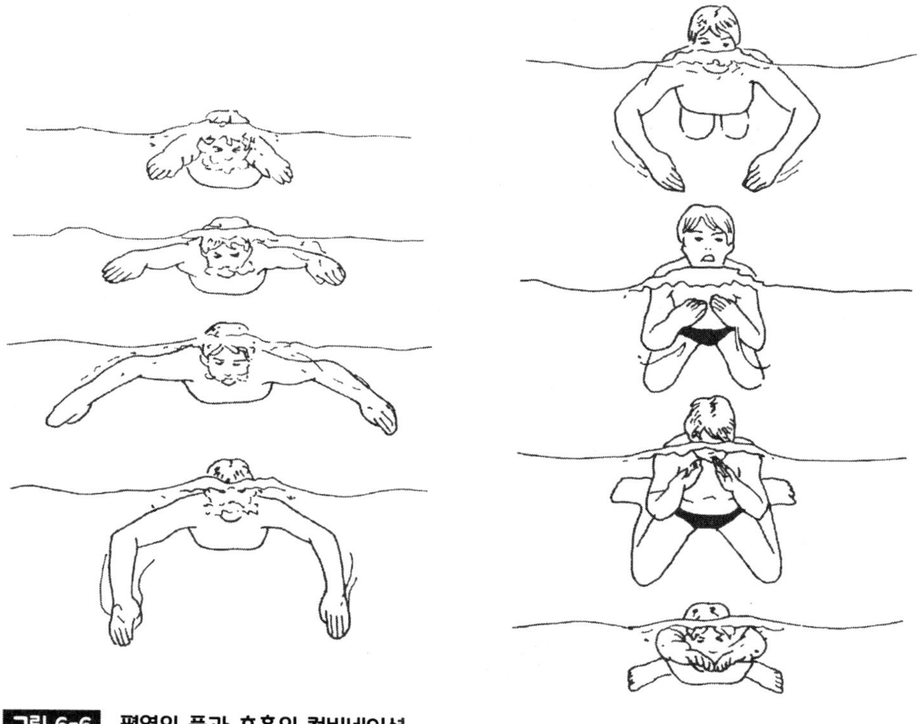

그림 6-6 평영의 풀과 호흡의 컴비네이션

4) 신체와 머리자세

전통적인 평영에서는 머리의 상·하 운동이 독립적으로 이루어졌으나, 현재는 머리를 편안하게 고정시킨 채 어깨를 따라서 위·아래로 이동한다. 어깨의 상하이동은 성인은 최고 18인치 정도이나, 어린이는 12인치 정도이다.

5) 킥 · 풀 · 호흡의 컴비네이션

지금까지 설명한 킥 · 풀 · 호흡의 타이밍이 잘 맞아 유선형 자세가 보다 오랫동안 유지되는 글라이드의 스피드를 효과적으로 살리는 영법이 이상적인 영법이다. 평영은 저항이 생기는 동작부분은 재빠르게 하면서 추진력을 살리고, 그 추진력이 최대로 유지되는 상태에서 유선형을 취하는 것이 가장 효과적인 기술이다. 이로써 빠른 수영을 할 수 있고, 힘의 소모를 극소화할 수 있다.

킥 · 풀 · 호흡의 컴비네이션은 다음 사항에 유의해야 한다.

» 킥(kick)은 생긴 추진력을 잘 살리기 위해 온몸을 쭉 편 자세, 즉 저항이 적은 자세로 나아갈 것

» 풀(pull)동작을 충분히 하여 몸 전체가 떠올라 속도가 나는 순간에 숨을 들이쉬고 다리를 굽히는 동작이 이루어지도록 할 것

3. 평영의 중급 · 고급자 지도법

1) 평영동작의 실수 및 교정

(1) 실수 1

킥을 준비할 때 무릎을 지나치게 당긴다. 발의 위치가 너무 낮다. 이 실수는 둔

부를 위로 올라가게 하고, 킥을 아주 약하게 할 뿐만 아니라 지나친 저항을 발생시킨다.

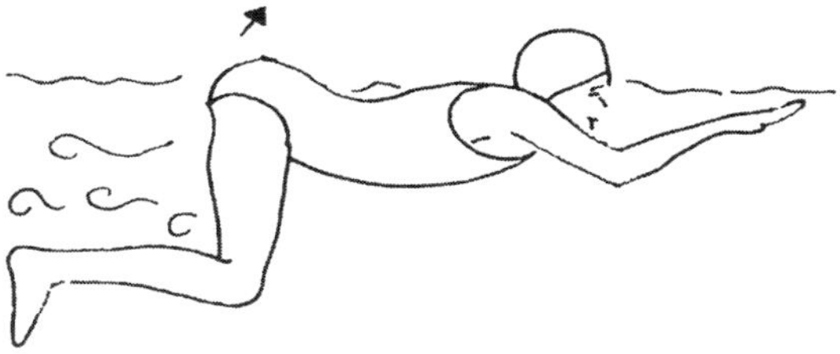

그림 6-7

교정 1

앞에서 설명한 발목을 손끝으로 만지는 킥 연습법을 사용하면 교정될 수 있다.

(2) 실수 2

너무 일찍 호흡한다. 전체 스트로크 리듬이 늦어져서 진부한 영법이 된다.

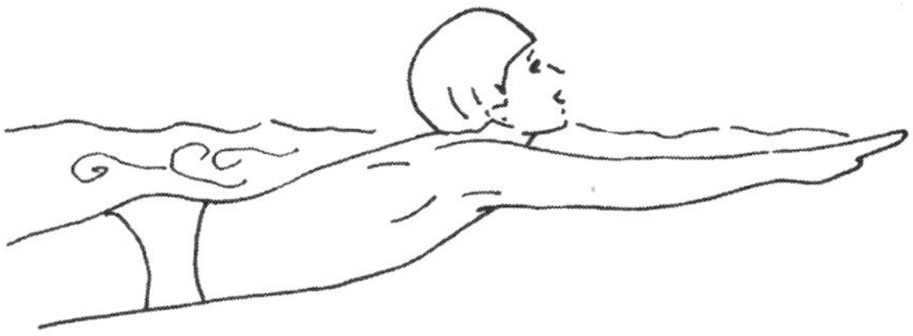

그림 6-8

교정 2

풀만 하면서 호흡연습을 한다. 풀 부이나 킥보드를 허벅지 사이에 끼우고 풀을 하면서 호흡을 하면 뜨게 되므로 일찍 호흡하기가 어렵다.

(3) 실수 3

킥할 때 발목이 젖혀지지 않는다. 이것은 일반적인 실수이다. 결국 약한 킥이 된다. 가능한 발목을 젖혀서 킥할 수 있도록 해야 한다.

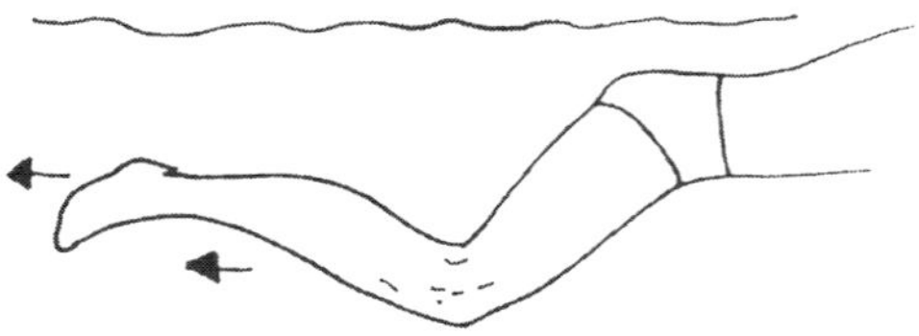

그림 6-9

교정 3

다음 방법 중 편리한 방법을 택하여 실수를 교정한다.

» 테니스화를 신고 킥 연습을 한다.

» 뒤로 누워서 평영 킥을 연습한다.

» 똑바로 선 자세에서 뒤꿈치를 바닥에 붙이고 무릎을 최대한 구부린 다음 수영장바닥에서 뛰어오르는 연습을 한다.

(4) 실수 4

풀을 너무 멀리하여 리커버리할 때 지나친 저항을 만든다. 양팔은 어깨선을 지나서까지 풀하고 있다.

그림 6-10

교정 4

아래 사항 중 편리한 것을 택한다.

» 눈으로 보이는 범위 내에서 손을 유지한다(머리를 움직이지 않고).

» 상대적으로 아주 작은 스트로크를 실시해서 반대동작을 가정한 다음, 점차로 원하는 형태가 만들어질 때까지 동작한다.

2) 평영의 평가

» 신체자세의 연결을 살핀다. 어깨가 수면 밖으로 올라온 다음 다시 물속으로 몇 인치 들어가는가와 둔부의 상하운동을 살펴야 하며, 킥 직후에 둔부는 수면을 스쳐야 한다.

» 어깨의 상하운동은 등 하부의 근육을 사용해서 수행되어야 하며, 풀을 사용해서는 안 된다.

» 머리는 긴장을 풀고 고정되어 어깨를 따라 상하로 움직이는지를 살핀다. 머리만의 운동이 되어서는 안 된다.

» 얼굴이 수면 밖으로 나올 때마다 숨을 들이쉬는지, 물속에서 입과 코로 내쉬는지를 살핀다.

» 팔이 앞으로 뻗어져 있을 때 팔은 비스듬히 밑을 향해야 하며, 수면에서 손까지의 깊이는 약 8인치인지를 살핀다.

» 풀할 때 손이 역 하트모양을 그리는지를 살핀다. 숨을 들이쉴 때 팔동작이 머뭇거려서는 안 된다.

» 킥할 때에는 무릎이 어깨너비보다 약간 넓게 벌어져야 하며, 하지는 수직이 되고, 발끝을 편 채로 수면 바로 밑으로 당겨야 한다.

» 킥이 시작되면 발끝을 밖으로 돌리고 긴장을 빼면서 신중한 동작으로 신속하게

하퇴를 움직인다. 발이 추진동작으로 들어가면 무릎에 의해서 후방동작이 선도 된다.

» 발이 약 90° 돌아가는지를 살핀다. 발이 물을 뒤로 미는 것이 아니다. 킥, 특히 발을 사용하는 방법은 잘 살펴보아야 한다.

» 스트로크의 리듬과 글라이드가 깨끗한지를 살펴본다.

» 킥이 줄어들지 않았는지, 또는 몸이 기울지 않았는지를 살핀다.

3) 종합동작

① 머리는 약 8~%가 물에 잠기고 글라이드 포지션을 취하고 있다.

①

② 손은 수면밑 10~20㎝에서 캐치포인트를 잡으며 양팔은 옆으로 벌리기 시작한다. 이 시점에서 숨을 쉰다.

②

③ 양팔은 팔굽을 굽히지 않고 계속하여 옆으로 물을 누른다.

③

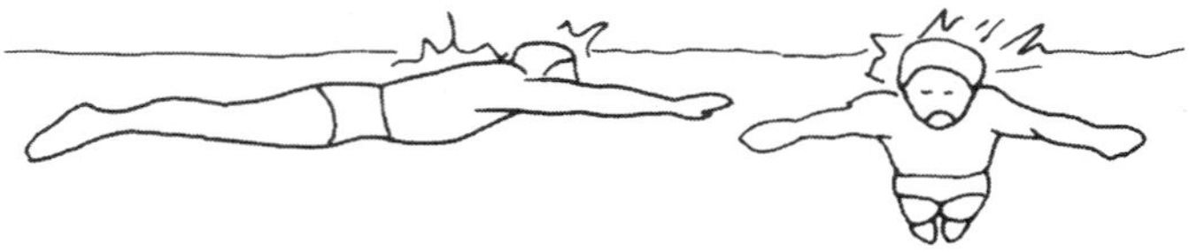

④ 목을 펴줌으로서 머리는 위쪽으로 상승함과 동시에 양쪽 팔꿉이 굽어지고 상완을 돌리기 시작한다.

④

⑤ 양쪽 팔꿉은 상완의 팔과 전완의 팔이 앞에서 보아 110°가 되도록 한다.

⑤

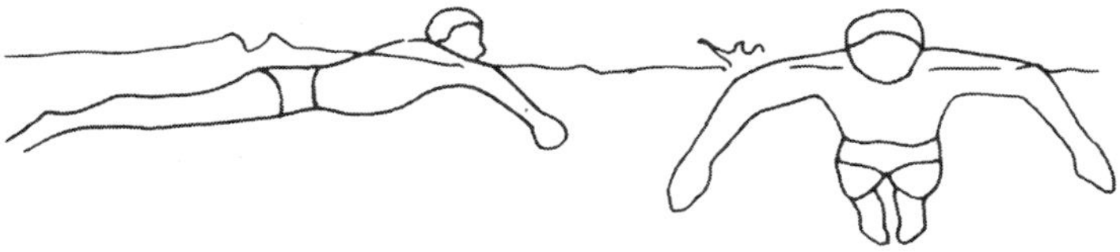

⑥ 목을 계속 펴줌으로써 머리는 계속하여 위로 상승한다. 양쪽 손바닥은 내측으로 향하여 피니시 동작을 시작한다.

⑥

⑦ 피니시 동작의 완료와 동시에 단숨에 숨을 들이킨다. 양쪽 무릎을 굽히기 시작하면서 다리를 히프쪽으로 끌어당기기 시작한다.

⑦

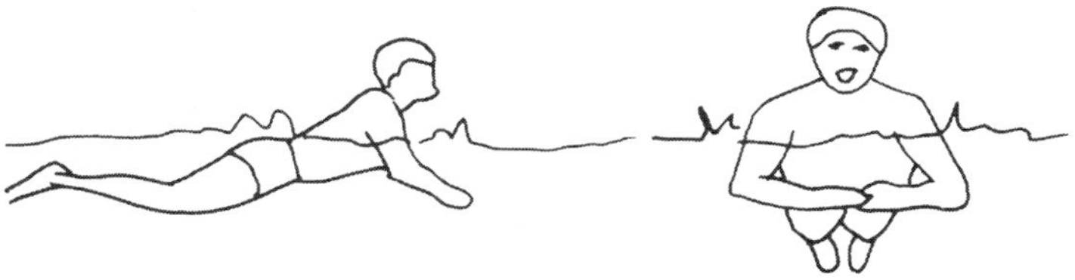

⑧ 호흡의 완료와 함께 가슴쪽으로 모아진 양손의 손바닥을 하방으로 향하여 전방으로 뻗는다.

⑧

⑨ 팔을 리커버리할 때 양팔은 언덕을 내려가는 느낌으로 뻗는다.

⑨
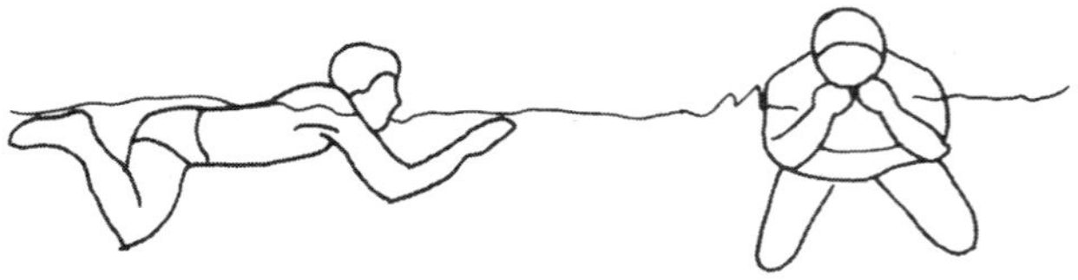

⑩ 완전히 끌어당긴 양발을 후방으로 허리를 펴는 느낌으로 한다.

⑩

⑪ 양발은 후방으로 계속차고 양팔의 리커버리가 끝남과 동시에 숨을 내쉬는 동작을 완료한다.

⑪

⑫ 양팔은 어깨 높이 보다 약간 낮게 완전히 편다.

⑫

⑬ 차내기의 마지막 동작까지 힘을 주어 엄지발가락을 스치도록 모으고, 몸을 일직선으로의 글라이드 포지션을 유지한다. 일련의 동작을 반복한다.

⑬

제 7 장

접영 지도법

1. 접영의 유래와 역사

접영(butterfly stroke)은 두 팔이 대칭으로 회전하면서 돌고래 모양의 다리동작으로 불리는 돌핀킥이 동반되는 영법이다. 평영이나 자유형, 배영은 초보자도 쉽게 배울 수 있다. 그러나 접영은 근력과 고난도의 기술을 모두 갖춰야 하기 때문에 배우기 어려운 고된 영법으로 알려져 있다.

수영계의 명문가인 캐빌가의 아버지 프레데릭 캐빌은 여섯 아들이 있었는데, 접영은 막내 시드니 캐빌이 1897년 호주 선수권대회에서 처음 선보인 영법이다. 1934년에 아이오와대학의 코치 데이빗 암브러스터는 평영을 할 때 팔을 물 위로 올려서 돌리는 접영을 고안했다. 이것은 매우 고난도의 기술이었던 만큼 속도는 크게 향상되었다.

1년 뒤 아이오와대학에서 암브러스터의 지도를 받던 선수 잭 시그는 한 번 팔을 휘저을 때 두 번 찰 수 있는 접영의 돌핀킥을 개발하면서 100야드(91m)를 1분만에 주파하였다. LA올림픽 자유형 금메달 기록이 58초였으니 시그의 기록은 대단한 발전이었다. 그러나 1936년 독일 베를린에서 개최된 올림픽에서는 돌핀킥이 금지되어 사용할 수 없었다. 그런데 암브러스터가 개발한 접영 팔동작은 허용되어 평영에서 접영 팔동작이 활용됐다.

그 후 1952년까지 접영은 평영의 변형으로만 여겨지다가 FINA에서 평영과 별개의 영법으로 분류하고 규칙을 만들었다. 이후 치러진 1956년 올림픽에서 처음으로 접영이 남자 200m, 여자 100m 부문으로 개최되어 오늘에 이르고 있다.

2. 접영의 초보자 지도법

접영(butterfly stroke)은 평영에서 분리된 영법이며, 1953년에 4번째 영법으로 인정되었다. 접영은 자유형 다음으로 빠른 영법이다. 접영은 보기보다는 어렵지 않다. 재미있고 섬세하고 군더더기가 없는 영법이며, 신체의 모든 부분이 적절하게 사용된다.

접영을 배우는 사람들은 다음 사항에 유의해야 한다.

» 양쪽 어깨를 같은 높이에서 유지해야 한다(그러나 같은 높이에서 위·아래로 움직일 수는 있다).
» 손과 팔의 전방 이동은 수면 위에서 해야 한다.
» 팔과 다리의 동작은 동시에 이루어져야 한다.
» 자유형 킥이나 횡영 킥을 사용해서는 안 된다.
» 머리가 물속에 잠기는 것은 허락된다.
» 스트로크당 킥의 숫자는 특별히 제한되지 않는다.
» 킥은 평영 킥을 사용해도 무방하지만 늦기 때문에 사용하지 않는 것이 좋다. 1 스트로크에 2 킥은 코치와 선수들이 최상의 비율로 선택한 것이지 규칙으로 제한된 것은 아니다.

1) 다리동작

두 발을 수면에 가깝게 가져가면서 허리를 약간 굽히고 무릎을 조금 깊게 굽힌다(그림 7-1의 ②). 몸과 허벅지는 120~130° 정도까지 굽혀지지만, 순간적으로 다리를 펴면서 발등으로 물을 뒤편으로 강하게 차낸다(그림 7-1의 ③, ④). 이때 엉덩이가 수면 가까이 떠오르며 몸의 모양은 그림 7-1의 ④처럼 된다.

물을 강하게 차낸 다음 다리는 힘을 빼고 뻗은 자세로 수면 가까이 올라간다(그림 7-1의 ①). 초보자들은 내려차기를 할 때 충분히 다리를 구부리지 않는 경향이 있다. 발과 발목은 킥하기 전에 수면 밖으로 나오게 한다.

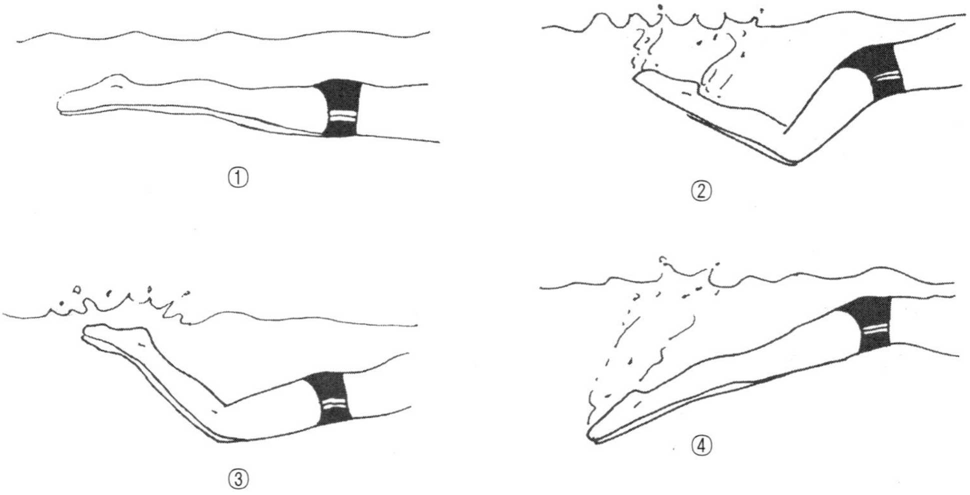

그림 7-1 접영의 킥

접영 킥의 연습법 ★

① 킥보드 잡고 킥하기……손으로 킥보드의 앞부분을 잡고 한다. 킥 동작은 크고 리듬이 있어야 한다.

그림 7-2 킥보드 잡고 킥하기

② **킥보드 없이 킥하기**……이것은 킥보드 잡고 하는 킥과 같지만 손을 앞으로 뻗으면서 킥한다.

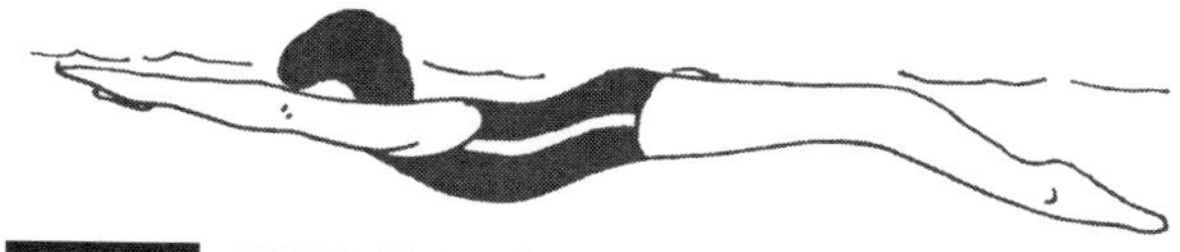

그림 7-3 킥보드 없이 킥하기

③ **벽잡고 킥하기**……풀 사이드를 잡고 돌핀킥을 한다.

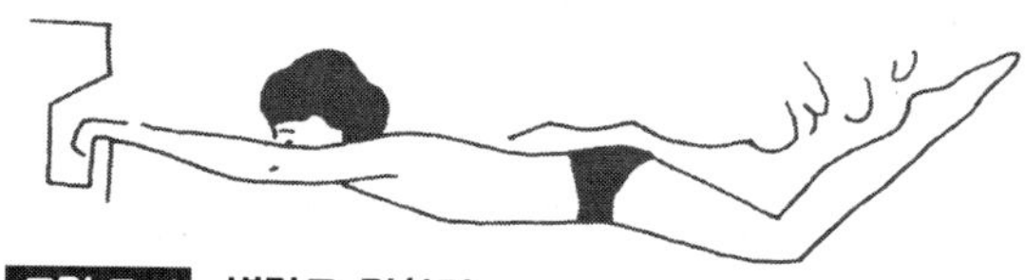

그림 7-4 벽잡고 킥하기

④ **잠수하여 킥하기**……벽을 밀면서 물속 약 3피트 지점까지 잠수하면서 손을 앞으로 잡고 킥한다. 이 방법의 이점은 올려찰 때와 내려찰 때 물의 압력을 받을 수 있다는 점이다. 물론 숨을 쉴 때는 수면 위로 나와야 한다.

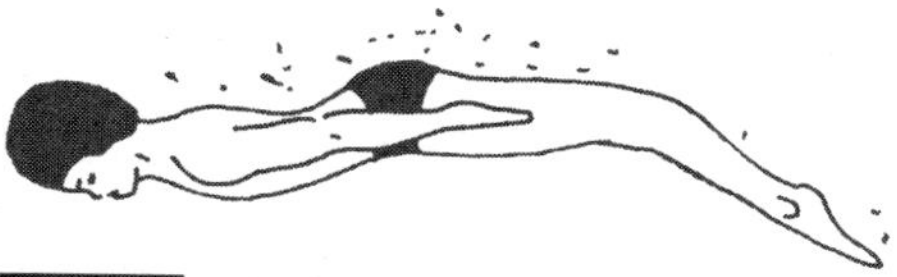

그림 7-5 잠수하여 킥하기

⑤ **옆으로 누워서 킥하기**……수면에서 한쪽으로 누워서 킥만 하는 것으로 자신의 버릇과 전신의 움직임을 아는 데 상당히 도움이 된다. 누워 있는 방향을 바꾼다.

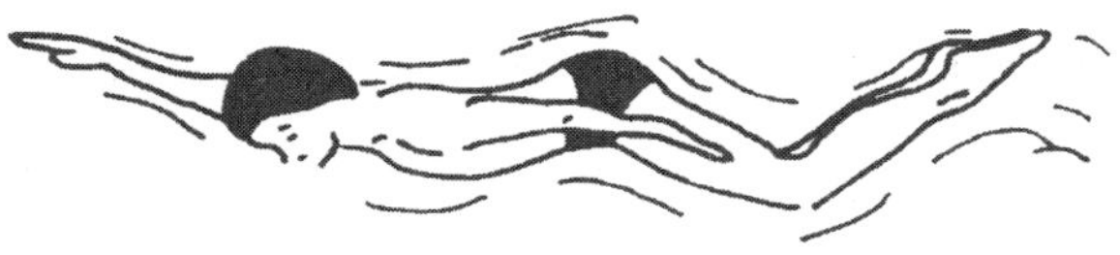

그림 7-6 옆으로 누워서 킥하기

위의 연습법들은 서로 혼합해서 실시할 수 있다. 예를 들어 벽을 잡고 킥을 하다가 손을 놓고 단위 거리를 킥보드 없이 킥한다.

2) 팔동작

① **입수**……좌 · 우 손을 동시에 수면에서 앞쪽으로 쭉 뻗는 크롤(자유형)과 같은 요령으로 어깨너비로 손끝부터 입수하여 물속 10~20cm 깊이까지 들어간다(그림 7-7의 ①).

② **캐치**……이어서 손목을 약간 굽혀 비스듬히 바깥쪽을 향하게 하여 물을 저으면서 옆으로 벌리고 팔꿈치를 점차 굽힌다. 이 경우의 캐치는 평영에서 물을 잡는 느낌과 같다(그림 7-7의 ②).

③ **풀**……물을 저으면서 두 팔이 몸과 직각이 되는 지점에 가까워짐에 따라 두 팔을 점차 몸의 중심선 아래쪽으로 접근시켜 전완과 손으로 물을 끌어넣듯이 후방으로 강하게 밀어낸다(그림 7-7의 ③). 풀의 궤적은 물밑에서 볼 때 열쇠구멍 모양이 이상적이다. 풀의 깊이는 크롤(자유형)보다 얕다.

④ **피니시**……팔과 몸은 약 90°가 되는 지점까지 갔을 때 손바닥을 비스듬히 뒤쪽을 향하게 하고 전완으로 물을 뒤쪽으로 밀어낸다(그림 7-8의 ⑦, ⑧, ⑨). 손은 허리 뒤쪽까지 젓는다.

⑤ **리커버리**……물을 뒤로 밀어낸 팔은 힘을 빼고 손바닥을 밑으로 한 채 먼저 팔꿈치부터 수면 위로 빼내어 손끝이 수면 가까이 통과하도록 좌 · 우 팔을 동시에 앞으로 옮겨 상완과 몸이 중심선에서 90°를 이루는 근처에서부터 손끝이 팔꿈치보다 앞으로 나아가면서(그림 7-8의 ②) 앞쪽으로 뻗어 어깨 앞지점에서 입수한다(그림 7-8의 ③, ④, ⑤). 물속으로부터 팔을 빼낼 때에는 새끼손가락부터 빼낸다(그림 7-8의 ⑨).

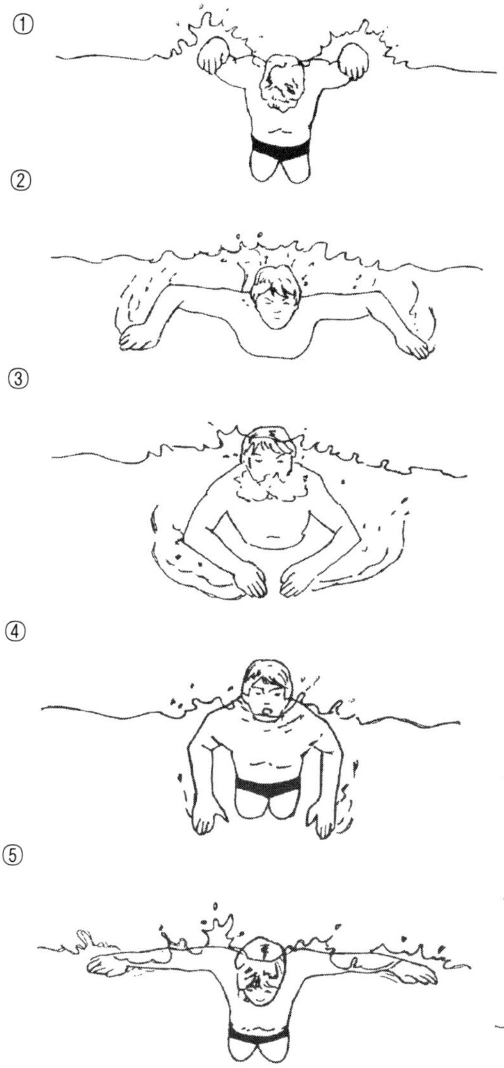

그림 7-7 접영의 풀과 호흡의 컴비네이션

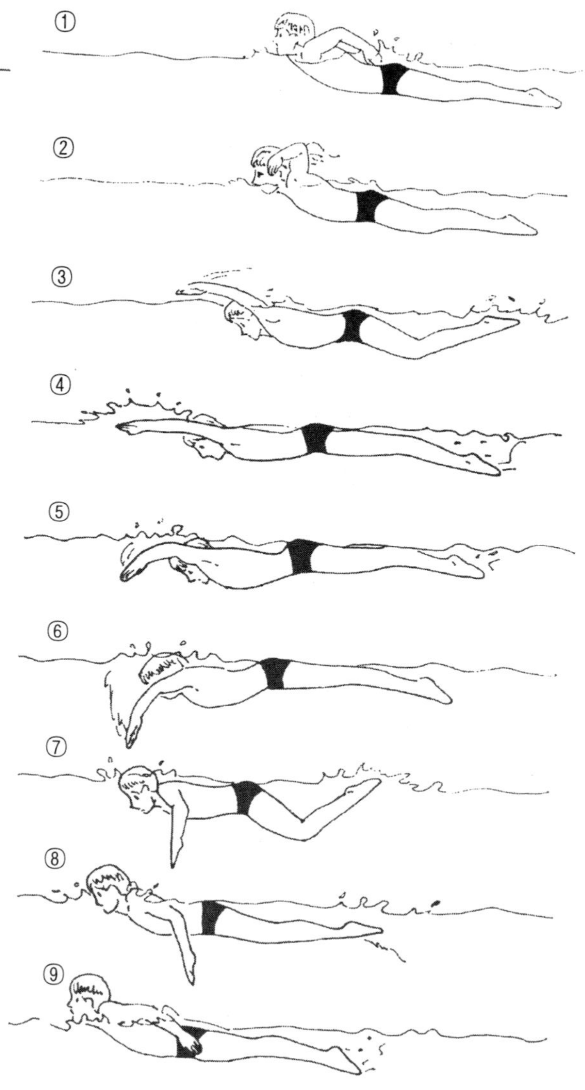

그림 7-8 1스트로크 2킥의 타이밍

풀동작의 연습법—한 팔 접영 연습 ★

접영에서 초보자에게 가장 문제가 되는 동작은 양팔을 동시에 리커버리하는 것과 호흡이다. 초보자들은 짧은 거리의 스트로크만을 제어할 수 있을 뿐이며, 숨을 쉬기 위해서 스트로크를 흩트릴 우려가 있다. 그 결과 초보자들은 스트로크가 끝날 때까지 돌핀 스타일을 취하지 못하는 경우가 많다. 이 문제를 해결하기 위해 접영에서는 한 팔 수영을 오래 동안 연습해 왔다. 그리고 이 연습법의 변형도 있다.

한 팔 접영에는 2가지의 기본 폼이 있다. 사용하지 않는 팔을 앞쪽으로 뻗어 놓는 A형과, 사용하지 않는 팔을 옆으로 늘어뜨려 놓는 B형이 있다. 두 가지 모두 가치가 있지만, 일반적으로 A형이 초보자들이 접영에 들어가기 전에 변형을 주기가 좀 더 쉬운 형태이다.

» **A형**……가장 쉬운 형태로 한 팔은 계속해서 풀하고, 다른 팔은 앞에서 쉰다. 리커버리하는 팔이 입수하기 전에 머리가 물속으로 들어가고 양손은 앞에서 서로 만나도록 강조한다. 돌핀 동작과 킥을 크게 하고 어깨를 올리고 내리는 동작을 강조한다. 이 연습법에는 다음과 같이 다양한 변형이 있다.

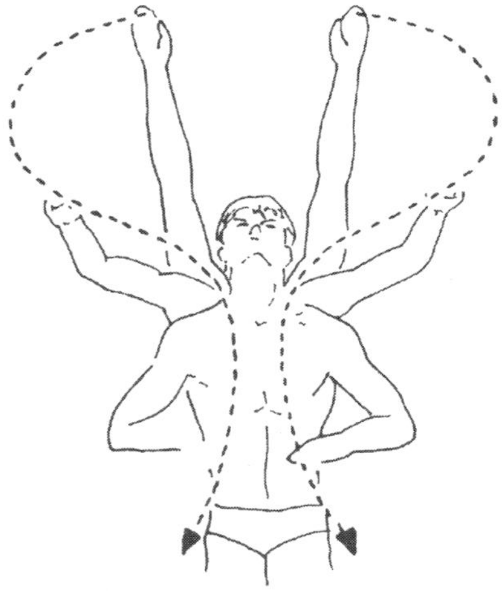

그림 7-9 밑에서 본 접영 풀동작의 궤적

- **형태**

» **투 렝스 사이클(two-length cycle)** : 갈 때는 오른팔만 사용하고, 올 때는 왼팔만 사용한다. 일정한 거리마다 팔을 바꾸어 수영한다.

» **쓰리 렝스 사이클(three-length cycle)** : 일정 거리는 오른팔만 사용하고, 다음은 왼팔만 사용한다. 다음 3번째 일정 거리는 양팔을 동시에 사용한다. 이것을 반복한다.

» **쓰리 앤 쓰리(three and three)** : 3스트로크마다 팔을 교환한다.

» **투 앤 투(two and two)** : 2스트로크마다 팔을 교환한다.

» **쓰리 앤 쓰리(3 and 3), 투 앤 투(2 and 2), 원 앤 원(1 and 1)** : 오른손 3, 왼손 3, 오른손 2, 왼손 2, 오른손 1, 왼손 1번 순으로 실시하고, 다시 돌아가서 반복 실시하며, 숫자를 바꾸기도 한다.

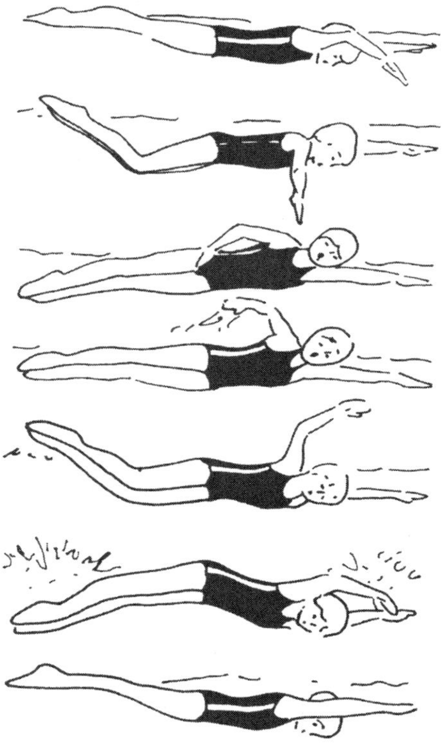

그림 7-10 접영의 풀동작 연습

» **쓰리 투 원 체인지(3-2-1 change)** : 오른손 3, 왼손 2, 오른손 1번, 다시 왼쪽 3번, 오른쪽 2번 등으로 실시한다.

» **라이트(right), 레프트(left), 보쓰(both)** : 오른쪽 1번, 왼쪽 1번, 다음 양팔로 1번 실시한다. 다시 왼쪽, 오른쪽, 양팔로 계속 실시한다.

» B형……이 연습법은 A형을 마스터한 다음 실시하는 진일보된 영법이다. 앞에서 팔이 지지해주지 않기 때문에 입수하는 팔, 머리 그리고 상체가 기울어져서 앞에 있는 물을 치게 되며, 그에 대한 반작용으로 둔부가 올라가게 된다. 덧붙여 킥이 둔부가 올라가는 데 도움을 준다. 따라서 마치 빠른 접영을 하는 것 같은 활발한 동작이 된다. 일정 거리가 끝나기 전에 팔을 바꾸는 것은 좋지 않다.

팔 동작 시 중요 포인트는 다음과 같다.

- 양팔은 좌우 동형으로 동시에 움직여야 한다.
- 팔꿈치는 손보다 높은 위치를 유지한다.

3) 호흡

평영과 흡사하다. 앞에서 보았을 때 팔꿈치가 120° 정도 굽혀질 무렵부터 준비하여 물을 몸안쪽으로 끌어당길 때 숨을 내쉬기 시작한다. 턱은 앞으로 내밀며 머리를 들어올려 얼굴이 수면 위로 나올 때까지 숨 내쉬기를 끝내고, 입이 수면 위로 나오는 순간 재빨리 숨을 들이쉰다. 이때 턱이 계속 내밀어져 수면 위에 머물면 숨을 들이쉴 수가 없다.

호흡 시 주의할 점은 다음과 같다.

» 팔이 입수하여 스트로크가 시작되면 호흡을 위해 머리를 들기 시작하고, 피니시가 끝나기 직전에 숨을 들이킨다.

» 팔의 리커버리와 동시에 머리를 내리기 시작하여, 양팔이 입수하기 직전에 얼굴을 완전히 수중으로 잠긴다.

» 호흡 때 턱을 전방으로 밀어내는 것 같이 호흡을 하면서, 절대로 턱이 수면에서 떨어지지 않도록 한다.

4) 자세

접영할 때 몸통은 계속 굴곡 운동을 한다. 접영선수들의 동작을 관찰해 보면 둔부의 상하운동이 상당히 크게 나타난다. 그러므로 초보자들에게는 둔부가 수면 밖으로 나오도록 지시하여 돌핀 동작을 강조한다. 연습을 계속하면 동작이 부드러워진다.

5) 팔 · 다리 · 호흡의 컴비네이션

» 두 팔이 수면 위에서 몸과 직각이 될 때까지 나아가면 손을 빠르게 입수시키면서 머리를 물속에 담근다(그림 7-7의 ① 참조).

» 두 손의 입수와 두 다리의 발차기는 동시에 이루어진다(그림 7-8의 ④).

» 두 팔로 물을 젓기 시작하는 동시에 숨을 내쉬기 시작하여 얼굴을 들기 전에 끝낸다.

» 물을 젓는 두 팔이 몸과 직각이 되었을 때 머리를 들며, 두 번째 발차기를 한다(그림 7-8의 ⑧ 참조).

» 두 팔로 물을 젓고 수면 위로 빼 올리면서 얼굴을 들어 입을 수면 위에 내놓고 숨을 들이쉰다.

3. 접영의 중급·고급자 지도법

1) 접영 동작의 실수와 교정

(1) 실수 1

숨을 쉬기 위해서 물을 아래로 누른다. 이 때문에 신체의 나머지 부분이 일정한 각도로 내려가서 상당한 저항을 받게 된다. 팔꿈치가 떨어지게 되므로 팔의 역학적인 효율이 떨어진다.

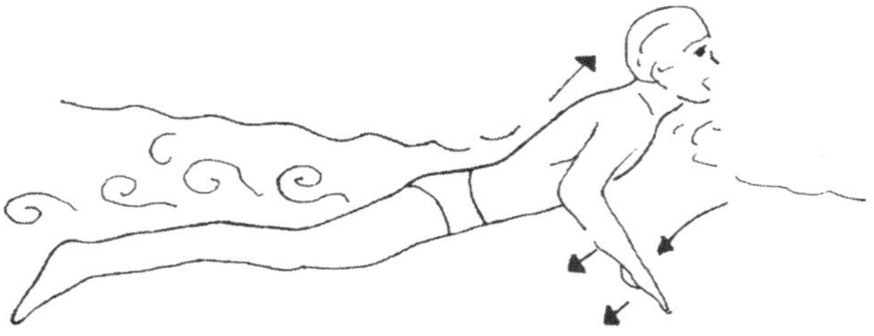

그림 7-11

교정 1

리커버리하면서 손이 물에서 떠날 때까지 숨을 천천히 내쉰다. 숨을 들이쉬는 것은 손이 물에서 떠나면서 해야 한다. 얼굴은 손이 재입수되기 전에 물속에서 되돌아가야 한다.

(2) 실수 2

팔이 입수할 때까지 머리를 계속해서 들고 있기 때문에 몸이 가라앉는다.

그림 7-12

교정 2

풀 부이를 허벅지 사이에 끼고 연습한다.

» 팔이 나오기 전에 얼굴이 수면 위로 나와야 한다.

» 팔이 나오기 전에 얼굴이 물속으로 들어가야 한다.

(3) 실수 3

너무 깊게 뒤로 밀게 되면 자연스런 2번의 돌핀킥 리듬을 잃게 된다. 이것은 머리를 들어서 숨을 들이쉬는 것을 어렵게 한다. 만약 머리가 타이밍을 놓치면 다리동작이 동시에 되지 않는다.

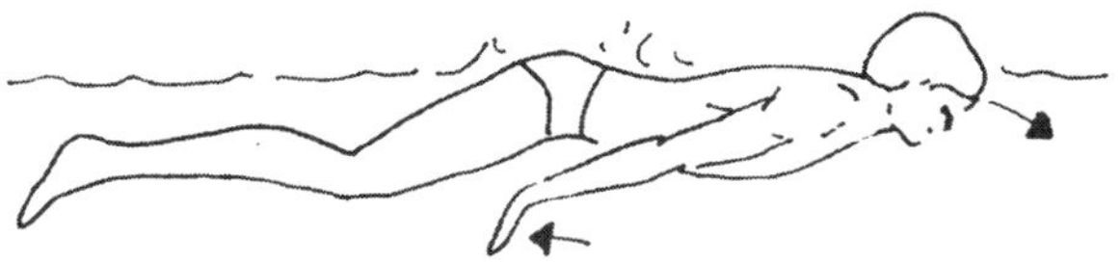

그림 7-13

교정 3

허벅지 사이에 풀 부이를 끼고 팔 스트로크를 연습한다. 팔꿈치는 풀을 하는 동안 천천히 최대로 구부러지도록 한다.

2) 접영의 평가

» 무릎이 구부려져서 내려차기와 올려차기를 선도하는지 살핀다.

» 발과 발목은 킥을 실시하기 전에 수면 위로 나와야 한다.

» 내려차기를 할 때에는 무릎이 약 15~20cm 떨어지도록 하고, 발을 안으로 돌려 넣어서 엄지발가락 가까이 가게 한다.

» 각 올려차기 후에는 다리를 높이들어 유선형을 만드는 동안 약간 멈추는 동작이 있어야 한다.

» 한 스트로크 사이클당 2번의 킥을 하는지를 살펴본다. 한 번은 머리가 물속에 들어갈 때, 한 번은 머리가 수면 위로 나올 때

» 다리가 운동하는 동안 상대적으로 둔부가 수면 위로 높이 올라오는지를 살피고, 머리와 어깨가 입수할 때 밑으로 내려가는지 살핀다.

» 팔과 다리동작이 멈추는 경우를 제외하고, 팔이 계속해서 움직이는지를 살펴본다.

» 팔의 입수 시는 양팔에 힘이 빠져 있고, 팔꿈치는 가볍게 구부려져서 위를 향하고 있는지 살핀다. 손은 엄지손가락이 내려가서 45°를 이루어야 한다.

» 풀을 시작할 때는 손목을 먼저 구부리는지 살핀다. 킥을 한 다음 둔부가 수면 밖으로 나오기 전에 풀을 시작해서는 안 되며, 또한 어깨가 물 속으로 2~3인치 잠기기 전에 풀을 시작해서도 안 된다.

» 풀을 시작할 때 손은 수면 근처에 두어서 보이지 않도록 한다. 풀은 부드럽게 시작하여 전완이 밑으로 내려가서 팔꿈치가 물속에서 높이 유지되는지 살핀다.

» 풀은 물이 어깨 위 2~3인치에 이르기 전에 실시해서는 안 된다.

» 풀이 열쇠고리 모양을 이루는지 살핀다. 미는 동작은 엄지손가락이 수영복의 다리선에 이를 때까지 실시한다. 또한 미는 동작의 끝에 팔을 어깨에서부터 돌려서 손바닥이 안으로 돌려지는지 살핀다.

» 풀을 하는 동안 팔꿈치가 밖으로 향할 수 있도록 적당한 각도로 팔이 구부려져 있는지 살핀다.

» 팔이 리커버리 동작을 하는 동안 양팔과 손에 힘이 빠져 있는지를 살핀다. 팔꿈치가 먼저 나오고, 손이 그 뒤를 따라야 한다.

» 몸통이 계속해서 움직이는지 살핀다. 초보자들은 둔부가 수면 위로 나오게 해야 한다.

» 머리는 부드럽게 움직이는지, 턱은 앞으로 밀고 낮게 위치하는지 살핀다.

» 머리와 손의 타이밍은 손이 나오기 전에 머리가 나오는지, 손이 앞에 이르기 전에 머리가 물속에 들어가는지 살핀다.

3) 종합동작

① 양팔을 어깨의 전방으로 입수와 동시에 제1킥의 준비를 한다.

①

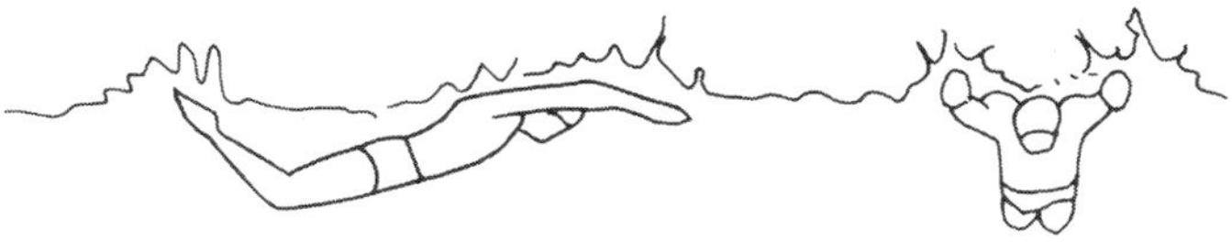

② 양팔은 제1킥을 강하게 차면서 팔은 아래로 의식적으로 힘을 가하여 손을 비스듬히 가쪽으로 누른다.

②

③ 제1킥을 거의 마침과 동시에 손은 가쪽으로 누르기를 계속한다. 후방으로 킥할 때의 반작용으로 힘이 상승한다.

③

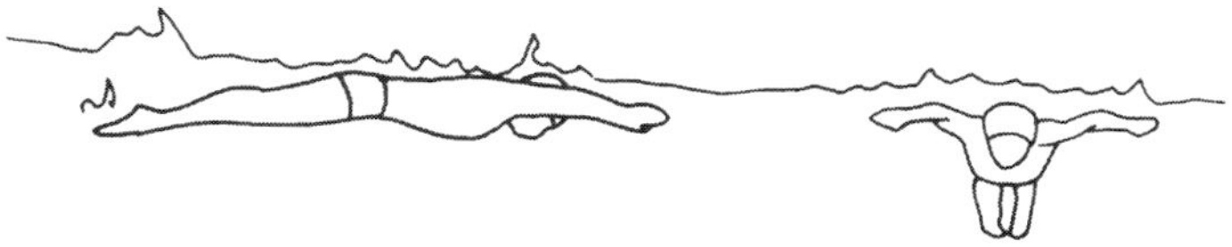

④ 제1킥을 완료하고 차올리는 동작을 시작한다. 양손은 안쪽에서 가쪽으로 향하면서 물을 캐치한다.

④

⑤ 호흡을 하지 않아도 머리는 전방을 향하도록 한다. 팔꿈치를 세우면서 가슴쪽으로 물을 당긴다.

⑤

⑥ 무릎을 펴고 차올린 발은 제2킥을 준비한다. 양팔은 가슴쪽으로 풀을 계속한다.

⑥

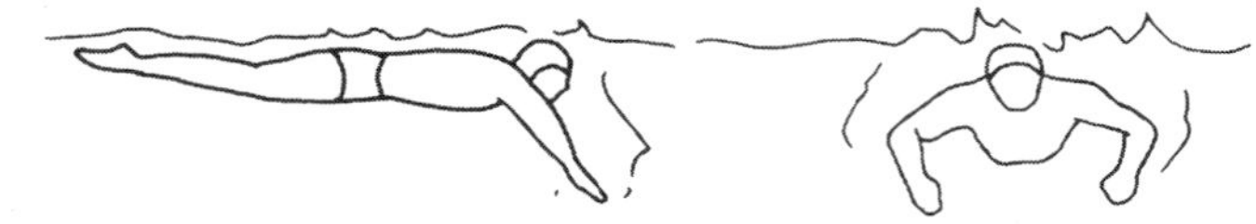

⑦ 팔굽은 어깨 아래에 왔을 때 90° 정도이며, 양쪽 손끝이 거의 스칠 정도이다.

⑦

⑧ 가슴으로 모아진 양팔은 다시 손바닥을 안쪽으로 향하여 물을 밀어낸다.

⑧

⑨ 양손은 허벅지를 스치는 느낌으로 강하게 제2킥을 완료한다.

⑨

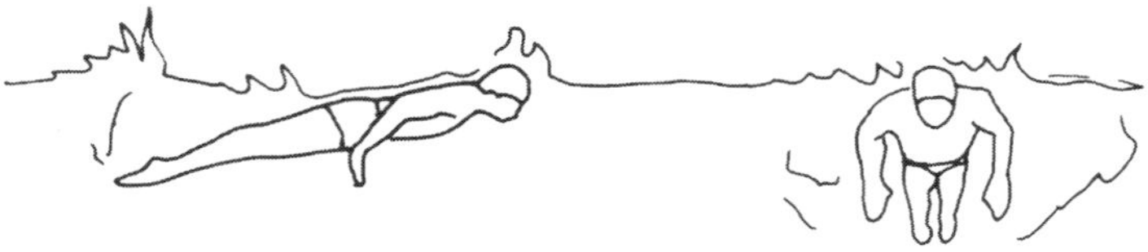

⑩ 손을 수중에서 최후 피니시를 행한다. 팔꿈치는 물 위로 빠져나와 리커버리로 들어간다.

⑩ 

⑪ 양다리는 무릎을 편 채로 상방으로 가져간다. 얼굴은 풀 바닥과 평행이 되도록 머리를 낮춘다. 머리를 낮추면 리커버리를 용이하게 할 수 있다.

⑪ 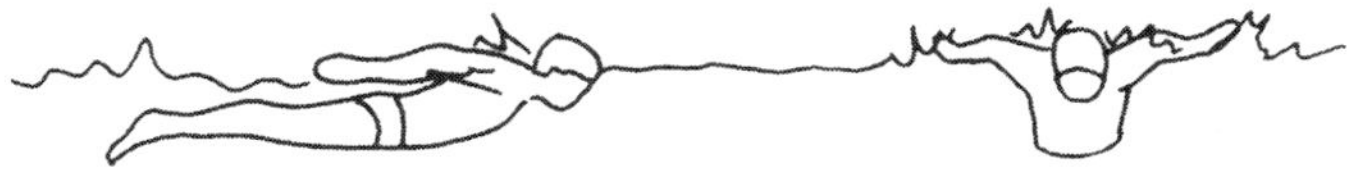

⑫ 팔꿈치는 리커버리를 위하여 가능한 높게 구부리고, 팔이 어깨 정면을 지날 때 손바닥이 하방을 향한다.

⑫ 

⑬ 크롤과 비슷하게 팔꿈치를 높여 양팔을 앞으로 뻗는다.

⑬ 

⑭ 충분히 굽힌 무릎은 제1킥의 차내림과 동시에 양팔이 입수한다.

⑭ 

⑮ 양팔을 옆으로 물을 두르면서 벌린다. 제1킥은 거의 완료한다. 숨을 내쉬기 시작한다.

⑮

⑯ 양손의 캐치와 함께 시선은 전방을 향한다. 제2킥 준비를 한다.

⑯

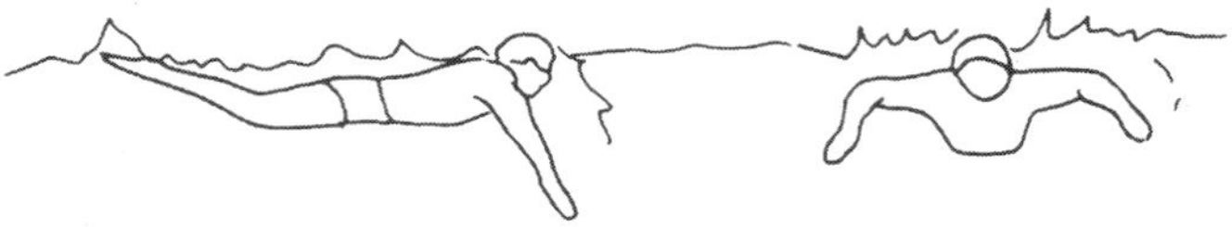

⑰ 양손은 안쪽으로 풀에 들어가고 제2킥을 시작한다.

⑰

⑱ 양손은 가쪽으로 피니시와 함께 턱을 전방으로 내밀듯이 입이 수면상에 나온다. 제2킥을 강하게 찬다.

⑱

⑲ 제2킥을 강하고 완료함과 동시에 양손은 리커버리를 위해 수면상에 나온다. 이때 입은 수면상에서 숨을 들이킨다.

⑲

⑳ 호흡이 완료되면 빠른 타이밍으로 양팔과 함께 전방으로 되돌아간다.

⑳

제 8 장

기타 영법 지도법

1. 개인혼영

개인혼영(individual medley)은 경영에서 가장 도전적인 종목의 하나이다. 1957년에 세계 기록이 인정되었으며, 400m는 1964년 도쿄올림픽에서 처음 채택되었다. 200m는 1968년 멕시코올림픽에서 시작되었고, 1976년 몬트리올올림픽에서는 삭제되었으나, 1984년 로스앤젤러스올림픽에서 다시 채택되었다.

개인혼영은 그 이름이 말하듯이 개인이 4가지 종목을 연결해서 하는 것이다. 이 종목의 영법 순서는 접영, 배영, 평영, 자유형 순이다. 이 종목은 앞서 설명한 4가지 영법을 참조하여 복합적으로 실시하면 된다.

2. 횡영

횡영(side stroke)은 수면에 옆으로 누워 손으로 물을 저으면서 시저 킥(scissor kick ; 가위차기)으로 나아가는 영법이다.

횡영은 다음과 같은 특징이 있다.

» 손으로 젓기와 시저 킥에서 생기는 강한 추진력을 이용한다.

» 옆으로 누워 수영하므로 복부와 등이 동일한 수압을 받게 되어 몸의 흔들림이 적고 물속을 전진하는 데 적합하다.

» 모양, 움직임의 아름다움, 힘찬 모습 그리고 여유를 맛본다는 예술성도 내포되

어 있다.

» 시저 킥은 물속에서의 스타트, 대시, 수면 위로 도약, 물건 떠받치기 · 운반, 수구 및 수중무용 등에서 광범위하게 응용되고 있다.

1) 요령

몸의 한쪽은 수면 위로, 다른 쪽은 물밑으로 하여 밑쪽의 손(앞으로 뻗은 손)은 나아갈 방향으로 몸의 뜨기를 조절하면서 뻗고, 위쪽의 손(뒤에 쳐진 손)은 몸의 선을 따라 물을 젓는다. 발은 손동작에 맞춰 시저 킥을 하면서 물을 밀어내면서 나아간다.

이 수영은 신영(伸永)이라고도 하는데, 이는 헤엄칠 때의 기분이나 몸의 동작 · 상태를 잘 표현하는 말이라 할 수 있다.

2) 기본자세

» 몸에 힘을 뺀 상태로 곧게 펴서 한쪽 몸을 아래로 하여 수면과 수직이 되도록 옆으로 눕는다.

» 물을 (베게를)벤 것처럼 얼굴을 수면 위에 내놓고 턱을 가볍게 당긴다.

» 시선은 어깨너머로 발끝과 일직선을 그리며 후방의 목표물을 본다.

» 몸 아래쪽 손(진행방향 손)은 손바닥을 아래로 해서 수면 가까이에서 진행방향 쪽으로 곧게 뻗고, 위쪽 손(뒷손)은 몸을 따라 뻗어 위쪽 대퇴 안쪽에 손바닥을 댄다.

» 두 다리를 뻗고 발끝을 나란히 해서 몸 전체가 일직선이 되게 한다. 위쪽 발의 발바닥으로 아래쪽 발의 발등을 밟는 기분으로 발끝을 댄다.

3) 영법

(1) 다리동작

다음과 같이 시저 킥을 사용한 다리동작을 한다.

» 기본자세를 유지시키며 움직인다.

» 물의 저항을 최소화할 수 있도록 두 무릎을 나란히 뒤로 굽힌다.

» 굽혀서 멈추지 말고 위쪽 다리는 배쪽으로, 아래쪽 다리는 등쪽으로 크게 벌린다.

» 두 다리는 몸의 앞뒤로 가볍게 뻗으면서 벌린다. 이때 아래쪽 다리는 무릎을 90°정도로 굽히고, 위쪽 다리는 곧바로 뻗는다. 이어서 두 다리를 모으면서 물을 집게로 집듯이 모은다. 발이 거의 모아졌을 무렵 발바닥과 아래편 발등으로 마지막으로 물을 모으는데, 양쪽 엄지발가락이 나란히 될 때까지 모은다(그림 8-1 참조). 횡영은 이 시저 킥 동작이 추진력에 큰 영향을 준다.

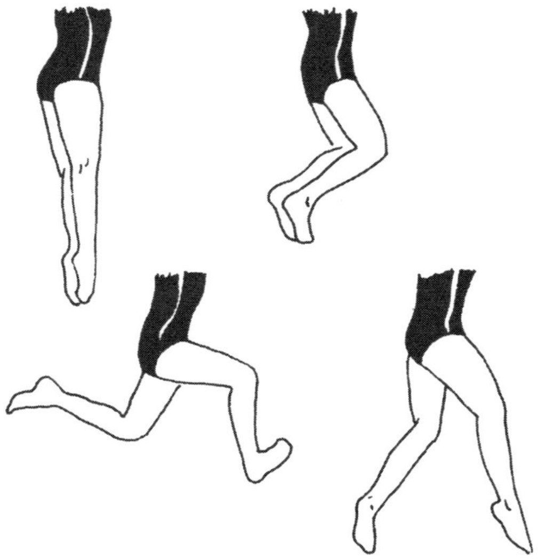

그림 8-1 횡영의 다리동작

(2) 팔동작

• 앞쪽 손(아래쪽 손)의 동작

몸을 곧게 편 기본자세(그림 8-2의 ①)에서 그림 8-2의 ②, ③과 같이 손바닥을 아래로 향한 채 팔 전체로 밑으로 누르면서 가슴쪽으로 굽혀(그림 8-2의 ④) 팔꿈치를 옆구리에 붙이고 뻗을 자세를 취한다(그림 8-2의 ⑤). 다음 그림 8-2의 ⑥과 같이 다리를 부채질하는 동작에 맞추어 나아갈 방향으로 수면 바로 밑을 손바닥을 아래로 하여 물을 누르면서 쭉 뻗는다.

• 뒤쪽 손(위쪽 손)의 동작

뻗어 있는 손은 팔꿈치를 굽히면서 앞으로 옮겼다가 전완을 뻗음과 동시에 손바닥으로 물을 뒤로 힘차게 저으면서 위쪽 다리의 대퇴부에 닿을 때까지 젓는다(그림 8-2 참조). 앞쪽 손은 몸의 안전, 방향 잡기, 부력얻기 역할을 하고, 뒤쪽 손은 추진 역할을 한다.

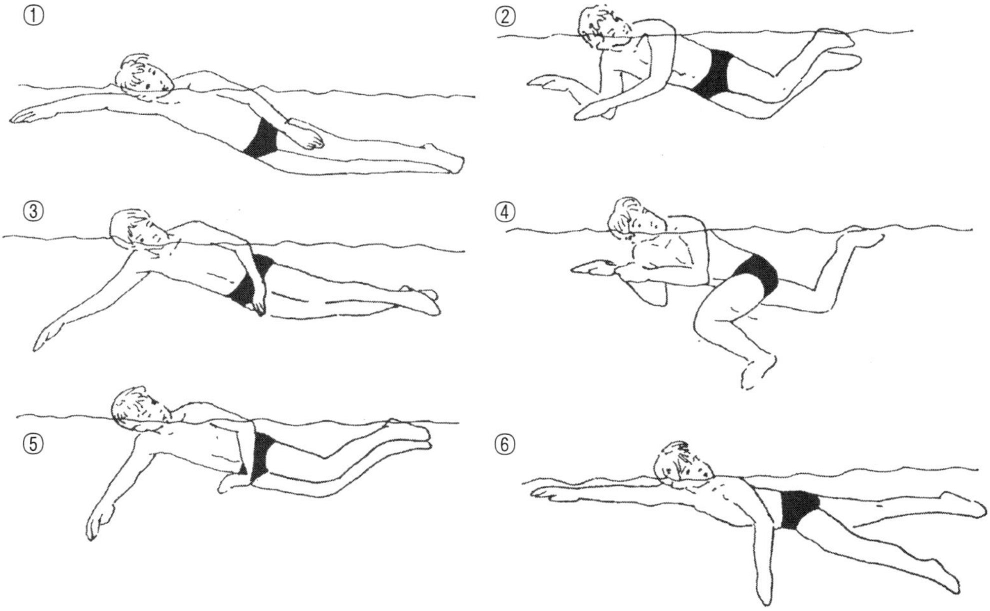

그림 8-2 횡영에서 팔과 다리의 컴비네이션

(3) 팔 · 다리의 컴비네이션

팔을 움츠릴 때 다리도 움츠리고, 뻗을 때는 동시에 뻗는다. 즉 손을 뻗으려 할 때 다리도 앞뒤로 벌려 물을 잡는 자세가 되어야 한다. 모든 영법이 그렇듯이 팔 · 다리동작은 유연하여야 하며, 동작이 부드럽지 못하면 속도가 감소된다. 이것은 물의 흐름을 활용하지 못하여 일시적이지만 저항의 요인이 되기 때문이다.

(4) 호흡

입과 코는 항시 수면 위에 있으므로 호흡은 팔 · 다리의 동작에 맞추어 하면 된다. 보통 팔 · 다리를 뻗을 때 숨을 내쉬고, 움츠릴 때 천천히 길게 들이쉰다. 호흡이 팔 · 다리동작과 맞지 않으면 몸통의 안정을 유지하지 못하여 물을 먹거나, 추진력이 약해지므로 횡영의 독특한 아름다움도 반감된다.

4) 지도 시 주의점

(1) 연습방법

» 시저 킥을 익힌다.

» 육상연습을 활용한다.

(2) 자세

» 기본자세에 익숙해진다.

» 머리위치에 주의한다. 머리를 들면 발이 가라앉는다.

(3) 횡영 발차기

» 시저 킥 요령을 익힌다. 위쪽 발의 발목을 굽혀서 발바닥으로, 아래쪽 발목은

펴서 발등으로 물을 찬다.

» 두 다리의 벌어지는 폭은 일정하게 한다. 일반적으로 아래쪽 다리의 폭이 좁아지기 쉽다.

» 다리의 모든 동작에서 멈추는 순간이 있어서는 안 된다.

» 시저 킥을 할 때마다 몸을 굽힌다든지, 흔들거리는 일이 없도록 한다.

» 시저 킥의 마지막 동작에서는 다리에 힘을 준다(피니시 동작).

» 개구리 발모양(평영 킥)이 되지 않도록 한다.

(4) 손을 활용하는 방법

» 아래쪽 손바닥은 물밑을 향하여 몸을 띄우는 역할을 하도록 한다.

» 아래쪽 손이 수면 위로 나오지 않게 한다. 수면 위에 나오면 부력(뜨는 힘)조절이 원활치 못하므로 몸이 떠올랐다 가라앉는다.

» 아래쪽 손은 나아갈 방향으로 곧바로 펴서 방향을 조절한다.

» 위쪽 손의 손바닥은 뒤를 향해서 물을 밀도록 한다.

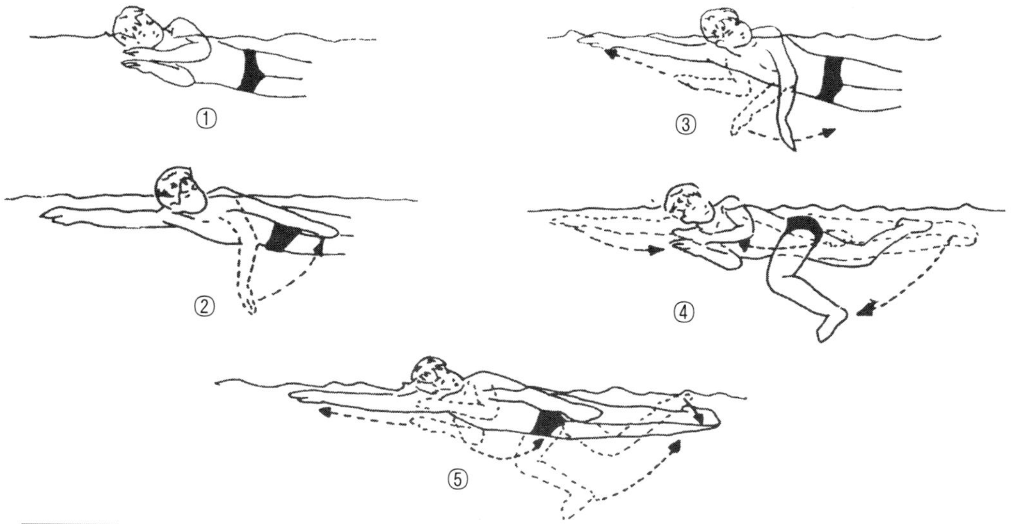

그림 8-3 횡영의 손동작연습

» 위쪽 손은 몸통 가까이에서 물을 젓는다. 몸통에서 멀어지면 힘이 약해지고 진행방향이 등쪽을 향하기 쉽다. 또한, 아래쪽 다리가 가라앉아 평영 킥의 원인이 되기도 한다.

(5) 팔 · 다리의 컴비네이션

» 팔 · 다리는 항상 같이 움직여 동작을 유연하게 하고 불필요한 물의 저항을 피한다.

» 팔 · 다리동작은 모두 동작 후반에 힘을 주며, 전반은 준비동작으로 생각한다. 힘을 주고 빼는 동작의 조절이 원활하도록 하고, 뻗어나가는 형태를 이용하여 헤엄치도록 한다.

3. 입영

입영(立泳)은 손은 사용하지 않고, 얼굴과 머리를 내놓고 다리동작만으로 하는 수영으로서 전후 좌우의 이동이 가능하다. 입영에서는 손이 사용되지 않으므로 여러 가지 작업을 할 수 있다. 수구, 수중무용(싱크로나이즈드 스위밍), 물건 운반, 구조 등 수중에서 이루어지는 작업에 꼭 필요한 영법이다.

1) 요령

상체를 수직으로 세우고 아랫배를 당겨 몸의 위치를 안정시키고, 무릎을 직각으로 굽혀서 직각으로 벌린 채 걸터앉는 자세를 하고, 수면 위에 목 위쪽을 내놓는다.

그림 8-4 입영의 요령

2) 기본자세

» 등과 목을 반듯하게 펴서 상체를 똑바로 세우고, 목 윗부분을 수면 위에 내어놓는다.

» 두 팔은 팔꿈치를 굽히든가, 또는 편 채로 앞으로 뻗거나 옆으로 수평되게 놓아둔다.

» 전후 좌우로 이동할 때는 상체를 진행방향으로 기울이고, 얼굴은 나아갈 방향을 향한다.

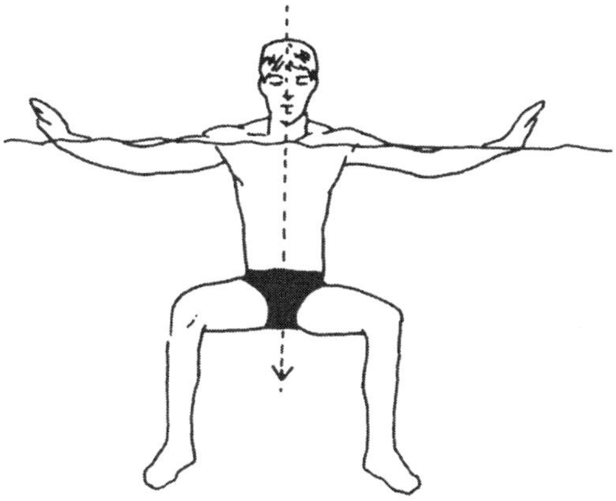

그림 8-5 발로 물을 밟는 자세

3) 영법

입영(서서 하는 수영)은 손을 필요로 하지 않으므로 다리동작만 있는데, 그것은 다음의 세 가지이다.

(1) 물밟기 영법

물밟기란 허벅지를 옆으로 벌린 채 무릎을 굽힌 자세(그림 8-5)에서 한쪽 다리를 움츠리고, 발꿈치에 힘을 주어 안쪽에서 옆 뒤로 물을 밟아내는 것이다. 이때 무릎은 완전히 펴지 않는다. 물을 밟아내었으면 발목의 힘을 빼고 다리를 다시 구부리면서 선 자세로 되돌아간다. 이때 다른쪽 발도 같은 방법으로 물을 밟는 동작을 실시한다. 이 영법은 제자리걸음과 같다(그림 8-6 참조).

그림 8-6 횡영의 다리동작

(2) 원추형밟기 영법

원추형밟기는 물밟기의 변형이다. 실시요령은 물밟기와 같으나, 단지 물을 밟는 방법이 무릎을 정점으로 원추형으로 밟는다는 것이 다를 뿐이다.

(3) 시소 킥 영법

상체를 약간 앞으로 기울인 자세에서 팔은 앞쪽으로 편다. 다리동작은 시소 킥 형태를 취한다. 횡영의 시소 킥은 한번 움직일 때마다 두 발이 합쳐지지만, 이 영법에서는 엇갈리게 된다.

4) 지도 시 유의점

» 물밟기 영법에서는 상체를 곧게 세워야 한다. 앞으로 기울면 물을 밟을 때 생기는 부력 때문에 상체가 더욱 기울어져 효과가 감소된다.

» 두 허벅지를 벌린 각도가 좁으면 부력이 약해지고, 상체가 앞으로 기울어지기 쉽다.

» 발바닥 사용법에 주의한다.

» 밟아내린 다리의 무릎은 완전히 펴지 않는다.

» 동작은 부드럽게 연결한다.

5) 지도단계

» 육상에서 반듯이 누워 물밟기 영법의 발동작을 연습한다.

» 풀가(pool side)에 걸터앉아 발을 물속에 담근 채 연습한다. 발바닥이 물에 잠길 때 물을 차는 소리가 나도록 한다.

» 가슴 정도 깊이의 물에서 킥보드같은 보조장비를 잡고 한쪽 발씩 연습해서 점차 숙달되면 두 발을 동시에 한다(그림 8-7의 ①).

» 보조물을 사용해서 위와 같은 연습을 한다(그림 8-7의 ②).

그림 8-7 물밟는 연습

» 발 모양이 익숙해지면 보조장비에서 손을 떼고 연습한다. 연습 중에는 머리까지 잠기는 경우가 있으나, 잠긴 상태에서도 다리동작에 신경을 집중시킨다.

» 입영(선 자세 수영)이 되면 전후좌우로 이동, 손이나 상체의 수면 위 부상, 물건의 떠받침(운반) 등 여러 가지 기술향상을 위해 연습을 한다. 책을 보거나 사과를 깍는 등 실용적이며 즐거운 수영방법임을 알려준다(그림 8-8 참조).

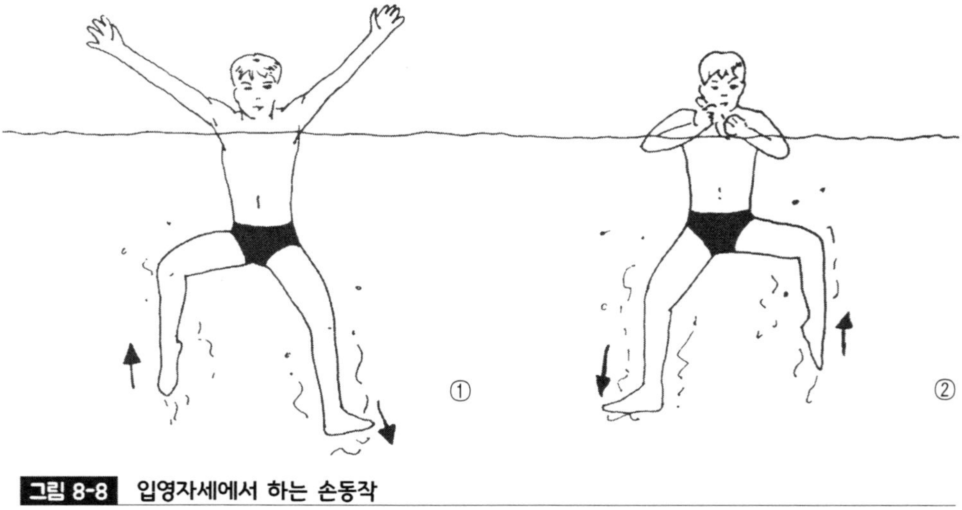

그림 8-8 입영자세에서 하는 손동작

» 원래 물밟기는 평영의 발동작과 닮은 점이 많으므로 평영을 하는 사람에게는 다리동작을 한 발씩 교대로 하되, 무릎을 완전히 펴지 않는 자세로 평영을 실시하여 익숙해진 다음 입영(선 헤엄)을 시킨다.

4. 잠영

물속에 전신을 넣은 잠수상태에서 헤엄을 치는 것이 잠영이다. 수영 영역이 입체적으로 넓어지며, 수영의 즐거움이 증가하고, 물에 대한 자신감을 높일 뿐만 아니라 각종 작업도 수행할 수 있다. 다이빙이나 수중무용에서 필수적인 영법이다.

잠수를 하려면 다음 세 가지를 알아야 한다.

» 잠수깊이

» 원거리 잠수(장시간)

» 물속에서의 각종 동작

수영에서의 잠수는 기본적으로 물밑으로 들어가는 잠수와 잠수해서 일정한 거리를 나아가는 것을 목적으로 하는 잠영이 있다.

1) 요령

잠영은 수면 위를 수영하는 것과 기본은 같지만, 온 몸에 수압을 받아 숨을 들이쉬기가 불가능하고, 부력으로 인하여 몸이 떠오르는 점이 다르다.

잠영을 할 때 주의할 점은 다음과 같다.

» 잠영에 앞서 진행방향쪽의 위험요소 유무를 확인하고, 목표를 잘 확인해 둔다.

» 여러 번 깊은 숨쉬기를 하여 최대량의 8/10 정도를 들이쉰 다음 잠수하여 평영이나 횡영으로 속력을 이용하여 잠영한다.

» 항상 머리쪽이 발보다 낮은 자세가 되어야 한다(그림 8-9 참조). 부침(떠오르기와 가라앉기)의 조절은 머리위치와 손발의 사용에 따르는데, 특히 그림 8-10과 같이 허리를 지나 그 이상까지 저어올려 몸이 뜨려고 하는 것을 방지한다.

» 눈은 반드시 뜨고 밑바닥이나 목표를 잘 보아 방향이 잘못되지 않도록 한다.

» 잠수 시에는 수심 2m 정도를 한계로 한다. 특히 바닷물은 수압이 세므로 그 수치 이하의 잠수는 위험하다.

그림 8-9 머리가 낮은 자세를 취한다

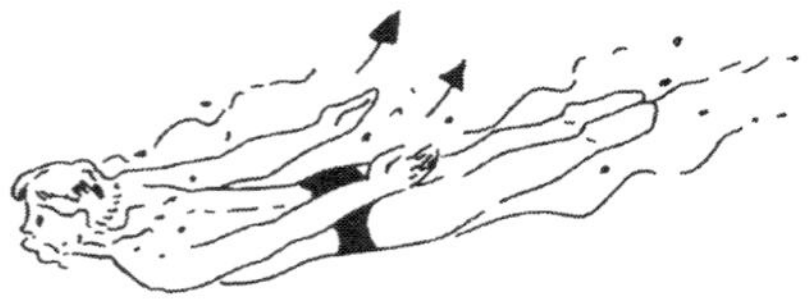

그림 8-10 뒤쪽 윗방향으로 손을 저어올린다

2) 잠수방법

(1) 서서 들어가기

물속에 바로 선 자세에서 그대로 발쪽부터 수직으로 잠수하는 방법인데, 그 요령은 다음과 같다.

» 두 팔을 수평으로 벌리고 물을 내리누르면서 떠오른다.

» 떠올랐으면 두 다리를 나란히 하고 발목을 펴서 수직자세를 취한다. 그런 후에 떠오른 반동으로 다시 잠수한다(그림 8-11의 점선 부분).

» 깊이 잠수하려면 그림 8-11과 같이 두 팔로 물을 떠받친다.

» 적당한 깊이에 도달하면 몸을 수평으로 하여 잠영자세를 취한다.

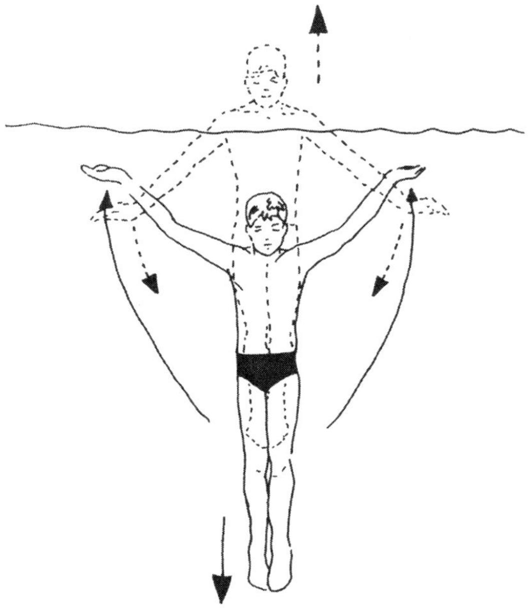

그림 8-11 두 팔로 부상 또는 잠수를 돕는다

(2) 거꾸로 들어가기

수면에 엎드린 자세에서 머리부터 먼저 잠수하는 방법이다(그림 8-12 참조).

» 앞을 향해 뻗은 손으로 물을 내리누르면서 상체부터 수면 위에 띄운다.

» 물에 뜬 상체가 다시 가라앉으려 할 때 머리를 앞으로 깊이 숙이면서 허리를 앞으로 굽혀 물구나무서기 자세로 잠입한다.

» 적당한 깊이에서 몸을 수평으로 하여 잠수자세를 취한다.

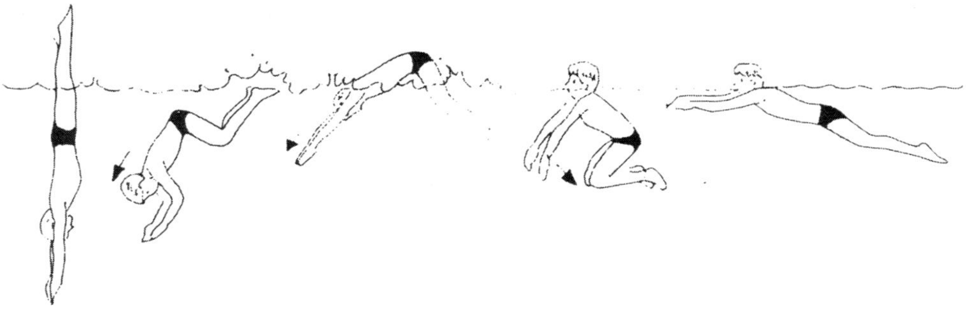

그림 8-12 거꾸로 잠수하는 자세

3) 잠수 중의 영법

평영에 의한 잠영법은 평영의 스타트와 팔과 다리동작의 컴비네이션과 같이 하면 된다. 평영과 다른 점은 팔을 뒤편 위쪽까지 젓는 점이다. 자세는 등을 펴고 턱을 끌어당겨 항상 머리가 발보다 낮은 자세를 유지하도록 한다(그림 8-13 참조).

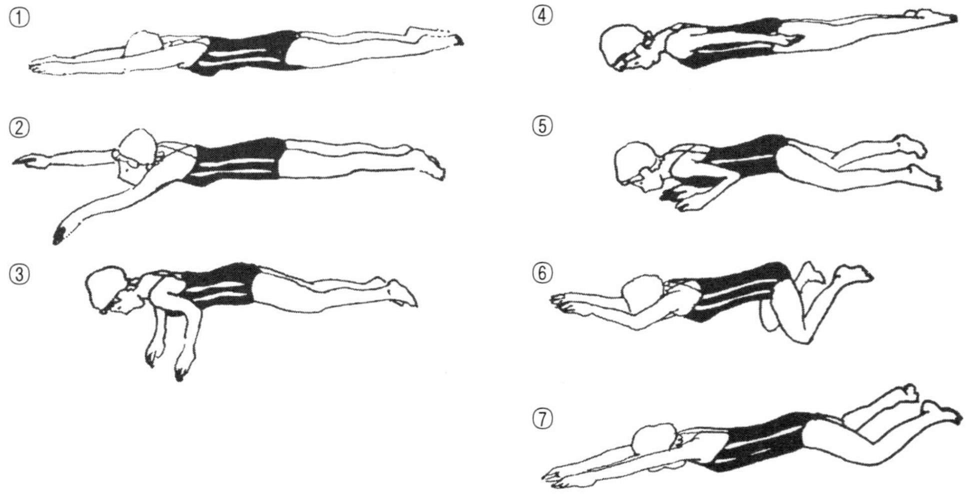

그림 8-13 평영에 의한 잠영

(1) 팔동작

뻗고 있는 양쪽 손바닥을 바깥쪽을 향하게 하여 옆으로 벌린 형태에서 물을 젓기 시작한다. 그다음 어깨선을 지날 때부터 팔꿈치를 약간 굽히면서 손바닥을 아래쪽으로 하여 몸 가까이를 통과하도록 저어 허벅지 가까이서부터 위쪽으로 밀어낸다. 두 손을 다시 앞으로 옮길 때는 아랫배 · 가슴 · 턱을 쓰다듬는 기분으로 통과하여 앞으로 뻗는다.

(2) 다리동작

평영 킥을 사용할 때에는 저항을 적게 하기 위해 모양을 적게 하고, 차내는 것을 정교하게 한다. 시소 킥을 할 경우에는 횡영의 손젓기 동작을 사용한다. 손은 평영 모양이고, 다리는 물을 찰 때의 발차기동작을 사용하는 경우도 있는데, 이 경우에는 차는 동작을 작게 한다.

(3) 팔 · 다리의 컴비네이션

» 처음 동작은 다리를 곧바로 편 채 두 팔로만 젓는다. 한번 저어서 그 힘으로 움직이는 동안에는 두 팔을 몸 양쪽에서 붙여 저항을 적게 한다.

» 다음 팔을 가슴앞으로 모으면서 허리와 무릎을 굽히고 팔을 앞으로 뻗는 동시에 두 다리를 뻗어 물을 차낸다.

이와 같은 동작으로 전진하는 동안 두 팔과 다리를 뻗은 채로 잠행한다.

(4) 떠오름

수면으로 떠오를 때는 급히 움직이지 말고, 천천히 떠오르도록 한다.

(5) 호흡

잠수 전에 깊은 호흡을 여러 번 반복한 다음 8/10 정도를 숨을 들이쉬고 잠수한다. 너무 많은 양을 들이쉬면 오히려 숨이 편치 못하다. 잠수가 진행되는 동안에 숨을 조금씩 토해내는 사람이 있는데, 이는 몸을 편하게 할 수 있으며, 떠오름을 조금이라도 막아주는 효과가 있다.

4) 지도 시 주의사항

» 귀에 질환이 있는 사람은 연습대상에서 제외시킨다.
» 연습장소는 물이 깨끗하고 위험이 없는 곳을 택한다.
» 처음에는 얕은 곳에서 연습하여야 하며, 익숙해짐에 따라 점차 깊은 곳으로 옮긴다.
» 잠수 연습은 깊은 곳에서 잠입하여 얕은 곳으로 진행한다.
» 그룹을 만들어 한 사람씩 교대로 연습하고, 지도자는 항상 연습상황을 지켜본다. 이것은 동시에 많은 사람을 잠수 시는 것이 위험하다는 뜻이다.
» 자연적인 수영장(바다, 강, 계곡)에서는 반드시 잠행자 위쪽에서 다른 수영자가 일정 거리를 두고 따라가며 지켜보도록 한다.
» 무리한 연습은 절대로 금한다. 편하고 쉬운 연습을 많이 실시하는 것이 좋은 결과를 가져온다.

제 9 장

스타트와 턴

1. 스타트 방법과 종류

스타트(start)는 크게 두 가지로 나눌 수 있다.

» 초보자의 뛰어들기

» 경기법으로서의 스타트

1) 뛰어들기

(1) 초보자의 뛰어들기

여기에서는 다리부터 뛰어들기 및 초보자가 입수하기 위해서 하는 머리부터 뛰어들기를 설명한다. 경기법에 의한 스타트는 뒤에 설명한다.

① **서서 뛰어들기**……그림 9-1과 같이 바로 선 자세에서 뛰어든다.

» 뛰어들기 시에는 다리에 가벼운 반동을 주어야 한다. 너무 힘을 주어 뛰어오르면 입수 시 자세가 흩트러지기 쉽다.

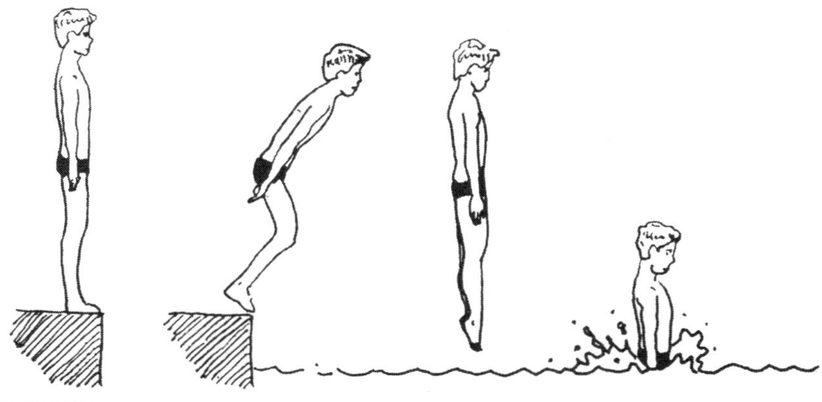

그림 9-1 서서 뛰어들기

» 입수 시의 저항을 적게 하기 위해 두 손은 몸에 붙이고 두 다리를 나란히 붙인 채 입수한다.

» 입수한 후 곧 몸에서 힘을 빼고 팔을 좌우로 수평으로 벌려서 물을 눌러 깊이 잠기는 현상을 막아야 한다.

② **다리벌려 뛰어들기**……서서 뛰어들기의 한 가지이다. 서서 뛰어들기가 뛰어드는 장소에서 일단 정지했다가 뛰어드는 데 비해, 이 방법은 육상을 달리다가 그대로 물로 뛰어드는 방법이다. 그러나 연습과정에서는 뛰어드는 장소에서 일단 정지한 다음 하도록 하고, 점차 숙달되면 달려오다가 뛰어들게 한다.

» 뛰어오를 때는 한쪽 다리를 앞으로 하고, 다른쪽 다리는 뒤로 벌린 채 상체를 45° 정도 앞으로 숙이면서 뛰어오른다.

» 뛰어오른 직후 다리를 교차하여 벌리면서 입수한다.

» 입수한 후 앞으로 뻗은 두 손으로 물을 누르며, 두 다리는 힘껏 부채질한다. 이러한 손과 발의 동작은 머리가 물속에 잠기지 않게 하기 위한 것이다.

그림 9-2 다리벌려 뛰어들기

③ **머리부터 뛰어들기**(그림 9-3 참조)……요령은 강하게 뛰어올라 양쪽 손바닥을 아래로 한 채 뻗어 몸을 일직선으로 하여 손끝부터 수면 위로 뛰어든다. 경영 경기에서 사용하는 뛰어들기 동작이다.

그림 9-3 머리부터 뛰어들기

(2) 지도방법

① **물속에서**(그림 9-4의 ①)……배꼽 정도 깊이의 물속에서 두 팔을 위로 뻗는다. 두 다리에 힘을 주어 강하게 앞으로 뛰어올라 머리가 물속에 잠긴 직후 즉시 손목을 위로 젖혀 떠오르고 선다. 이 방법이 숙달되어야 두 번 깊이 잠수하는 동작을 막을 수 있다.

② **풀 가장자리에 걸터앉아서**(그림 9-4의 ②, ③, ④ 참조)……풀 가장자리에 그림과 같이 걸터앉아 뒤에서 잡아주면 상체를 앞으로 기울인다. 상체가 거의 수평 상태가 되면 잡았던 손을 놓아 머리부터 입수하게 한다. 수면 위로 나오는 요령은 위 ①과 마찬가지이며, 입수가 완료될 때까지 머리를 들지 않는다.

③ **선 자세로**……중심이 높아져 공포심을 갖는 사람도 있으므로 서두르지 말고 앞에서 본 ①, ②의 방법을 가능한 한 여러 번 반복 연습한다.

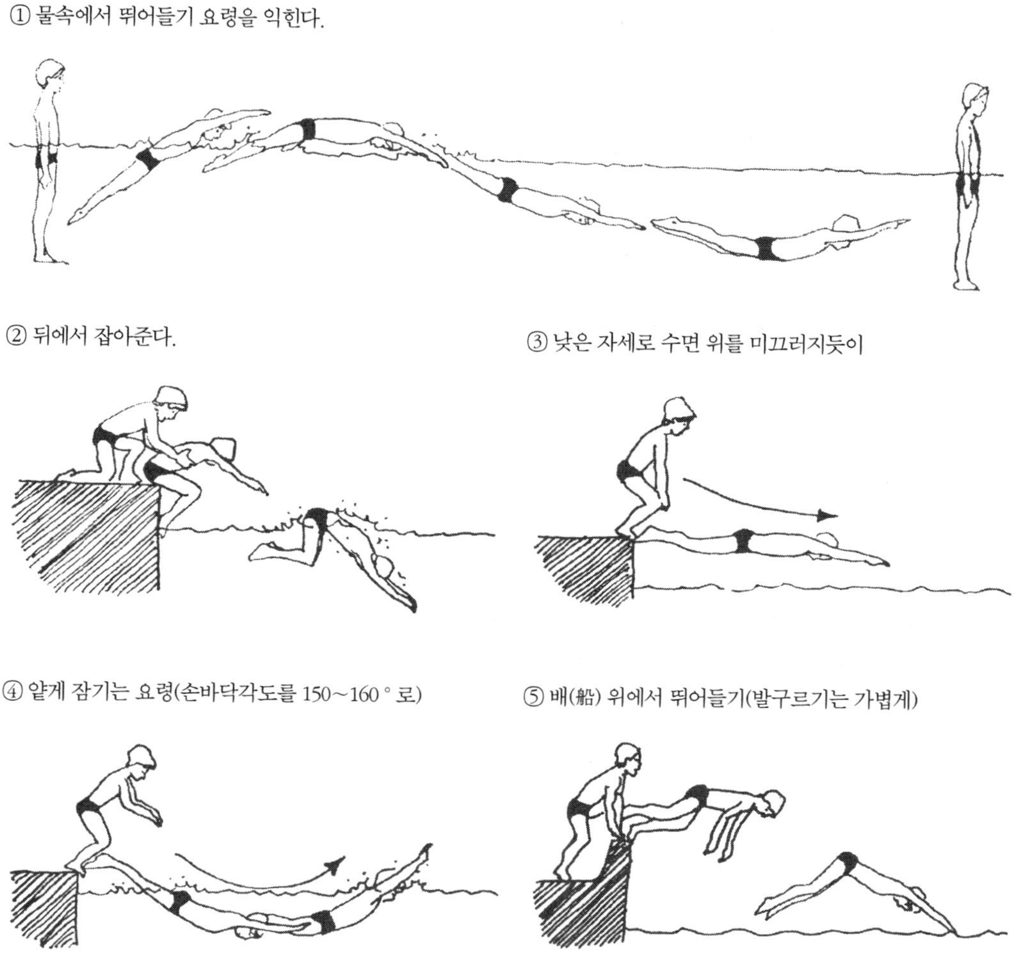

그림 9-4 뛰어들기의 지도단계

(3) 지도 시 주의사항

- 전반적인 주의사항
  - » 깊은 쪽에서 얕은 쪽으로 실시
  - » 수심, 물속 형편, 물맑기 등에 주의

» 순서대로 단계적으로 연습

» 뛰어드는 위치를 명확히 하고, 다른 그룹의 진입을 막는다.

- **서서 뛰어들기 시의 주의사항**

» 손을 몸에서 떼지 않도록 할 것

» 입수 즉시 손발을 움직여 깊게 잠기는 것을 막아줄 것

- **다리벌려 뛰어들기 시의 주의사항**

» 몸을 곧게 세우지 말 것

» 입수할 때는 팔을 옆으로 벌리지 말고 앞을 향하여 뻗을 것

» 입수 직후 발차기(뒤로 차기)를 실시할 것

- **머리부터 뛰어들기 시의 주의사항**

» 머리를 위로 치켜든 팔 사이에 넣을 것

» 수면으로 떠오를 때까지 자세를 일직선으로 유지할 것

» 단계적으로 지도하여 공포심을 없앨 것

» 힘차게 뛰어들 것. 힘이 모자라면 그대로 떨어져 다칠 염려가 있다.

2) 경기법으로서의 스타트

경영의 스타트는 영법동작과는 다른 신체운동이 요구된다. 이러한 능력은 경기 승패에 크게 영향을 미치므로 그 중요성은 누구라도 인정하는 바이다. 그렇지만 실제 트레이닝 현장에서는 스타트 연습이 중요시되고 있지 않는 것은 사실이다.

세계적인 톱클래스의 선수에 비해 우리나라 선수들은 스타트 능력이 뒤지는 경향이 있다.

(1) 스타트의 분류

• 스타트대 위에서 하는 스타트의 분류(그림 9-5 참조)

준비자세에 의한 스타트는 팔흔들기 스타트(the wind up start), 그랩 스타트(grab start), 크라우칭 스타트(일명 트랙 스타트)의 3종류로 나눈다.

오늘날 대부분의 수영선수들은 그랩 스타트를 사용하고 있다. 이 스타트 방법이 사용되기 이전은 팔 흔들기 스타트가 주로 사용되었으며, 또한 릴레이에서 계승 시에 팔 흔들기 스타트의 스트레이트 백스윙이 이용되고 있다.

그랩(grab)이란 '잡는다'라는 뜻인데, 그랩 스타트에는 그림 9-5와 같이 대를 잡는 방법에 따라 3종류가 있다. 스타트대를 잡음으로써 대 위에서도 보다 안정적인 준비자세를 취할 수 있다. 미미하지만 손으로 대를 미는 힘도 작용한다.

최근 자유형 단거리 수영선수들이 사용하는 스타트는 크라우칭 스타트(트랙 스타트)이다. 이것은 그림 9-5와 같이 준비·출발과 동시에 양손의 끌어당김을 이용하여 보다 빠르게 뛰어나갈 수 있다. 그렇지만 한쪽 다리로 대를 차기 때문에 그랩 스타트에 비하여 입수거리가 길다고는 할 수 없다.

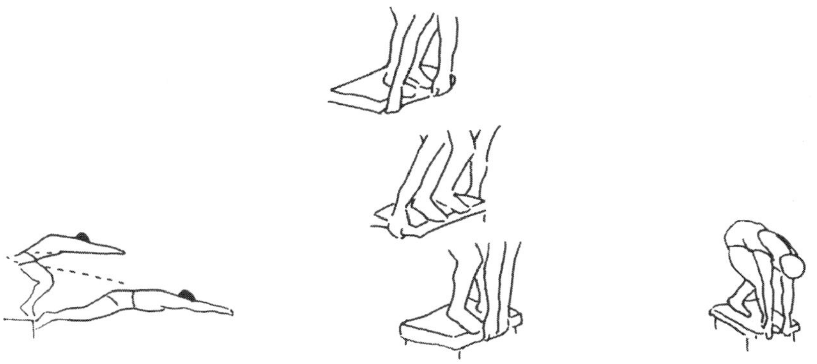

① 팔 흔들기 스타트　② 그랩 스타트　③ 크라우칭 스타트

그림 9-5 스타트의 분류

• 입수방법에 의한 스타트의 분류(그림 9-6 참조)

뛰어서 입수할 때까지를 기준으로 한 스타트는 플랫 스타트(flat start)와 파 아크 스타트(far arch start)로 나눌 수 있다. 플랫 스타트는 뛰어드는 각도 및 입수각도가 작아 '멀리 빨리'라는 이미지가 된다. 파 아크 스타트는 '멀리 높이'라고 표현되며, 따라서 뛰어들기 및 입수각도는 필연적으로 커진다. 또한 파 아크 스타트는 높은 곳의 위치 에너지를 전진속도에 싣는 것도 목적의 하나로서 받아들여지고 있다.

그림 9-6 플랫 스타트와 파 아크 스타트

(2) 그랩 스타트

① **준비자세**……스타트대 뒤쪽끝에 선다. 스타트대가 있는 풀의 끝에서 한 걸음 뒤에 선다.

② **차 렷**……이 명령에 지체없이 앞으로 나아가 양발을 어깨너비만큼 벌리고 스타트대끝에 발가락을 걸친다. 발이 확실히 자세를 잡으면 허리를 구부려서 손으로 스타트대를 잡는다. 이렇게 함으로써 상체를 허벅지 가까이 당길 수 있다. 머리는 무릎 사이로 넣거나 근처에 있어야 한다. 다리는 상대적으로 벌어진 자세를 유지하고 둔부는 높게 올린다. 이때 지도자는 선수에게 물속에 들어가지 않고 "차렷(take your marks)" 명령에 자세를 취하는 연습을 시킨다. 이 동작은 상당히 빨라야지 머뭇거려서는 안 된다.

③ **출 발**……총소리를 들으면 손과 팔을 당겨서 몸을 앞으로 기울인다. 머리는 무릎 사이에서 낮게 움직여야 한다. 이때 몸이 재크 나이프처럼 되는데, 선수는 다이빙의 도약준비가 된 것이다. 이것이 그랩(grab)인데, 신체를 구부림으로써 와인드 업 스타트(wind up strat) 보다 더욱 빠르게 출발할 수 있다.

④ **입수와 물속 자세**……선수가 갖추어야 할 모양과 각도곡선은 수면에서 입수할 때 같은 지점을 통하여 신체 전체가 부드럽게 통과하여야 한다. 그리고 같은 종목에서도 이 깊이와 거리에는 개인차가 있을 것이다. 몸무게가 무겁고 근육질인 선수들은 자신의 관성을 이용하기 위해서 상대적으로 가볍고 작은 경쟁자들보다는 낮고 길게 할 수 있다.

그림 9-7 그랩 스타트

(3) 와인드 업 스타트

그랩 스타트(grab start)와 거의 비슷한 방법이다. 차렷 자세에서는 몸을 구부려서는 안 되며, 출발 총소리를 들으면 복부근육을 이용하여 머리 · 어깨를 빠르게 밑으로 내려서 무게중심을 이동시키고, 양팔을 풍차처럼 앞에서 뒤로 돌린다. 이러한 동작은 균형을 앞쪽으로 유도한다. 뛰어들기가 실시될 때 팔이 위에서 아래로 진행됨에 따라서 무릎을 구부린다.

그림 9-8 와인드 업 스타트

(4) 계영 스타트

첫 번째 수영자는 총소리를 듣고 출발한다. 2, 3, 4번 수영자는 돌아오는 동료가 터치하는 것을 보고 스타트대에서 출발한다(이 경우 wind up start가 반동을 맞추어 주므로 유리하다).

그림 9-9 계영 스타트

(5) 스타트의 평가방법

» 물살이 튀지 않는가를 살펴보고, 선수가 수면에서 같은 지점을 통하여 미끄러지듯 입수하는지를 살펴본다.

» 입수와 물속 글라이드를 할 때 선수가 머리를 양팔 사이 또는 바로 밑에 두었는지 체크한다. 양팔은 모아서 똑바로 뻗었는지, 전완은 손목에서 서로 겹쳤는지, 손가락은 앞으로 펴서 뻗었는지를 살핀다. 다리는 곧게 서로 모으고 발끝은 쭉 펴졌는지 살펴본다.

» 와인드 업 스타트시 차렷 자세에서 선수의 상체가 허벅지 가까이 위치하는지, 머리는 무릎가까이 구부렸는지, 곧게 뻗었는지, 둔부는 높이 위치하는지를 살핀다.

» 출발 시에 몸 전체가 앞으로 기울었는지, 몸이 웅크러지지 않았는지, 머리가 무릎 사이에 들어갔는지를 살핀다.

» 비행 중에는 마치 스타트대 위를 넘어서 나르는 것처럼 몸을 빠르게 펴는지, 양팔을 앞으로 세게 추진하는지를 살핀다.

» 와인드 업 스타트 시는 다시 차렷 자세에서 선수가 몸을 웅크리지 않았는지를 살핀다. 또 시선은 똑바로 밑을 향했는지, 몸통은 수평이 되었는지, 양팔은 부드럽게 반 하향하고 있는지를 살핀다.

» 출발에서 머리와 어깨를 빠르게 밑으로 당기는지, 양팔을 전 · 상방향으로 돌리는지를 살핀다.

» 양팔이 최고점에서 밑으로 와인드할 때 무릎이 구부려졌는지를 살피고, 양팔이 무릎을 지날 때 시선이 똑바로 앞을 향했는지를 살핀다.

3) 영법별 스타트

(1) 자유형 스타트

위에서 설명한 스타트 방법 중에서 가장 좋은 방법을 선택한다. 자유형에서 스타트는 경기할 때 큰 문제는 없다. 스타트를 하고 나서 첫번째 스트로크가 요구되는 수영속도에 도달할 때까지 유선형 글라이드를 유지하는지를 살핀다. 첫 번째 풀은 다른 팔을 똑바로 펴고 머리는 숙인 채로 실시하며, 처음 몇 번의 스트로크는 호흡을 하지 않고 실시한다.

(2) 평영의 스타트

평영은 상대적으로 느린 영법이므로 물속 스트로크가 허용된다. 따라서 자유형보다는 한 발 정도 깊이 뛰어들어야 한다. 뛰어난 평영선수들은 물속으로 들어갈 때 신체를 좀더 공중으로 높이 올려 공중에서 추가적인 추진력을 얻으려고 한다.

그러나 평영의 경기규칙에는 물속에 있는 동안 한 번의 완전한 스트로크가 허용되고 있다. 두 번째 풀을 하기 위해서 손이 떨어지기 전에 머리의 일부가 수면 위로 나와야 한다(참고 : 평영에서 물속 스트로크가 허용된다는 것이지 반듯이 해야 한다는 것은 아니다).

물속 스트로크는 빠르고 편안하지만, 그것을 사용하지 않는 일류선수들은 수면 위로 나와서 스트로크하는 것이 더욱 빠르기 때문에 물속 스트로크를 하지 않는 경우도 있다. 그러나 초보자들은 배워야 한다. 그러므로 지도자들은 뛰어들고→ 글라이드(천천히 3을 센다)→ 풀→ 킥→ 수면 위로 나오는 연습을 실시하여야 한다.

평영의 첫 번째 스트로크는 물속 동작을 하는 동안에 천천히 3을 센 다음 허벅지까지 긴 풀을 실시한다. 첫 번째 킥은 양팔이 앞에서 유선형 자세를 취한 다음에 실시하되, 위쪽으로 추진한다. 두 번째 스트로크를 하기 전에 머리의 일부가 수면 위로 나오는지를 확인한다.

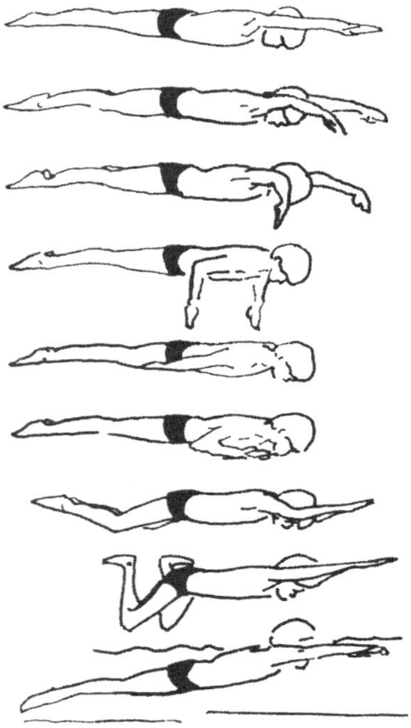

그림 9-10 평영의 스타트

(3) 접영의 스타트

접영의 스타트 과정이 둥글게 반원을 그리면서 입수되고 나오기 때문에 바나나 다이빙이라고도 한다. 입수하고 유선형을 유지하면서 바닥에 대해서 둥근 형태의 궤적을 통해서 글라이드하고, 다음 1~2번의 돌핀킥을 하고(1번이 더욱 좋다) 물속에 있는 상태로 첫 번째 풀을 실시한다. 이때 적절한 조화를 이루면 부드러운 흐름을 가질 수 있고 자연스럽게 수면 위로 첫 번째 리커버리를 할 수 있다. 첫 번째 스트로크를 하는 동안 호흡을 해서는 안 된다.

그림 9-11 접영의 스타트

(4) 배영의 스타트

물속에 들어가 양손으로 스타트바나 풀의 끝부분을 잡고 두 눈으로 출발지점을 본다. 수영장벽 위로 물이 흐르는 홈통에 발가락을 걸쳐서는 안 된다.

① **준비자세**……양손의 위치는 사람에 따라서 다르지만, 대부분의 선수들은 어깨 너비 정도로 스타트바를 잡는다. 발을 대는 벽의 위치도 선수에 따라 다르지만, 대다수는 한 발을 다른 발보다 몇 인치 높게 위치하면 출발 시 미끄럼을 방지하고, 도약방향과 킥을 보다 잘 통제할 수 있을 것이다.

② **차 렷**……이 명령에 선수는 상체를 높게 들고 양손을 당기고 머리를 앞으로 구부려 양팔 사이로 당긴다. 다리는 무릎에서 적당한 각도가 되도록 약간 펴고 둔부는 뒤쪽 위로 밀어서 벽에서 멀어지도록 한다. 신체의 대부분이 수면 위로 나올 것이다. 이제 선수의 몸은 스프링처럼 긴장되어 준비상태가 완료된다.

③ **출 발**……출발신호에 선수는 몸을 몇 cm 정도 더 올리고 양손을 놓는다. 다리를 세게 밀면서 머리를 뒤로 젖혀 벽에서 떨어지며 물위를 날게 된다.

④ **비 행**……양팔을 구부려서 수면과 평행하게 옆으로 원호를 그리도록 휘두른다. 비행 중 몸은 완전히 편다. 이론상 몸이 완전히 날아야 하지만, 실제 연습에서는 둔부가 수면을 스치는 경향이 있다. 등이 너무 휘면 재입수 시 너무 깊이 들어간다. 재입수 직전 머리를 들어서 뻗어진 양팔 사이에 넣는다.

⑤ **재입수**……재입수 시는 유선형 자세를 계속 유지해야 한다. 입수한 후 물속 12

~18인치 깊이에서 신체길이 만큼 동작없이 글라이드한다.

⑥ **첫 번째 스트로크**……선수 자신이 원하는 수영속도로 입수되었다고 느끼면 팔은 그대로 시작하면서 다른 팔은 유선형을 유지한다. 첫 번째 스트로크가 적절하게 실행되면 다른 팔은 정상적인 배영동작을 실시할 수 있다. 첫 번째 스트로크를 실시한 팔은 정상적인 리커버리를 수행할 수 있다. 그러면 스타트로부터 정상 수영자세로 물속에서 나오게 된다.

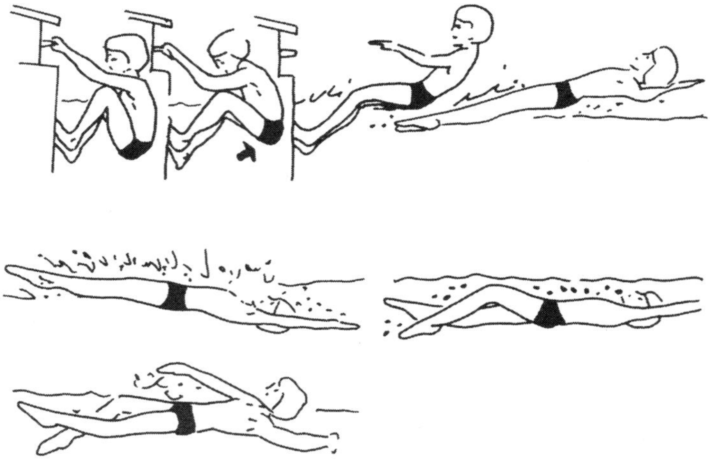

그림 9-12 배영의 스타트

2. 턴

턴(trun)을 빠르고 효과적으로 하는 능력은 수영경기에서 좋은 성적을 내는 필수조건이다. 일반적인 것은 아니지만, 빠른 선수가 상대적으로 느리지만 턴을 잘하는 선수에게 지는 경우도 있다. 특히 장거리경기에서는 더욱 그렇다. 턴마다 10분의 3

~4초 차가 있는데, 이는 단거리경기에서는 크지 않지만, 장거리경기에서는 상당한 차이가 된다. 턴을 배우면 초보자들은 자신의 수영에 자신감을 얻는다.

턴을 하는 이유는 그 레인을 다시 사용하기 위해서이다. 턴은 초보자가 대부분의 시간을 소비하는 곳이다. 또한 숙련된 선수들도 턴을 한 다음 미는 동작에서 유선형을 만들 때 손과 팔을 지나치게 사용하는 경향이 있다.

빠른 턴의 비결은 정확함과 세밀함 그리고 손과 팔의 자세를 빨리 잡는 데 있다. 발끝이 처음 벽에 닿을 때 벽을 밀 준비가 되고 유선형을 만들 준비가 되어야 한다. 좋은 턴은 어떤 종목이든 관계없이 벽에 공이 튀는 것처럼 보인다.

다음은 각 종목별 턴에 대해 알아보기로 한다.

1) 자유형의 턴

자유형에서 턴할 때에는 반드시 손으로 벽을 터치할 필요는 없으며, 신체의 일부가 벽에 닿기만 하면 된다. 발이 닿는 것으로도 충분하다.

자유형에서 주로 사용되는 턴의 종류는 다음과 같다.

(1) 오픈 턴

오픈 턴(open turn)은 이제 주요한 시합에서 볼 수 없다. 그렇지만 초보자에게는 좋은 턴이다. 간단하면서 턴을 할 때 호흡을 할 수 있다. 물론 숙련되어 실시하면 빨라질 수도 있다. 처음에는 지상에서 걸어가면서 여러 번 연습하고, 다음에는 허리 깊이의 물에서 연습한다.

(2) 플립 턴

플립 턴(flip turn 혹은 quick turn)은 주요한 시합에서 기본적으로 사용된다. 앞으로 한 바퀴 제비넘기를 하여 강한 미는 동작을 할 수 있는 위치에 도착한다. 그것은 마치 유도의 낙법에 비교할 수 있다. 벽을 의지하는 것은 실질적으로 미는 동작밖에 없다.

플립 턴(퀵 턴) 방법은 다음과 같다.

① 한쪽 손이 벽에 2m 정도 가까워지면 그 팔과 다른 팔이 함께 강한 힘으로 동시에 물을 저은 다음 양쪽 손바닥을 위로 향하고 상완은 몸옆에 붙이고, 두 다리를 편 채 벽과의 거리를 보면서 빠르게 전진한다(그림 9-14의 ① 참조).

② 머리가 벽에 1m 정도로 가까워지면 두 다리로 돌핀킥을 아주 작은 동작으로 실시하고(회전에 속력을 가하기 위하여), 무릎을 약간 굽혀 두 발을 수면 위로 들어올림과 동시에 머리를 앞으로 굽히면서 몸을 안쪽으로 회전시킨다(그림 9-14의 ② 참조).

③ 몸이 회전해서 물구나무서기 위치를 지나면 허리를 펴면서 두 다리를 벽앞으로 수면에 던지듯 이동시키고, 몸을 좌우 한쪽으로 회전시키며 두 손을 머리

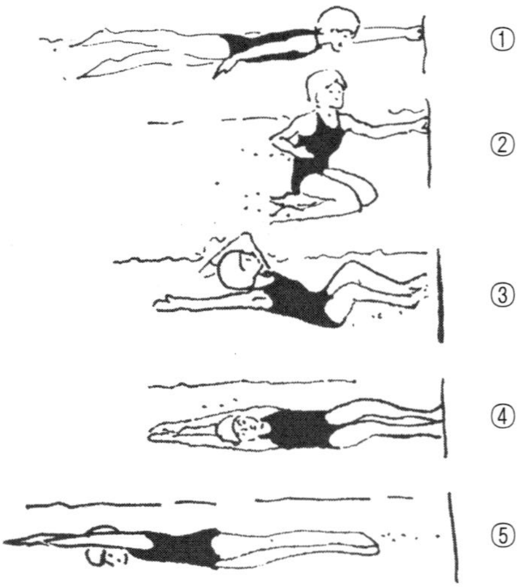

그림 9-13 오픈 턴

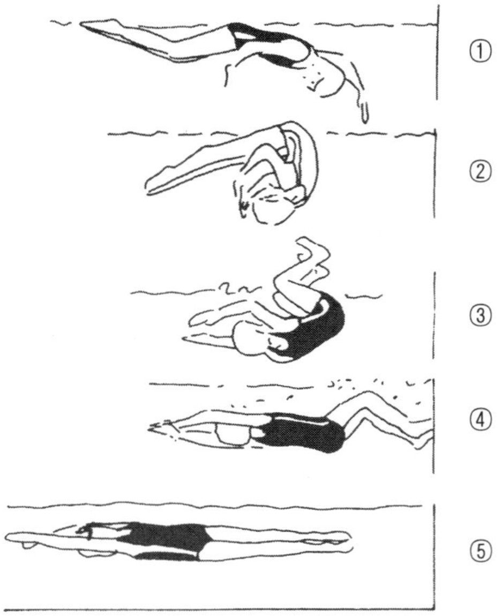

그림 9-14 퀵 턴

가까이 굽힌다(그림 9-14의 ③).

④ 수면에 던지듯이 이동된 두 발은 수면 아래 약 30m 정도에서 나란히 하여 벽에 대고 신속히 팔을 전방으로 뻗으면서 벽을 강하게 차내어 물속을 전진한다(그림 9-14의 ④).

⑤ 그다음은 스타트 시 물속에서 떠오르는 요령으로 실시한다.

(3) 자유형 턴의 지도방법

① **파이크 점프(pike jump)**……벽에서 떨어져서 벽을 향해 점프해서 돌고 난 후 발을 벽에 닿도록 한다(그림 9-15).

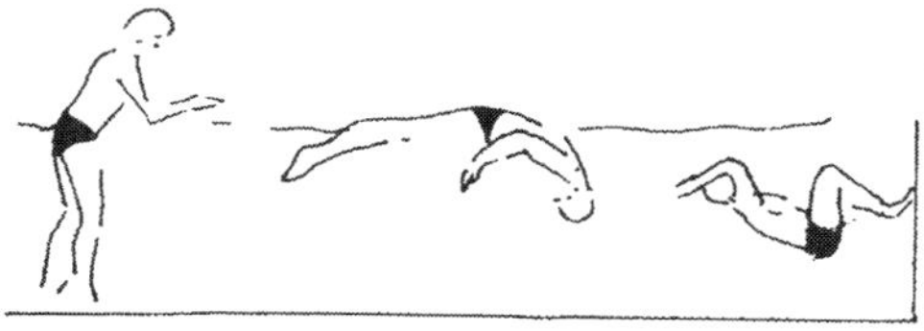

그림 9-15 파이크 점프

② **파트너가 보조하는 턴 연습**(그림 9-16)

» 파트너가 선수를 보조하여 턴할 때 도는 것을 도와준다. 한 손은 선수의 어깨 뒤에 대고, 다른 손은 선수의 아랫배에 대고 보조한다.

» 파트너가 선수를 보조하여 턴을 실시할 때에는 몸을 돌려주고, 발이 벽에 닿을 때 한 발이 다른 발 위에 올라가도록 몸을 옆으로 눕혀준다.

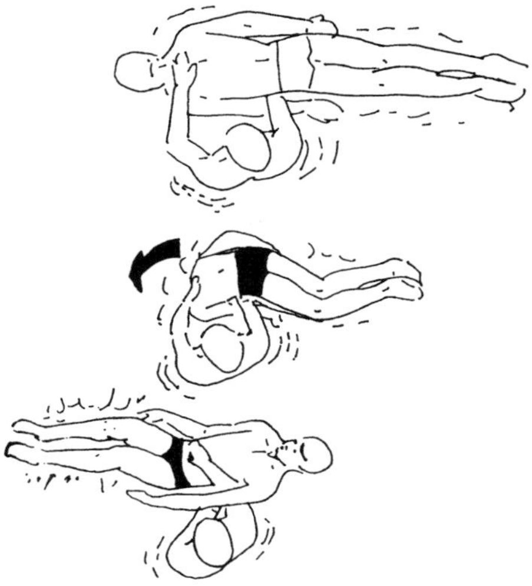

그림 9-16 파트너가 보조하는 턴

③ **턴할 때 실시하는 돌핀 킥**(그림 9-17)

» 양손은 몸옆에 붙이고 돌핀킥을 실시한다.

» 턴을 하면서 몸을 구부릴 때 다리로 강력한 내려차기를 실시한다.

그림 9-17 턴할 때 하는 돌핀 턴

④ **마지막 단계**

» 완전한 스트로크를 연습한다.

» 풀과 호흡과 킥 리듬에 집중한다.

(4) 자유형 턴의 평가

① **오픈 턴**

» 앞으로 뻗는 팔은 반대편 어깨선의 중간 앞부분을 터치해야 한다. 뒤에 따라오는 팔은 엄지손가락을 밖으로 향하도록 당긴다.

» 머리를 빠르게 돌리는지, 둔부가 다리가 제대로 접혔는지, 그리고 발이 벽을 똑바로 향하고 있는지를 확인한다.

» 턴의 중반부에는 양손과 팔이 다리로 벽을 밀기 전에 준비가 되었는지 확인한다. 머리의 대부분은 물속에 있어야 하지만, 얼굴은 돌려서 호흡한다.

» 발이 벽에 닿자마자 벽을 밀기 시작하는지 살핀다. 옆으로 누워서 또는 부분

적으로 엎드린 자세로 밀 수 있다.

② **플립 턴**

» 마지막 스트로크를 하는 동안 뒤에 따라오는 팔은 리커버리를 위하여 들어올리는지를 살핀다. 상체를 밑으로 구부릴 때 하지와 발의 돌핀작용으로 도움을 준다.

» 턴의 중간부에서 둔부는 수면 위로 나오고, 돌핀 킥을 한 후에 다리는 거의 똑바로 펴져야 한다.

» 발이 벽에 닿기 전에 손과 팔은 미는 동작을 위한 준비를 하고 있는지 살핀다.

» 발이 벽에 닿기 전에 다리를 들어올리고 수면 위에서 스냅을 주었는지 확인한다.

» 발이 벽에 닿았을 때 선수는 뒤로 누워 있거나 옆으로 누워 있는지 살펴본다.

2) 배영의 턴

배영의 턴에는 누운 자세에서 두 다리를 수면 위로 내어놓고 허리를 중심으로 몸을 회전시키는 피봇턴(세계수영연맹의 새로운 턴이 나오기 전에 사용)이 사용되었다. 그러나 최근 FINA(세계수영연맹) 규정이 바뀌어 배영선수들이 턴할 때 손으로 벽을 터치하지 않도록 하는 뉴 백 퀵턴(new back quick turn)이 등장하여 현재까지는 가장 빠른 턴으로 주로 사용되고 있다.

여기에서는 새로운 턴인 뉴 백 퀵턴(new back quick turn)에 대하여 알아본다.

(1) 뉴 백 퀵턴의 방법

① **그림 9-18 ①** : 1스트로크 사이클, 즉 2번의 스트로크가 남으면 엎드린 자세로 들어갈 준비를 한다. 이때 첫 번째 물속 스트로크는 자유형과 같은 형태를 취한다.

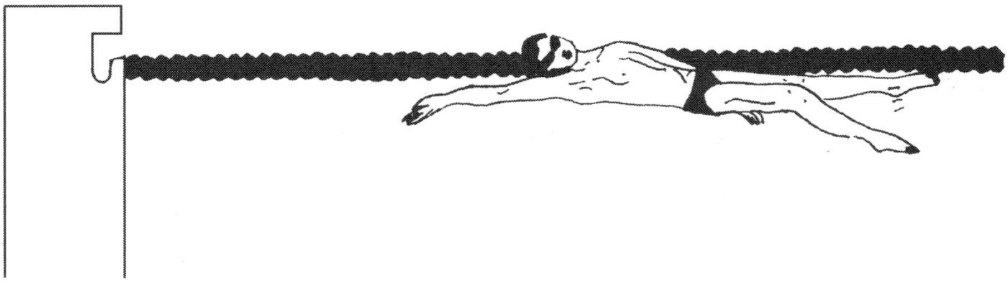

그림 9-18 ①

② **그림 9-18** ② : 엎드린 자세로 들어가면서 물속 스트로크는 자유형과 같은 형태를 취하고, 수면 위로 리커버리하는 팔도 자유형과 같은 형태로 변한다. 물론 리커버리는 팔을 펴고 해도 무난하다.

그림 9-18 ②

③ **그림 9-18** ③ : 물속에서 스트로크하는 팔이 가슴밑에 오고, 수면 위로 리커버리하는 팔이 입수 위치에 오면 몸은 완전히 엎드린 자세가 된다.

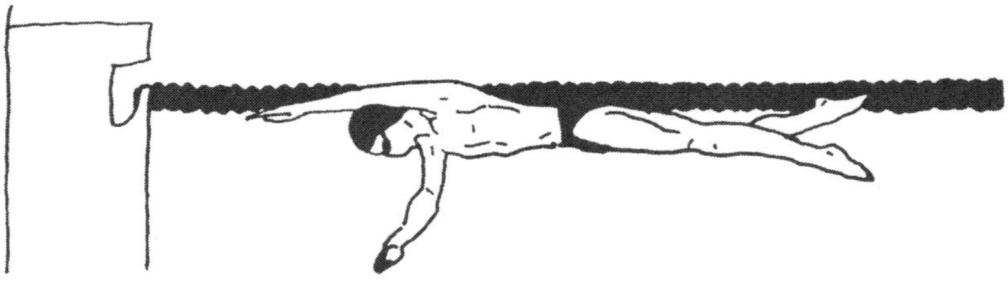

그림 9-18 ③

④ **그림 9-18 ④** : 두 번째 물속 스트로크가 중간지점에 이르면 머리를 가슴쪽으로 숙이고 돌핀킥을 하면서 제비넘기를 시작한다.

그림 9-18 ④

⑤ **그림 9-18 ⑤** : 돌핀 킥을 하면서 손바닥을 수영장바닥으로 돌려 물을 눌러 머리가 빠르게 올라올 수 있도록 한다.

⑥ **그림 9-18 ⑥** : 뒤로 제비넘기

⑦ **그림 9-18 ⑦** : 손을 머리 위로 잡고 제비넘기가 끝나면 다리는 벽에 닿게 된다.

⑧ **그림 9-18 ⑧** : 벽을 약간 밑으로 향하도록 밀면서 글라이드한다.

그림 9-18 ⑤

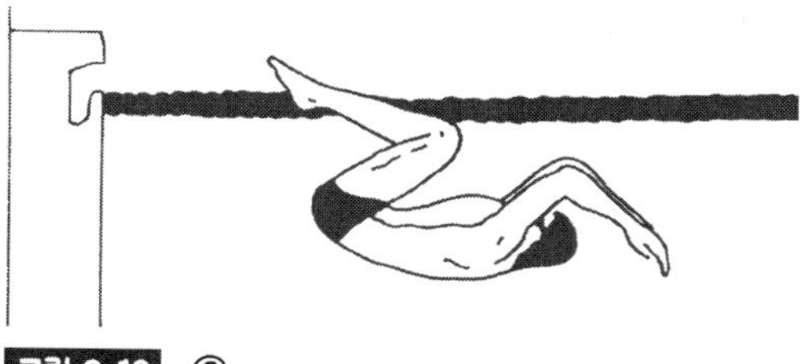

그림 9-18 ⑥

그림 9-18 ⑦

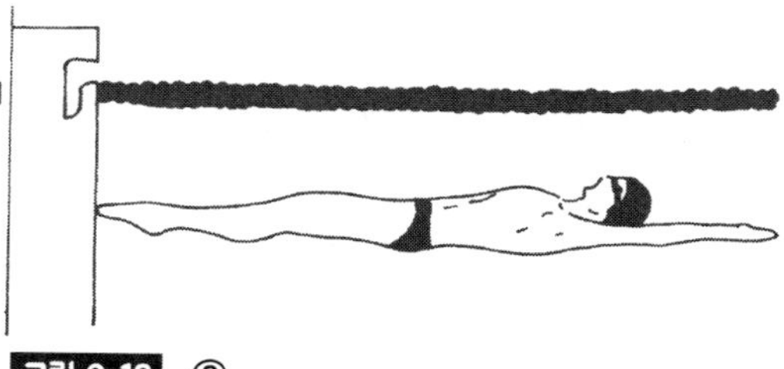

그림 9-18 ⑧

⑨ **그림 9-18 ⑨** : 몇 번의 돌핀 킥을 한다(2~4회의 빠른 킥).

⑩ **그림 9-18 ⑩** : 돌핀 킥을 실시하는 동안 수면과 신체가 이루는 각도

⑪ **그림 9-18 ⑪** : 첫 번째 물속 스트로크를 시작하면서 배영 킥을 시작한다.

⑫ **그림 9-18 ⑫** : 첫 번째 물속 스트로크가 끝나면서 몸이 수면 위로 올라간다.

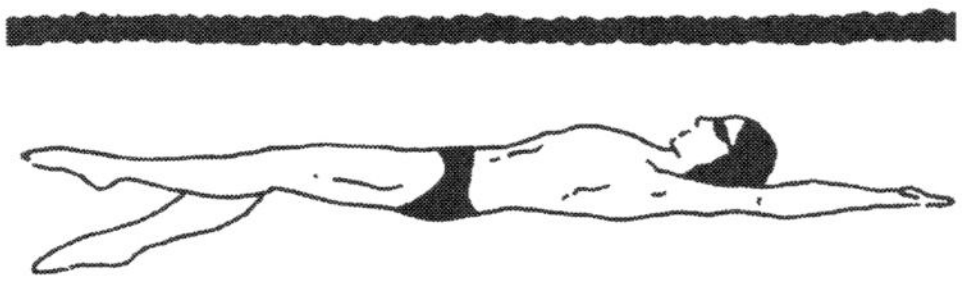

그림 9-18 ⑨

그림 9-18 ⑩

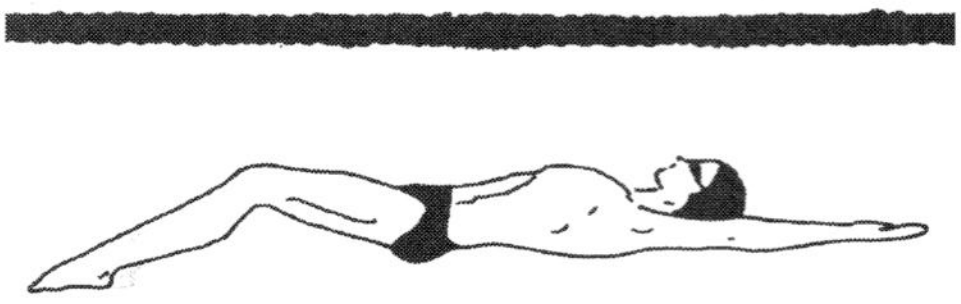

그림 9-18 ⑪

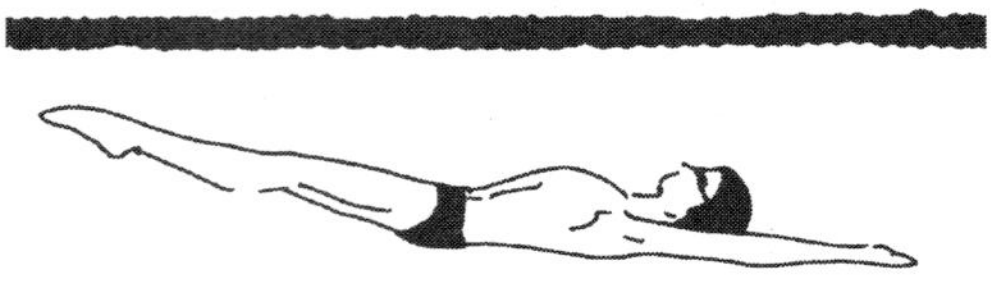

그림 9-18 ⑫

3) 평영의 턴

(1) 규정

터치는 양손으로 동시에 이루어져야 한다. 규칙에서 최근에 변한 내용은 턴할 때 같은 높이에서 터치하는 것이 빠졌다. 그러나 골인지점에서 터치할 때는 양손을 동시에, 그리고 같은 높이에서 터치해야 한다. 터치를 위해서 양손이 수면 위로 올라오는 것은 허용된다.

어깨는 터치가 이루어질 때까지 같은 높이를 유지해야 한다. 터치가 이루어질 때까지 머리의 일부가 수면 위로 나와 있어야 한다. 턴 후에 글라이드하는 동안 옆으로 또는 뒤로 누워도 되지만, 어깨는 첫 번째 풀이 시작될 때 수평이 되어야 한다. 턴할 때도 물속에서 한 번의 완전한 스트로크를 허용하지만, 두 번째 팔의 스트로

크가 이루어 지기 전에 수면 위로 나와야 한다.

(2) 요령

① 턴할 때 풀벽에 2~3m 가까워지면 스피드와 벽까지의 거리를 측정하여 팔을 앞으로 뻗는 순간 터치가 되도록 한다(그림 9-19 ①). 그렇게 실시하기 위해서는 풀과 킥의 크기가 조절하여야 한다.

② 두 손이 벽에 닿음과 동시에 전진해온 속력을 이용하여 팔꿈치를 굽히며 두 다리를 구부려 몸쪽으로 끌어당기면서 몸을 회전시키려는 방향으로 머리를 향하고, 두 팔로 벽을 밀어내고 회전하려는 쪽의 팔로 허리 위치로 물을 저으면서 몸의 회전에 속력을 가한다(그림 9-19 ②). 터치하기 전에 머리가 물속에 잠기거나, 터치할 때 어깨가 기울어져 실격이 되는 경우가 많으므로 주의해야 한다.

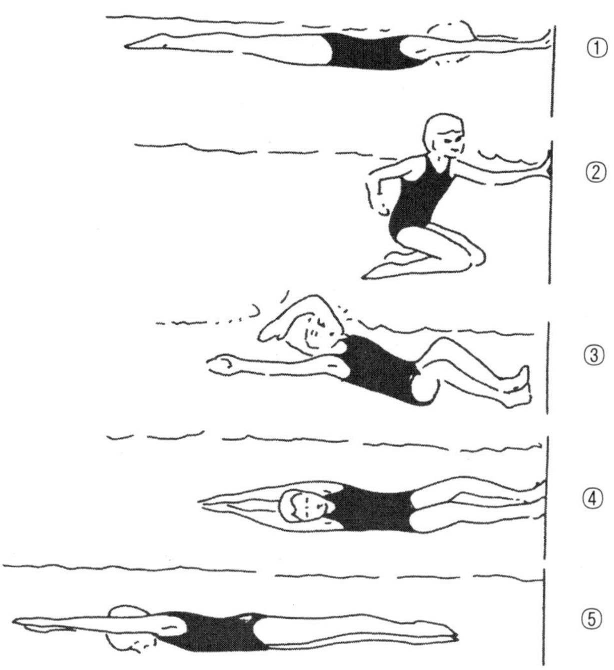

그림 9-19 평영의 턴

③ 몸의 회전이 거의 이루어지면 두 발을 수심 30~40cm 정도 되는 벽위치에 대고 회전한 방향의 손을 때고 몸을 수면 아래로 낮추면서 물속에서 두 손을 전방으로 옮기고 엎드리듯이 몸 전체를 물속에 담근다(그림 9-19 ③).

④ 몸을 물속에 담근 후 두 손을 가슴앞에 나란히 모았다가 전방을 향하여 뻗으면서 두 발로 강하게 벽을 차며 나아간다(그림 9-19 ⑤). 그다음은 스타트때의 떠오르는 요령으로 연결하면 된다.

⑤ 터치는 규칙에 따라서 해야 한다. 모든 동작을 신속하게 해야 한다.

(3) 평영 턴의 평가

» 접근은 미리 계획되어야 한다. 합법적이면서 확신이 있어야 한다.

» 터치가 양손으로 동시에 이루어지는지 확인한다.

» 상체가 벽에서 멀어지는 동안 무릎은 터치지점쪽으로 돌아간다. 한 손은 수평으로 가로질러 뒤로 간다.

» 턴할 때 한쪽 어깨가 내려가지 않는지 확인한다.

» 중간 턴 동작은 아주 신속해야 한다. 벽을 손으로 밀고, 손과 발을 원상태로 가져가고, 발은 목표지점으로 향하고, 머리와 어깨는 미는 동작을 위해서 물속으로 들어간다. 터치한 손이 수영자의 머리 뒤로 재입수하는지를 살핀다.

» 물속으로 글라이드할 때까지 신속하게 정확한 위치로 가는지를 살핀다. 다음 양손과 팔은 동작을 최대한 짧게 하여 일직선을 만든다.

» 밀기동작을 위한 적절한 깊이는 수영자 키의 절반에서 조금 모자라는 곳이다.

» 양팔과 손은 발이 터치하기 전에 밀기 동작을 준비해야 한다.

» 미는 동작이 정확하고 깨끗하며 신속한지 확인한다.

» 턴을 위해서 머리가 수면 위로 나왔을 때 호흡을 하는지 살핀다.

4) 접영의 턴

(1) 규정

터치에 관한 규정은 평영과 동일하다. 터치할 때까지의 높이가 일정해야 하고, 접영에서는 머리가 물속에 잠기는 것이 허락된다. 턴을 하고 밀 때의 자세는 옆으로 또는 뒤로 누울 수도 있지만, 첫 번째 풀이 시작될 때는 어깨가 수평이 되어야 한다. 물속에서 본인이 원하는 만큼의 킥을 하는 것은 자유이며, 팔의 모든 전방 동작은 수면 위로 해야 한다.

(2) 요령

① 턴은 평영과 마찬가지로 풀벽이 2~3m 정도 가까워졌을 때 속력과 벽면까지의 거리를 보아 두 팔을 앞으로 길게 뻗쳤을 때 알맞게 터치할 수 있도록 전진한다(그림 9-20의 ①). 그러기 위해서는 풀동작과 킥 횟수 등을 조정해야 한다. 그러한 동작수행이 원만히 이루어지지 않으면 임기응변보다는 팔을 편 채 발차기만으로 전진하는 것이 효과적이다. 하지만 팔을 편 자세를 오래도록 유지하게 되면 자칫 평영 풀동작처럼 보여지므로 실격 판정을 받는 경우가 있다. 그러므로 역시 타이밍에 주의해야 한다.

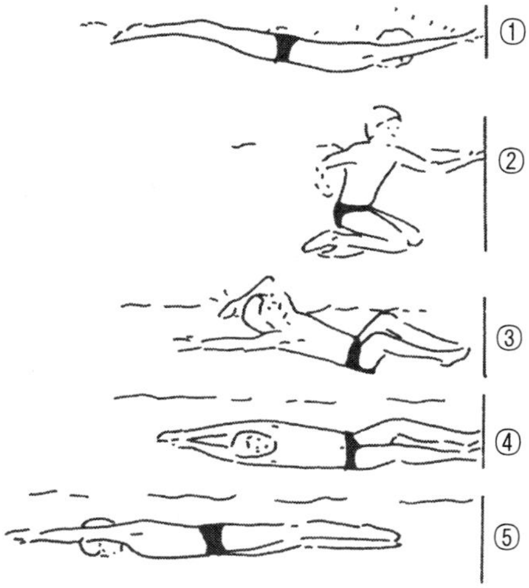

그림 9-20 접영의 턴

② 두 손으로 벽을 터치한 후 몸의 회전과 벽을 차내는 동작까지는 평영과 같은 요령이며, 그 후에는 스타트에서 떠오르기까지의 요령으로 실시하면 된다(그림

9-20 참조).

③ 골 터치는 턴에서 터치까지의 요령으로 실시되는데, 터치 타이밍을 너무 의식한 나머지 시간을 끌지 않도록 해야 한다.

(3) 접영 턴의 평가

» 양손이 동시에 터치하는지 살피고, 터치할 때까지 어깨의 높이가 평행이 되는지를 체크한다.

» 첫 번째 팔을 풀하는 동안 어깨가 수평이 되는지 살핀다.

» 팔의 모든 동작은 수면 위에서 이루어져야 한다.

» 접근은 계획을 세워서 자신 있게 하는지 살핀다. 평영 풀을 할 정도로 여유를 남겨서는 안 된다.

» 턴동작은 빠르고 부드러운지 살피고, 턴 후에 곧바로 한팔이 물속으로 들어가는지 살핀다.

» 본인이 원하는 속도로 떨어졌을 때 한두번 킥을 하고, 첫 번째 스트로크를 하는지 살핀다. 터치하고 재입수하는 손이 머리 뒤로 입수하는지 살핀다.

» 밀기는 짧아야 하며, 첫 번째 스트로크를 할 때는 호흡을 해서는 안 된다.

» 턴의 중간에 머리가 나왔을 때 호흡을 하는지 살핀다.

5) 개인혼영의 턴

한 사람이 종목을 변경하면서 경기를 하는 관계로 실제 시합에서는 턴의 실격이 가장 많은 종목이다.

(1) 접영에서 배영으로의 턴

턴을 위해서 접근할 때는 접영을 실시하면서 합법적인 접영 터치를 한 다음 다리를 구부리고 밑으로 똑바로 돌려서 구부리고 밑으로 똑바로 돌려서 배영을 위해 뒤로 눕는다(그림 9-21 참조).

주의할 점은 밀 때는 30~40cm 가량 물속으로 실시해야 한다는 점이다. 배영은 배영 턴 후에 배영을 실시할 때와 동시에 실시한다. 접영에서의 배영으로 바꾸는 턴은 접근해서 터치할 때까지는 접영과 동일하다. 양손을 동시에 터치하고 무릎을 구부려서 가슴쪽으로 당기는데, 그동안 머리는 팔 사이에 위치한다. 양손은 발이 벽에 닿을 때 뒤로 누우면서 움직이기 시작한다.

다리로 벽을 밀 때는 물속으로 팔을 곧게 폄으로써 힘을 부가시킬 수 있다. 몸은 약간 물속에 잠긴 채로 유연성을 취하고 속도를 유지하기 위해서는 다리로 벽을 강하게 찬다. 경기속도에 이르면 배영 팔 스트로크를 시작한다. 뒤로 누워서 벽을 밀면서 강한 킥, 유선형, 그리고 팔 스트로크의 조화를 강조하는 연습법은 턴 숙달을 도와줄 것이다.

그림 9-21 접영에서의 배영 턴

(2) 배영에서 평영으로의 턴

배영에서 평영으로의 턴은 3가지 기본적인 제약이 있다. 뒤로 누어서 터치를 하게 되면 누운 자세에서 엎드린 자세로 바꾸어야 정상적인 평영의 미는 동작을 실행할 수 있다. 선수들의 주의를 환기시켜야 할 것은 벽을 터치하기 전에 뒤로 누운 자세를 바꾸지 말 것과 정상적인 평영자세를 만들기 전에 벽에서 떨어지지 말 것 등이다.

이것은 간단하면서 호흡을 할 수 있다는 장점이 있다. 약간의 양면성이 요구되기 때문에 이 턴은 종종 잘못 실행되기도 한다. 반대로 완전히 한 바퀴 도는 턴은 한 종목에서 다른 종목으로의 변화가 명확하지만, 턴할 때와 미는 동작에서 호흡을 전할 수 없다. 따라서 배영 턴을 하여 누운 자세에서 몸을 틀어서 하는 턴이 요구된다.

이것은 호흡을 한 번 할 수 있고 시합의 평영자세로 쉽게 들어 갈 수 있도록 해준다. 다시 강조하지만 누워 있고 엎드린 자세는 정상적으로 유지되어야 한다.

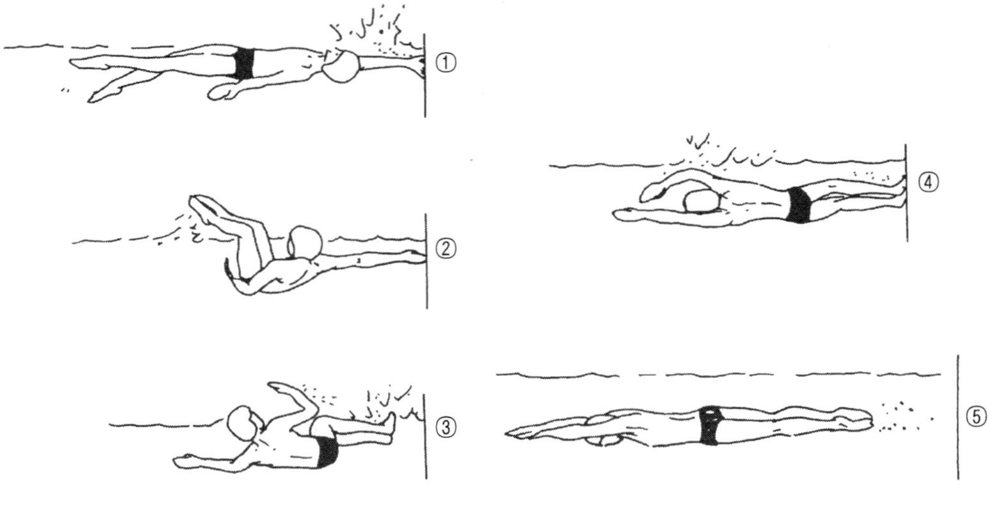

그림 9-22 배영에서의 평영 턴

(3) 평영에서 자유형으로의 턴

평영에서 자유형으로 변환하는 턴은 선수가 정상적으로 적절한 턴이 이루어 질 때까지 평영규칙을 지켰다고 하더라도 2가지 문제가 있다. 자유형으로 들어갈 때 호흡하기 전에 2번의 풀을 하기 위해서 아래 있는 팔이 멀리 스트로크를 시작해야 한다. 그러나 이것은 가능한 수면의 물결을 피할 수 있고, 자유형 턴과 똑같은 결과를 얻을 수 있다.

이 과정의 연습은 모든 자유형과 평영에서 자유형으로의 변화 턴에서 똑같이 속도의 적용을 촉진시켜 줄 것이다. 평영턴을 위해 switch swim을 할 때 2번의 물속 풀을 실시하거나, 또는 단위거리마다 번갈아서 2번의 물속 풀을 실시하는 것은 시합에서 원하는 바를 훈련에서 적절히 실행한다는 느낌을 항상 시켜준다. 이러한 턴은 꾸준히 연습하여야 개인혼영의 운동능력을 충분히 향상시켜 줄 것이다.

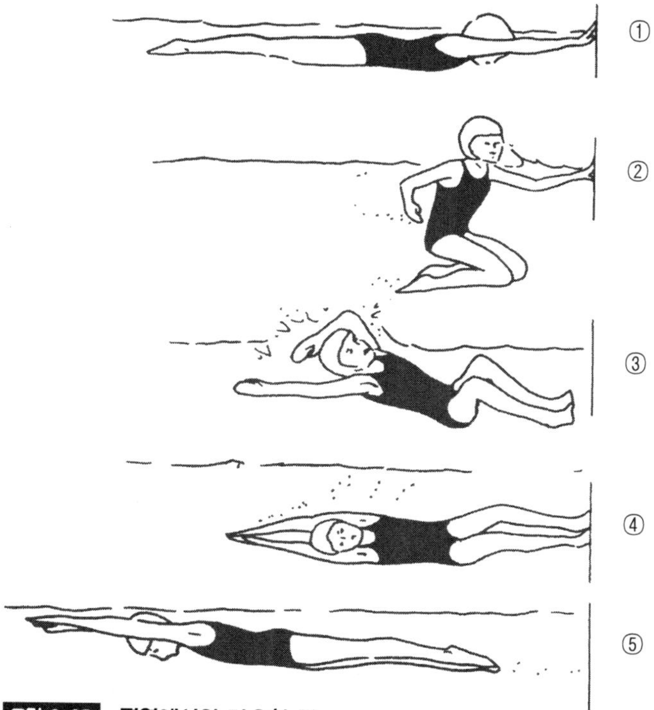

그림 9-23 평영에서의 자유형 턴

제 10 장

수영사고와 응급처치

1. 수영 중의 사고

1) 근경련

수영 중 근경련은 하퇴삼두근(무릎 아래 종아리 부분)에 발생하는 경우가 많은데, 이를 '장딴지의 경련'이라 부른다. 장딴지경련 외에 발 · 발가락 · 손가락 등에도 경련이 일어난다. 일반적으로 수영에 미숙한 사람에게 많이 발생한다. 경련과 그에 수반된 격렬한 통증 때문에 수영이 불가능하게 되어 익사하기도 한다.

한편 단련된 선수라도 준비운동이 부족하거나 강도가 강한 트레이닝을 한 후에 근경련이 일어나는 경우도 있다. 그리고 수영하는 사람 중 마른 체형의 사람에게 많이 일어난다.

경련은 근육을 굳어지게 하고 강한 통증을 유발한다. 만약 수중에서 경련이 발생하였다면 우선 숨을 크게 들이쉬고 수중으로 잠수하여 경련된 근육이 펴지도록 천천히 그 부분을 뻗는다. 비복근인 경우에는 수중에서 양손으로 발끝을 잡고 이끌어 올리는 동작을 한다. 호흡을 하면서 이것을 되풀이한다(그림 10-1).

지상에 올라오면 다리를 앞뒤로 벌려 경련이 일어난 다리를 후방에 놓고 발꿈치를 붙여 비복근부위를 자신의 체중을 실어 천천히 신전시킨다. 위를 보고 눕혀 발을 배굴하는 방법도 있지만, 스포츠선수는 하퇴삼두근이 커서 이 정도로는 근육이 충분하게 신전하지 않으므로 자신의 체중을 실어 신전시키는 쪽이 보다 효과적이다.

강하게 수축되어 있는 근육에 대항하여 급격하게 큰 힘으로 신전시키면 근섬유파열을 일으킬 우려가 있다. 발꿈치를 붙인 채 쪼그려앉기를 몇 번 실시하는 것도 좋다. 이러한 처치 후 자신의 손으로 경련이 일어난 근육을 마사지하거나 타월을 뜨거운 물에 담궈 온습포를 해서 혈액순환을 촉진시킨다. 수영장 주위를 가볍게 조깅

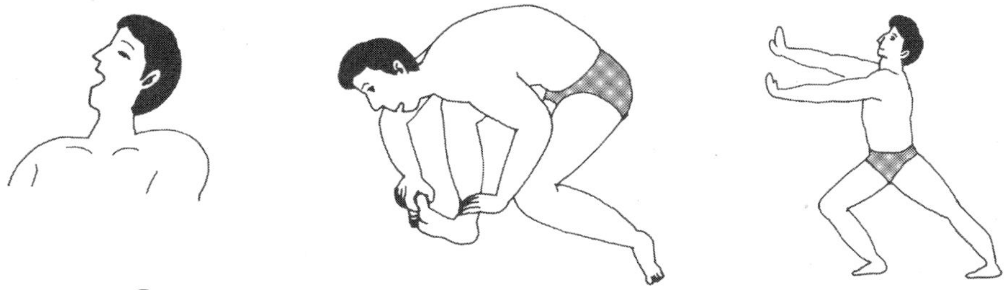

그림 10-1 장딴지경련의 응급처치

하고, 통증이 없고 하지운동에도 아무 지장이 없다는 것을 확인한 후 조심스럽게 수영을 재개한다.

근경련의 원인은 아직 명확히 밝혀지지 않았지만, 운동에 의한 근육조직내 염류결핍, 과로, 국소의 순환부전, 급격한 온도변화, 준비운동부족 등이 주원인으로 알려져 있다.

근경련을 예방하기 위해서는 준비운동을 충분히 실시하며, 식사를 거르거나 수면부족인 채 트레이닝에 들어가는 일이 없도록 한다.

2) 익수

익수는 수영에 미숙한 사람이 잘못해서 물에 빠지거나, 수영에 익숙한 사람이 근경련을 일으키거나 수초에 휘감기거나 조류에 휩쓸리는 등에 의해 코와 입으로 물이 흡입되어 기도가 폐쇄되어 발생하는 사고이다. 호흡이 멈추면 40~60초에 의식불명이 되고, 다시 4~5분이 경과하면 뇌세포에 불가역적 손상이 진행된다.

일반적으로 온도가 37℃일 때 인간의 뇌는 혈류가 4분 이상 단절되면 불가역적인 손상을 받는다. 그 이상의 시간이 지나면 지날수록 소생 가능성은 적어진다. 이 때문에 생사를 결정짓는 골든타임이라는 의미로 '저스트 포 미닛(just four minutes)'라는 말이 일반적으로 사용된다(그림 10-2).

대도시에서는 119 구급차 출동 요청을 하고 나서 구급차가 현장에 도착하기까지 평균 5분이 소요된다고 하지만, 현실은 교통체증으로 인해 이보다 훨씬 많은 시간이 소요될 것이다.

물에 빠진 사람은 발견하고 즉각 구급차를 부른다 해도 구급차가 도착하고 구급요원에 의한 처치가 실시되기 전까지 적어도 6~8분의 귀중한 시간이 경과되어 버리게 된다. 따라서 물에 빠진 사람을 구조하면 그대로 응급처치를 실시하지 않으면 안 된다는 것은 설명할 필요도 없다.

그림 10-2 생사를 결정하는 4분

3) 익사

수영은 다른 종목과는 달리 스포츠의 레크리에이션적인 의미 외에 다른 큰 의미가 있는데, 그것은 인명보전 수단이라는 것이다. 사람은 헤엄치는 법을 배우지 않으면 물에 빠질 수밖에 없다. 즉 수영은 사람이 물속에서 자신의 생명을 지키기 위해서 꼭 필요하며, 수영기술의 습득으로 수중에서 활동이 가능해진다.

오늘날 어린 학생들에게도 수영지도가 적극적으로 이루어지고 있다. 초·중학교의 체육수업에서도 수영이 지도되고 있다. 과거에 비해 수영장의 수도 현저히 늘어났으며, 수영의 보급률도 매우 높아졌다고 할 수 있다. 보급률의 증가에도 불구하고 연간 2,500~3,000명에 달하는 익사자가 나타나고 있다.

여기에서는 수중에서 일어나는 불행한 사고를 미연에 방지하기 위해, 특히 익사 문제에 중점을 두고 원인·처리·예방대책 등에 대해 알아보기로 한다.

(1) 익사의 원인

① 수영할 수 있는 사람의 익사

일반적으로 익사란 수영에 미숙한 사람에게 주로 일어나는 사고이다. 수영 초보자가 깊은 수영장에 빠지거나 유아가 욕조와 연못에 빠지는 것이 그 예이다. 그러나 수영에 능숙한 사람이 익사하는 예도 적지 않다.

수영을 할 줄 모르는 사람과 수영 초보자의 익사 원인은 대부분 수영실력의 미숙이라 볼 수 있다. 이에 대해 수영에 능숙한 사람의 익사 원인에 대해서는 정확히 밝혀진 바가 없지만, 대부분 추체 내 출혈이 익사의 주요한 원인으로 받아들여지고 있다.

② 추체 내 출혈

귀에서 중이와 내이를 에워싸는 뼈를 추체(피라미드)라 한다. 고막 안에 있는 중이는 새끼손가락의 끝 정도의 공간인 고실을 만들며, 고실에서 코 안을 거쳐 이관이 통과되고 있다. 기차가 터널 속에 들어갈 때 갑자기 귀에 이상이 느껴지는데, 침을 삼키면 그 느낌은 없어진다. 이는 외기압의 급격한 변화 때문에 고막이 움푹 패어져 있었던 것이 침을 삼킴으로써 이관이 개통되고 코에서 공기가 고실로 보내져 움푹 패인 고막을 원래대로 되돌리기 때문에 생기는 현상이다. 즉 이관은 코와 귀를 연결하는 터널인 셈이다.

중이 속의 내이에는 소리에 관계하는 와우(달팽이)가 있는 외로, 세반고리관과 이석기가 있으며, 세반고리관과 이석기는 평행기능에 관여하고 있다. 따라서 내이의 장애는 와우면 고도난청, 세반고리관과 이석기면 메니엘증후군이나 발작성 현기증을 일으킬 수 있다.

익사는 특징적으로 이 추체 부위에 출혈이 나타나므로 다음과 같은 경우에는 수영에 능숙한 사람이라도 익사가 발생될 수 있다. 수영 중 코에 물이 들어가 이관에 침입하면 고실내압은 수압을 받아 급격히 상승한다. 그 결과 주위의 추체 내 혈액 흐름의 정체(출혈)가 일어난다. 그렇게 되면 세반고리관과 이석기는 정상적인 기능이 불가능하게 되어 평형기능을 상실해 버리며, 외이도의 수압에 의한 영향도 더해진다. 이와 같이 발생한 평형기능 상실 때문에 수중에서 상하좌우의 위치감각을 잃어 코와 입에 더 많은 물이 들어와 호흡곤란을 일으켜 추체 내 울혈이 더욱 심각해짐으로써 이 부위에 출혈을 일으키게 된다(그림 10-3).

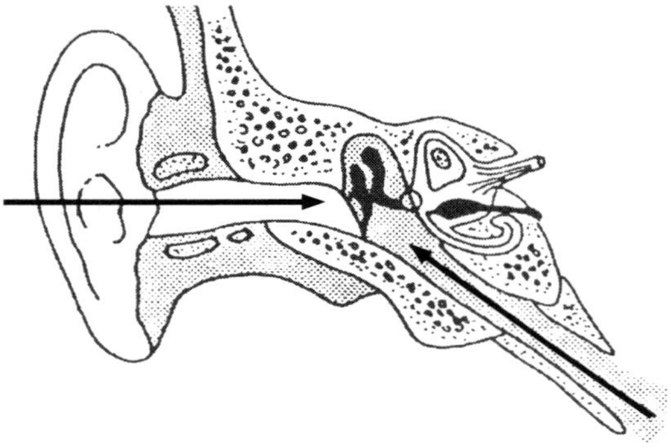

그림 10-3 추체 내 출혈의 성립 원인

수영에 익숙한 사람이 물에 빠질 수 있는 것은 코에 물이 들어가 평행기능이 상실되기 때문이다(그림 10-4). 수영 중 숨쉬는 타이밍이 맞지 않았다거나 수중에서 턴을 잘못하게 되면 코로 물을 흡입해 버린다. 이때 발생하는 찡하고 강한 아픔, 귀울림, 현기증, 구토 등은 대부분의 사람들이 경험하였을 것이다. 상당한 양의 물이 이관을 통해 고실에 들어가면 평행기능을 상실하게 되어 익사를 일으키게 된다.

그림 10-4

(2) 담수와 해수의 차이

같은 익사라도 해수와 담수는 익사의 원인에 차이가 있다.

익사 초기에는 물이 기도로 침입하는 것을 방지하기 위해서 반사적으로 목에 강한 마비(후두마비)가 일어나고, 그로 인해 폐쇄성 질식상태가 된다. 이 상태가 일정 시간 지속되면 마비상태가 풀려 기도로 물이 연속적으로 흘러들어간다.

담수의 경우 폐에 침입하는 물이 혈액보다 저장력이기 때문에 바로 순환혈에 흡수된다. 그로 인해 순환혈액이 급속하게 묽어져 혈액의 침투성이 저하되어 적혈구 파괴(용혈)가 일어난다. 혈액 중 전해질인 Na, Cl, Ca는 감소하고, 용혈 때문에 K는 증가한다. 그 때문에 심실세동(심장이 불규칙하게 조금씩 수축하는 상태)을 초래한다.

한편 해수에는 염분(염분나트륨 NaCl)이 약 3.4% 함유되어 있어 고여 있던 수분이 폐에 침입하게 된다. 그 때문에 혈중 수분이 폐로 이동해 폐수종 상태를 일으키며, 혈중 단백질도 폐내로 이동해 저단백혈증을 일으킨다. 또한 해수 중 Na, Cl, Mg이 순환혈액으로 이동한다. 이같은 원인으로 인해 혈액은 농축되고, 순환혈액량이 현저하게 감소한다. 폐수종 때문에 산소결핍상태(hypoxia)가 지속되고, 순환혈액량의 감소와 산소결핍으로 인해 심장이 정지하게 된다.

이와 같이 담수와 해수에서는 익사하여도 사인이 다르고 치료법도 다르다. 따라서 익수자를 구조하여 응급처치를 한 다음 병원으로 운반하면 어디에서 빠졌는가를 정확하게 전달하는 것이 중요하다.

(3) 익사의 예방대책

익수로 인한 사망요인 중의 대부분은 코를 통해 중이로 물이 들어가 추체 내 출혈을 초래하는 것이다. 따라서 그 예방대책은 중이에 물이 들어가기 쉬운 상태가 되지 않도록 주의한다. 실수로 물이 들어가면 적절한 처치를 하고, 코에 물이 들어가지 않도록 호흡법을 철저히 지도하는 것이 중요하다.

① 코에서 중이로 물이 들어가기 쉬운 상태일 때에는 수영을 삼간다

감기 기운으로 인후두 · 이관 · 기도의 점막에 염증성 변화가 있을 경우, 또는 이비인후과 영역에 질환이 있을 경우에는 코에서 중이로 물이 들어가기 쉬운 상태가 된다. 이같은 경우에는 가능한 한 수영을 삼가하거나, 사전에 지도자 또는 주변의 사람에게 그 요지를 전해 주의를 환기시켜둘 필요가 있다.

② 음주 시에는 수영을 금지한다

음주 시에는 이관으로 물이 들어가기 쉬울 뿐 아니라 상황 판단과 신체의 반응동작이 평상시보다 현저히 느려지며, 알코올의 영향으로 급성순환부전을 일으키기 쉽다. 음주 후 수영은 자살행위라 볼 수 있다.

실제로 미국의 볼티모어시에서 알코올과 익사의 관계를 조사한 연구에 따르면, 15

세 이상의 익사자 중 혈중알코올농도의 기록이 있는 45건 중 21건(46.7%)이 혈중알코올농도가 높은 수치를 나타내고 있었다. 즉 음주에 의한 익사사고가 적지 않다는 것이다. 따라서 음주 후에는 수영을 금지하도록 강하고 철저한 조치가 필요하다.

③ 코로 잘못해서 물을 들이켰을 때는 휴식을 취한 후 다시 수영을 한다

수영 중 코와 입으로 물이 들어가 기분이 나빠진 경우에는 추체 내에 울혈이 생겼다고 볼 수 있다. 그럼에도 불구하고 무리해서 수영을 계속하면 울혈상태를 악화시켜 결국 출혈을 일으키기 쉽다. 따라서 울혈이 예상된다면 일단 충분히 쉬어 회복한 후 수영을 다시 시작하도록 지도한다.

④ 호흡법 지도를 철저히 한다

수영에 능숙한 사람이라도 가끔 코로 물을 빨아들이는 경우가 있는데, 수영 초보자는 말할 필요도 없다. 초등학생들이 수영수업을 싫어하는 최대 이유는 '헤엄칠 때에 숨을 쉬지 않기 때문'이라는 보고가 있다. 과거의 수영지도법은 먼저 물에 익숙해지기 위해서 발차기와 손사용법부터 시작하고, 그다음으로 호흡법을 지도하는 경향이 있었다. 그러나 지도 초기부터 입으로 숨을 빨아들이고, 물속에서 코로 내뱉는 수영호흡법의 기초를 철저히 습득시킬 필요가 있다.

호흡법의 지도는 물속에서 '음'하고 소리를 내게 하면 자연히 코에서 숨이 나와 물 위에서 '파아'하고 소리를 내면 입에서 흡입하게 된다. '부글부글, 파아'도 같은 것이다. 이 '음, 파아'와 '부글부글, 파아'가 수영기술을 급속히 숙달시켜줄 뿐 아니라 익사를 예방할 수 있으므로 충분히 연습시키도록 한다.

(4) 여름철 물놀이 사고예방

여름은 우리에게 강렬한 태양과 해변을 연상하게 하며, 많은 사람들이 강이나 바다를 찾게 된다. 그러나 물이 있는 곳은 어디든 안전할 수 없으며 사고가 발생하기 마련이다. 물에서의 사고란 익사 또는 심장마비 등으로 사망하는 사고를 말하는데,

이러한 사고는 하나밖에 없는 생명을 잃게 된다는 점에서 수상사고의 심각성을 말해준다. 그러므로 본격적인 피서철이 돌아오면 수상에서의 부주의 또는 수영 미숙 등으로 각종 안전사고나 익사사고가 많이 발생할 것이 예상되므로 수영이나 물놀이를 즐기기에 앞서 여러 안전지식이 필요하다.

무엇보다도 대다수의 사람들이 물을 위험하게 생각하지 않는다는 점이 문제의 심각성을 높이고 있다. 우리나라에서 익사사고를 당한 사망자의 90%가 수상안전요원에 의한 구조나 기타 구조를 요청할 수 없는 강이나 저수지, 하천 등에서 사고를 당했으며, 수심 2m 이내에서 익사한 것으로 보고되고 있다. 이는 많은 사람들이 수심이 깊은 곳에서만 익사사고가 발생한다고 잘못 인식하여 자신의 키 정도의 수심을 그다지 위험하게 생각하지 않고 무작정 수영을 하다가 사고를 당한 것이다. 그래서 어린이를 동반하고 야외수영장이나 물놀이를 할 수 있는 유원지, 계곡 등에 갔다가 보호자가 잠깐 한눈을 파는 사이 사고를 당하는 경우가 많다. 이런 사고는 피서객이 많이 몰리는 7~8월 사이에 많이 발생하고, 특히 사람이 많이 있는 장소일수록 사고위험이 높다.

어린이 사고의 예를 들면, 미끄러운 수영장바닥에 넘어져서 사고가 일어나는 경우가 많다. 어른은 수영장 내에서 넘어지거나 엎어지면 쉽게 일어날 수 있으나, 유아 또는 초등학교 저학년 어린이는 아무리 얕은 곳이라 해도 스스로 일어나지 못하는 경우가 많다. 이럴 때 안전요원이나 어른이 발견하지 못하면 돌이킬 수 없는 사고의 원인이 될 수 있다.

① 수영 중 주의사항과 안전관리

수영 중 여러 가지 사고로부터 자신을 보호하려면 최소한의 수영기술과 수상에서의 안전지식이 필요하다. 현재 우리나라도 수영을 통하여 건강을 도모하려는 인구가 늘어나면서 실내 또는 야외 수영장시설이 많아져 누구나 전문 지도자에게 수영을 배울 수 있게 되었다.

그러나 한 가지 아쉬운 점이라면 수영 프로그램은 수영기술에만 치우쳐 수상에서의 안전교육은 외면당하고 있는 실정이다. 외국의 경우 수영을 배우는 초보자의 교육 프로그램에 수영 도중 발생할 수 있는 안전사고에 대한 여러 가지 대처방법을 함께 지도하고 있다.

자신의 생명은 오직 자신만이 지킬 수 있는 만큼 안전사고를 예방하기 위하여 여러 가지 지식을 배워두는 것이 필요하다.

② 수영을 즐기기에 안전한 장소

» 먼 거리까지 수심의 경사도가 완만하고 얕은 해변

» 수온은 21~26℃ 정도가 좋다.

» 파도가 높지 않고 물의 흐름이 빠르지 않은 곳

» 수영구역이 명확히 지정되어 있고 수상안전요원이나 구조요청을 할 수 있는 곳

③ 여름철 피부상해를 방지하기 위해서 필요한 사항

» 강렬한 태양에 피부를 직접 노출시키지 말고 타월 등으로 덮어야 하며, 될 수 있는 한 그늘에서 쉬는 것이 좋다.

» 수영이 끝난 후에는 항상 깨끗한 물로 샤워를 하고 물기를 잘 닦는다.

④ 익사사고를 예방하기 위해서 필요한 사항

» 항상 안전을 생각하고 자신의 수영실력을 과대평가하지 말 것

» 자신의 체력과 수영한계 거리를 알아 둘 것

» 혼자서 수영하지 말고 여러 명이 함께 수영할 것(물에 빠졌을 때 구조요청 또는 자신을 구해줄 사람이 있어야 한다)

» 파도가 높거나 폭우가 쏟아질 때에는 절대로 물에 들어가지 말 것

» 경사진 물웅덩이나 저수지에서 수영을 금하고, “수영금지” 표시판이 있는 곳에서는 절대로 수영을 하지 말 것

» 다리 근처에서 수영하지 말 것

⑤ **수영장에서의 안전사고 예방요령**

» 수영장은 매우 미끄러우므로 심한 장난을 하거나 뛰어서는 안 된다.

» 식사 1시간 전에는 수영을 하지 말아야 한다. 그 이유는 허기가 지게 되면 빈혈 또는 수영 중 쇼크가 발생할 수 있기 때문이다.

» 식사 후 1시간 후에 수영을 해야 하는데, 그것은 식후 곧바로 수영을 하게 되면 구토와 장기능장애로 인한 안전사고가 발생할 수 있기 때문이다.

» 번개나 천둥이 칠 때는 물에서 나와야 한다.

2. 인명구조

1) 익수자의 구조란

물에 빠진 사람을 구하려는 것은 인간의 본능이지만, 올바른 지식이나 방법을 모르면 노력은 헛된 것일 때가 있다. 수영을 할 줄 안다고 해서 반드시 물에 빠진 사람을 구할 능력이 있는 것은 아니다. 오히려 수영할 줄 모르는 사람이 생명을 구하는 경우가 많다.

익수사고로 인한 희생자 중 물가에서 익사한 사람이 많다. 사고는 일어나지 않는 것이 가장 좋고, 만약 사고가 발생하더라도 안전한 구조법을 알면 최소한의 불상사는 막을 수 있다. 익수자를 발견한 즉시 적절한 방법으로 구조하여 필요한 구급조치를 취한 다음 의사에게 이송하기까지의 과정이 익수자의 구조이다.

2) 익수의 원인과 익수자의 상태

(1) 익수의 원인

① 수영능력이 없는 사람

» 풀, 강, 연못과 저수지 등의 물가에서 빠진다.

» 보트에서 떨어진다(보트가 뒤집힌 경우).

» 물속에서 미끄러져 일어나지 못하는 경우(타일, 이끼 등)

» 파도에 휩쓸린 경우

② 수영능력이 중간 수준인 사람

» 수영능력의 과신

» 불안 · 공포 등으로 동작이 위축된 상태

» 파도에 휩쓸린 경우

» 조류에 흘러간 경우

③ 수영능력이 우수한 사람

» 경련을 일으킨 경우

» 무리한 다이빙과 잠수

» 다른 사람에게 잡혀 동작불능인 경우

» 수초 등에 엉킨 경우

» 조류에 흘러간 경우

» 피로한 경우

④ 공통적인 경우

» 물속에서 발생한 급한 질환

» 수중동물의 습격

» 자살

(2) 익수자의 상태

» 심장마비, 뇌졸중, 뇌빈혈, 급격한 위경련 또는 심한 위축상태로 손발이 자유롭지 못하여 구조를 요청할 사이도 없이 곧 물속으로 가라앉는 경우가 많다.

» 피로 등으로 물에 빠진 사람은 수면에 뜬 채로 잠시 허우적거리다가 가라앉는다.

» 익수자는 이미 자신의 몸을 수면에 띄울 만큼의 공기가 폐에 남아 있지 않으므로 원활한 손 · 발의 움직임이 이루어지지 않아 가라앉기 시작한다. 물에 흐름이 있으면 흘러가면서 가라앉고, 또 흐름이 없으면 수직방향으로 가라앉는다.

» 가라앉음에 따라 폐부 · 복부에 수압이 가해져 폐내에 남은 공기가 작은 기포(물방울)가 되어 코 또는 입에서 배출된다. 처음에는 목이 경련을 일으켜 닫히나, 최후로 흡기가 일어나 커다란 기포가 토해진다.

» 수영 도중의 잠수상태에서 호흡이 되지 않아 떠오르지 못하고 그래로 물에 빠지는 경우도 있다.

3) 익수자의 발견

익수자 구조에서 가장 중요한 순간은 익수 직전에 있는 사람이나 이미 익수한 사람을 가능한 한 신속하게 발견해내는 일이다. 그러므로 수영 지도자는 안전감시에도 수영능력 이상의 능력을 갖춰야 한다.

(1) 익수자 발견방법

» 부자연스러운 자세 또는 수면에 엎드린 자세로 떠 있는 사람

» 수면 위에 떠도는 튜브, 킥보드, 보트 등의 관찰

(2) 익수자 발견 시의 조치

» 익수자를 발견하면 익수자로부터 눈을 떼지 말고 안전감시자 또는 주위 사람들에게 신속하게 알린다.

» 익수자 발견시 구조자는 먼저 '나에게 구조할 능력이 있는가'를 생각해야 한다.

» '어떠한 방법으로 구조할 것인가'를 판단해야 한다.

» 발견한 사람이 스스로 안전한 정도의 수영능력을 보유했다고 판단되면 익수자를 잡은 다음 얼굴을 수면 위에 내 놓는다.

» 위험한 경우에는 다른 구조자를 기다려야 한다.

4) 익수자 구조 시 주의사항

① 구조자는 절대로 거듭되는 사고를 발생시켜서는 안 된다.

» 사고는 언제, 어디에서, 어떠한 상황에서 발생할 것인지 알 수 없다.

» 자신의 능력을 생각하지 않고 무모하게 물에 뛰어들어 결국 자신도 물에 빠져 희생만 늘어나는 예가 많다.

» 수영을 하면서 구조할 경우에는 뛰어난 수영능력과 익수자가 접촉해 왔을 때 이탈방법과 필요한 기술을 완전히 습득하고 있어야 한다.

② 주위 사람의 협조를 얻을 것

» 혼자서 구조의 모든 것을 완전히 해결할 수는 없다.

» 구조기구나 보트를 사용할 경우, 손을 맞잡고 물에 들어갈 경우 등에는 응급처치나 의료기관에 연락을 취할 협조자가 필요하다.

» 구조자 자신이 위험에 빠졌을 경우 구조해 줄 사람이 있어야 한다.

③ 주위 상황을 냉정하게 판단하여 기민하게 행동할 것

» 빠진 사람의 위치, 물의 상태, 협조자의 유무 등을 정확하고 신속하게 파악

하여 즉각 행동에 옮겨야 한다.

④ **옷차림에 유의**

» 수영을 할 필요가 있으면 최소한 상의와 구두는 벗어야 한다.

» 와이셔츠나 바지를 구조용구로 이용할 수도 있다.

⑤ **익수자로부터 눈을 떼지 말 것**

» 익수자의 위치를 잊어버리면 구조에 시간이 걸리게 되어 그만큼 구조가능성이 희박해진다.

» 구조자는 익수자가 잠수하면 그 자리를 확인해야 한다.

⑥ **구조자는 자신의 행동에 자신감과 책임감을 가질 것**

» 구조현장에서의 대화는 사고를 당한 사람은 물론 주위 사람에게도 큰 영향을 주므로 세심한 배려를 해야 한다.

» 구조자는 현장에서 협조자에게 지시를 내리는 등 지도적 입장에 설 경우가 많다. 따라서 태도나 말투를 조심해야 하며, 익수자를 반드시 구조한다는 신념을 가지고 주위 사람들의 신뢰를 얻도록 해야 한다.

⑦ **구조행위 후 알게 된 익수자의 성명, 연령, 병의 증세, 기타 신체적 특징 등은 필요한 사람 외에는 발설해서는 안 된다.**

5) 수영을 하지 않는 구조방법

① **손 또는 발을 사용하여 익수자에게 도달하기**

» 익수자가 풀(pool) 사이드 또는 육상에 가까워 손이나 발이 닿을 수 있으면 구조자는 물가에 엎드려서 손을 내민다.

» 풀(pool) 주위에 있는 기물이나 강가의 나무 등을 잡고 익수자에게 다리를 뻗쳐준다.

» 수심이 얕은 곳이면 구조자가 걸어들어가 손을 내밀든가, 여러 사람이 손을 이어잡고 길게 늘어 서서 제일 안쪽에 나아간 사람이 익수자를 잡아서 구조한다.

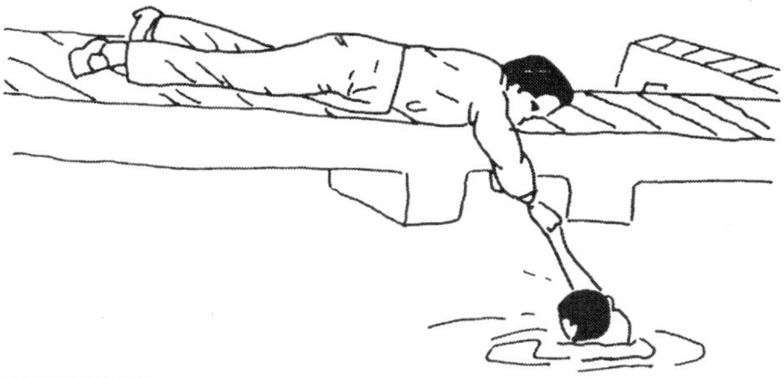

그림 10-5 익수자에게 손을 내민다

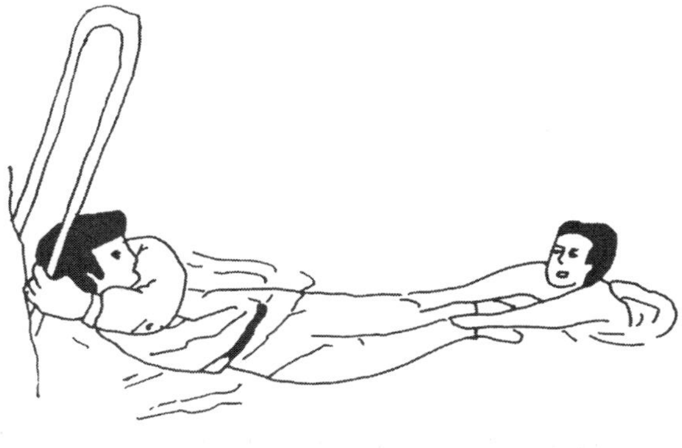

그림 10-6 익수자에게 다리를 뻗쳐준다

② 부근에 있는 물건을 이용하여 구조의 손을 연장하기

» 바지 · 긴 타월 등의 한쪽끝에 매듭을 만들어 익수자에게 던져주어 잡도록 한다.

» 긴 막대를 내밀어 잡도록 한다(예 : 나뭇가지, 낚시대, 노, 장대 등).

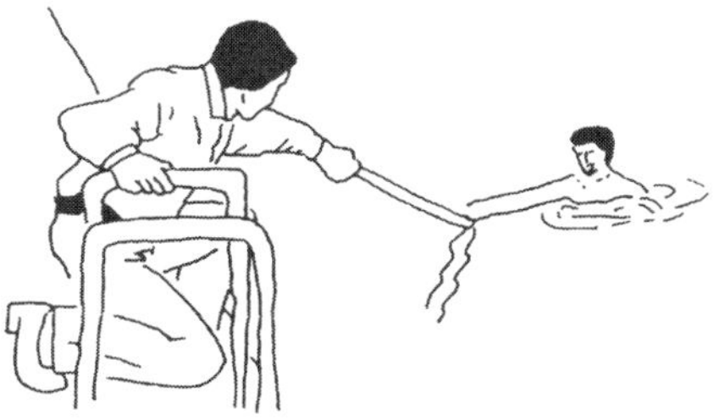

그림 10-7 장대를 이용한 구조

③ 구조용구를 사용하여 구조하기

» 튜브 등에 로프를 매서 던져준다. 구명용구를 사용할 때에는 각 용구에 대한 장단점을 숙지하고 사용하여야 한다.

» 자유부동(浮動) 지지물을 이용하여 구조하기……자유부동 지지물이란 익수자에게 떨어뜨려주거나 던져주어서 익수자를 구조할 수 있는 물체인데, 구조자가 일단 던진 다음에는 다시 조종을 할 수 없다. 예를 들면 판자 · 노 · 통나무 · 줄이 매어 있지 않은 부이(buoy), 노가 장치되어 있지 않은 보트 같은 것들이다. 이것들은 익수자가 위급한 상황에서 순간적으로 벗어나기 위해 임시방편으로 사용하는 것이며, 구급 후에는 즉시 다른 방도를 취하여 익수자를 안전한 곳으로 끌어올려야 한다. 이러한 것들은 구조자가 사용법을 잘 모르면 역효과가 된다.

그림 10-8 익수자에게 두터운 판자를 밀어준다

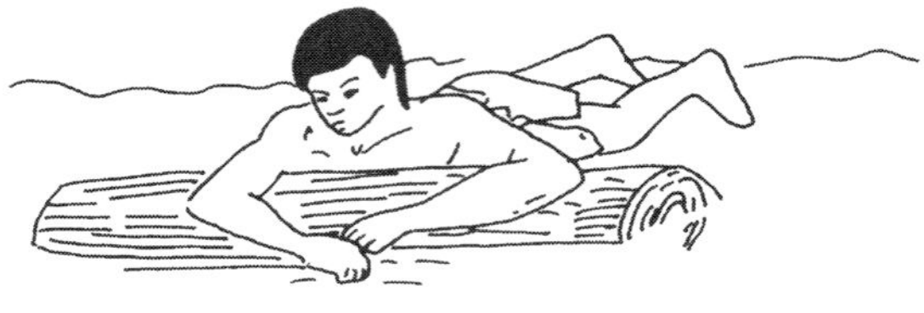

그림 10-9 떠 있는 통나무를 지지물로 사용한다

④ 보트를 사용하여 구조하기

» 보트를 사용하면 구조가 쉽고, 구조자의 안전도 기할 수 있다.

» 바다와 강에서 익수자에게 접근할 때와 물 밖으로 운반할 때 편리하고, 긴급상황시에는 보트 위에서 인공호흡도 실시할 수 있다.

» 익수자를 보트에 끌어올릴 때에는 후미쪽으로 끌어올린다.

6) 수영을 하는 구조방법

(1) 익수자에게 접근하는 영법

구조자가 익수자에게 접근할 때에는 익수자에게서(또는 익수자가 마지막으로 보인 지점에서) 눈을 떼지 말고, 될 수 있는 대로 빨리 접근해야 한다. 구조자는 되돌아 올 수 있는 필요한 힘을 유지하여야 한다.

그러므로 익수자에게 접근할 때는 힘을 많이 소비하지 않고도 빨리 전진할 수 있는 영법을 사용해서 끊임 없이 익수자를 주시하면서 수영을 해야 한다. 어깨 위로 손을 젓는 영법이나 머리를 들고 하는 평영이 있으며, 머리를 들고 하는 자유형도 있다. 그러므로 인명구조법을 배우는 사람은 여러 가지 상황을 가정하여 2~3가지 영법을 사용해보아 어느 것이 더 능률적이며, 또 하기 쉬운지를 알고 있어야 한다.

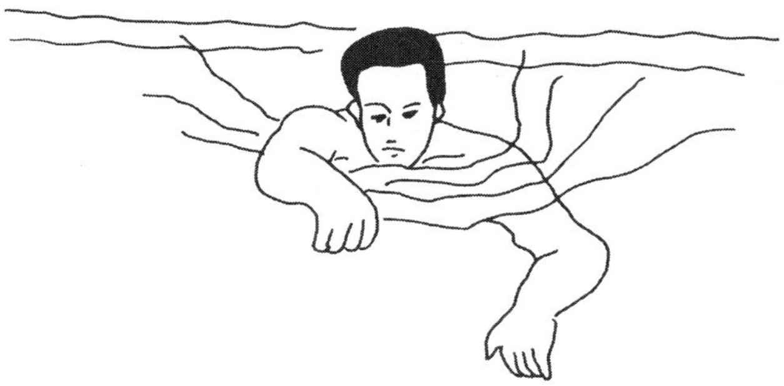

그림 10-10 익수자에게 접근하는 영법-머리를 든다

(2) 익수자에게 접근방법

익수자에게 접근할 때에는 일정한 원칙이 있다. 구조자는 자기가 익수자에게 붙들리지 않고 익수자를 붙잡는 자세를 취해야 하며, 필요하다면 익수자를 돌려서 얼굴을 수면 위로 올려 호흡을 유지시키고, 익수자의 몸을 수평 위치로 한 다음 운반을 시작한다.

익수자는 대체로 수직자세로 서서 머리를 뒤로 젖히고 팔은 앞으로 뻗쳐 물속에서 허우적거린다. 그러므로 구조자는 익수자를 수평자세로 만든 다음 운반하는 것이 필요하다.

다음과 같은 세 가지 종류의 접근법이 있다.

① 수직 아래쪽 접근

익수자는 거의 해안을 향하고 있다. 왜냐하면 물에 빠지면 대개 안전한 곳으로 나가려고 노력하는 가운데 어떤 방법으로든지 육지를 향하도록 몸을 조종하기 때문이다.

구조자는 대체로 육지에서 들어가 익수자와 마주 보게 되므로 익수자를 돌려 놓아야 할 문제에 부딪친다. 이런 상태에 대비하기 위하여 수직 아래쪽 접근방법이 고안되었다.

구조자가 익수자에게 접근할 때 익수자의 머리가 수면 위에 있으면 접근방법은 다음과 같다. 구조자는 익수자로부터 2m쯤 떨어진 지점에서 급한 수직잠수를 하여 익수자 발 아래까지 거의 수직으로 내려간다. 그 지점에서 구조자는 돌아서 익수자의 무릎을 향하여 비스듬히 위쪽으로 다가선다. 익수자와 접촉하기 직전에 구조자는 다리를 약간 가슴앞으로 향하게 하여 웅크리는 자세를 취한다. 구조자는 기회를 보아서 익수자의 두 다리 무릎 위쪽을 꽉 잡되, 한 손으로는 허벅다리앞을 잡고, 다른 손으로는 다른쪽 다리의 뒤를 잡아 익수자를 빠르게 돌린다.

그다음에는 구조자가 익수자 뒤에서 익수자의 몸을 시종일관 훑어올라가 두 손을 익수자의 어깨밑으로 밀어넣어 후방접근을 할 때와 같은 방법으로 수면 위로 올리는 과정을 계속한다. 익수자의 머리를 잠깐 동안 수면 위로 나오게 한다. 그다음에는 물속으로 훨씬 더 깊이 들어가게 하기 쉬우므로 연습할 때 특히 주의해야 한다. 밤이나 아주 흐린 물(또는 흙탕물)에서 구조를 할 때에는 익수자와 일렬이 되게 잠수하여 익수자의 다리를 더듬질(groping)로 찾아 잡는다.

급한 수직 잠수

익수자 돌리기

그림 10-11 수직 아래쪽 접근

② 전방 접근

구조자가 익수자에 접근했을 때 익수자의 머리가 수면 아래에 있고, 한 팔이나 두 팔을 발견한 경우에는 지체없이 수직잠수를 해야 한다. 그대신 수영자세는 후방 접근 시와 정반대로 한다. 구조자는 익수자가 밖으로 뻗친 손으로부터 반팔쯤되는 거리에서 그 팔목 하나를 잡을 기회를 노린다.

구조자는 팔을 빨리 움직여 익수자에게 도달하여 오른손으로 익수자의 오른쪽 팔목을 잡거나, 또는 왼손으로 익수자의 왼쪽 팔목을 잡는다. 만일 익수자의 팔목을 잡으려다 놓친 경우에는 구조자는 즉시 다리로 빠른 스트로크를 하여 뒤로 물러나서 익수자에게 붙들리지 않도록 해야 한다.

익수자의 팔목을 단단히 잡으면 즉시 뒤로 버티면서 익수자의 팔을 곧게 당겨 알맞게 팔을 비튼다. 그와 동시에 구조자는 두 다리로 빠르고 짧은 차기를 하며 익수자를 돌려 수면으로 올라갈 준비를 한다. 익수자의 등이 구조자에게로 완전히 돌아왔을 때에는 자유로운 손으로 익수자의 겨드랑이를 잡는다. 그리고 익수자의 겨드랑이를 끌거나 더 나은 방법으로 운반한다.

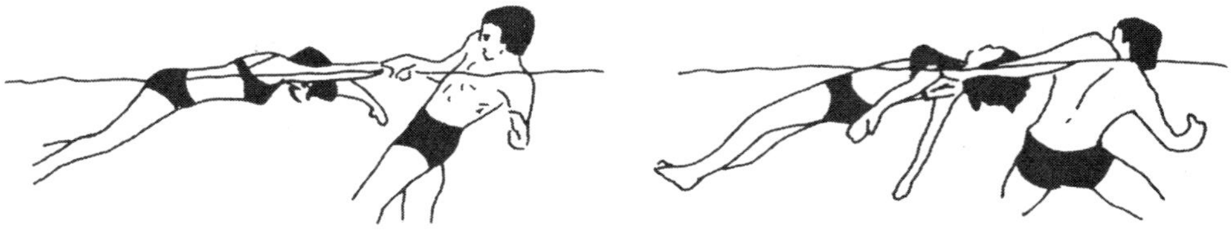

그림 10-12 전방 접근

③ 후방 접근

◈ 첫째 방법 - 가슴잡기

시간이 별로 걸리지 않고 익수자 뒤쪽에서 접근할 수 있다면 구조자가 바로 그 지점으로 헤엄쳐 가서 익수자 등쪽으로 접근한다. 구조자는 빨리 자기의 자세와 위치를 조정한다.

구조해나갈 방향으로 몸을 돌려 익수자의 다리가 수면과 평행에 가까울 정도로 당겨올려지면, 구조자는 상체를 수영할 자세로 변경하고 다리를 벌려 익수자가 접촉해오면 곧 밀어낼 자세를 갖춘다. 가능하면 누워서 두 다리만으로 헤엄치는 방법을 쓴다. 이 경우의 킥은 거꾸로 하는 가위차기(inverted scissors kick)가 될 수도 있고, 평영 다리차기(breast stroke kick)가 될 수도 있다.

그다음에는 구조자가 뒤로 버티면서 익수자의 어깨 위로 손을 빨리 밀어 넣어 겨드랑이를 잡는다.

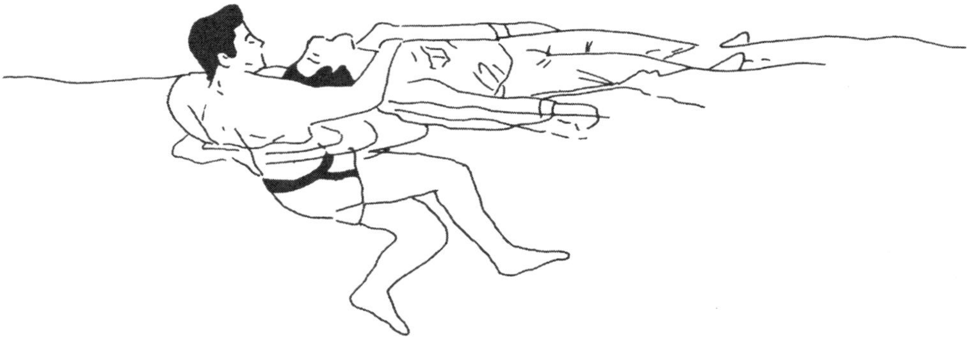

그림 10-13 후방 접근에서 수평위치로 끌어올리는 자세

◈ 둘째 방법 - 한쪽 겨드랑이잡기

구조자는 익수자 뒤쪽으로 똑바로 접근하여 한팔을 내밀어 익수자의 겨드랑이를 엄지손가락이 위로 가게 잡는다. 잡은 후 곧 익수자에게 긴장을 풀고 머리를 뒤로 젖히라고 지시한다. 대개 익수자는 머리가 물 밖에 있으면 잘 협조하게 되어 구조하기 쉽다.

운반방법은 안전한 곳까지의 거리와 익수자의 협조도 및 익수자의 신체크기와 부력의 정도에 따라 구조자가 겨드랑이 끌기를 계속하든가, 더 다루기 쉬운 방법으로 바꾼다.

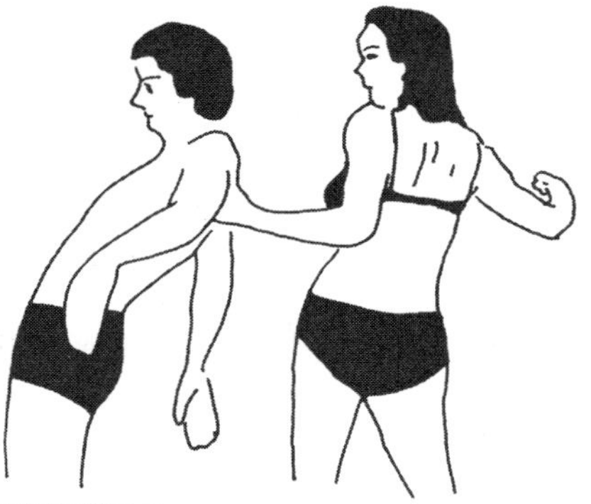

그림 10-14 한쪽 겨드랑이잡기

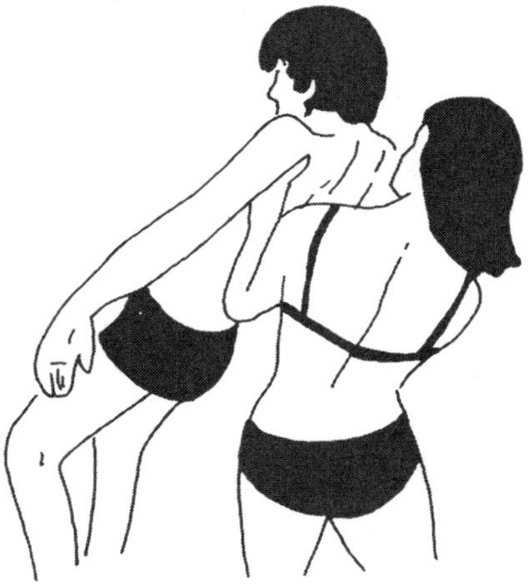

그림 10-15 양쪽 겨드랑이잡기

◈ 셋째 방법 - 양쪽 겨드랑이잡기

구조자가 익수자의 후방으로 접근하였을 때 익수자가 부력이 없어 무거워서 수평자세로 만들기가 어려운 상황에 부딪치기도 한다. 수평자세로 만들기 위하여 구조자는 잠수를 하여 익수자의 양쪽 겨드랑이를 잡은 후 몸을 뒤로 젖혀 양팔을 지렛대 모양으로 한다. 이 동작을 효과적으로 하기 위해서는 구조자는 전과정에 걸쳐 다리 차기를 활발하게 해야 한다.

일단 수평자세와 전진이 이루어지면 구조자는 활발한 구조영법을 사용하면서 겨드랑이끌기로 익수자를 운반한다.

(3) 구조자 전면으로 달려드는 익수자 막아내기와 비껴나기

구조자는 무엇이든지 붙잡으려고 하는 익수자의 손이 미치는 범위 안에 들어가는 경우가 많다. 이것은 구조자의 그릇된 판단, 예상치 않았던 물살이나 파도의 힘 또는 구조자 자신의 불의의 동작 등으로 인하여 발생될 수 있다. 그 원인이 무엇이든 간에 구조자가 익수자에게 접근하여 붙잡힐 위치가 되면 붙잡히지 않도록 빨리 무슨 조치를 취하지 않으면 안 된다. 이에 대비하기 위하여 붙잡는 것을 막고(blocking), 또 비껴나는(parrying)방법이 고안되었다.

① 막아내기

구조자가 익수자에게 너무 가깝게 접근한 것을 깨달았을 때에는 팔을 앞으로 쭉 뻗고 익수자의 가슴 상부를 손바닥을 펴서 밀어낸다. 팔을 쭉 편 채 몸을 반전시킨다. 몰론, 익수자는 즉시 구조자의 팔을 잡으려 할 것이다. 그러나 위에서 말한 바와 같이 하면 익수자를 붙잡지는 못할 것이다. 구조자가 자신이 너무 안전하지 못하다고 생각되면 익수자를 그 위치에 그냥 두고 안전한 곳으로 헤엄쳐갈 수도 있을 것이다.

구조자가 단순히 익수자에게 붙잡힌 것을 풀고 떠나기만 원한다면 두 발을 위로 올려 익수자의 어깨나 가슴에 대고 세게 밀어내면(치는 것이 아님) 붙잡힌 팔이 풀릴 것이다.

이것은 훌륭한 구조기술이라고 할 수는 없다. 이런 방법은 구조자 자신이 곤경에 처했을 경우에 한하여 사용하여야 한다. 훌륭한 구조를 하려면 익수자에게 붙잡힌 것을 풀 뿐만 아니라, 익수자를 돌려 수면 위의 수평위치까지 올려서 그를 운반하지 않으면 안 된다.

위에 설명한 바와 같이 익수자가 붙잡는 것을 막아내고 구조를 성공시키려면 자유로운 손으로 익수자의 팔꿈치 윗부분을 그 팔의 안쪽에 엄지손가락을 대고 꽉 움켜잡는다. 그리고 잡고 있는 팔을 빨리 위로 밀어낸다. 그와 같이 하면 익수자에게 붙잡힌 것이 풀릴 뿐만 아니라 동시에 익수자를 돌려놓을 수 있다. 막아낼 때 사용하던 손으로 익수자를 잡고 후방접근에서와 같은 방법으로 수면과 수평으로 끌어올릴 수 있다.

그림 10-16 익수자가 붙잡는 것을 막아내기

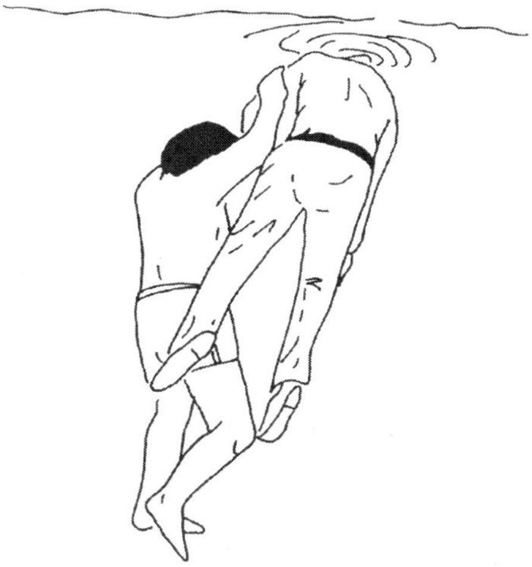

그림 10-17 막아내기와 돌리기

② 비껴나기

익수자가 구조자를 붙잡지 못하게 하면서도 구조목적을 달성할 수 있는 한층 더 기술적인 방법이 피벗(pivot)이다. 이 방법은 익수자가 내민 팔 중에서 한팔의 팔꿈치 바로 위를 엄지손가락 안쪽을 대고 움켜쥐는 것이다. 이것은 왼쪽에서 오른쪽으로, 또는 오른쪽에서 왼쪽으로 된다. 구조자는 자세를 반전시키지 않고 옆으로 돌아 익수자와 대면한다.

익수자의 팔을 빨리 올려 머리 위로 넘기고 익수자 뒤로 가기 위하여 익수자의 겨드랑이밑으로 빠져나와 익수자 뒤로 선회한다. 자유로운 손으로 익수자의 가슴을 붙잡을 때까지는 잡은 팔을 놓지 말아야 한다.

그림 10-18 피벗(선회) 비껴나기

(4) 익수자로부터의 이탈

익수사고시 구조자가 부딪칠 수 있는 가장 나쁜 상태는 익수자에게 붙잡히는 경우이다. 익수자에게 접근하는 방법이 정확하게 잘 되고 모든 상태가 이상이 없다면 구조자가 익수자에게 붙잡히는 경우는 없을 것이다.

그러나 불행히도 잘못 판단하거나, 예기치 않은 상황으로 인하여 그런 결과를 초래할 수도 있다. 거리를 잘못 측정한 경우, 익수자의 불의의 동작, 때로는 물 자체의 운동으로 말미암아 구조자 자신도 알지 못하는 사이에 익수자의 손이 미치는 거리에 도달하여 붙잡히게 되는 경우가 종종 있다.

익수자는 자기를 구해 주려고 간 은인이지만, 구조자를 붙잡게 되면 즉시 본능적으로 머리를 뒤로 젖히고 자기가 도달할 수 있는 가장 높은 곳, 즉 구조자의 머리 위로 올라가려고 애쓴다. 익수자가 구조자의 팔목을 붙잡았다면 계속 위로 올라가려고 할 것이고, 그때에 재빨리 제지하지 않으면 그는 구조자의 머리와 어깨 위로 올라가게 될 것이다. 익수자는 구조자를 붙들게 되면 어떻게든지 수면 위로 그의 머리를 내놓고 공기를 호흡하려고 필사적인 노력을 한다. 익수자가 위로 올라가려고 애쓰는 까닭에 그의 무게로 인하여 구조자의 몸은 수면 아래로 내려가지 않을 수 없게 된다.

미숙한 구조자가 행동을 잘못하기 쉬운 것은 바로 이 경우이다. 그는 전력을 다하여 익수자가 자기를 아래로 누르려고 하는 그 힘에 저항하고 숨을 쉬기 위하여 머리를 뒤로 젖힌다. 그러면 머리와 목 사이에 일정한 각(角)이 형성되어 익수자가 높은 위치에 가기 때문에 구조자를 붙잡고 있는 자세를 지속하기 쉽다.

이때에 구조자가 조금만 현명하다면 익수자의 목적은 오직 수면 위로 올라가려는 것임을 생각해야 한다. 구조자가 고개를 앞으로 기울이고 턱을 안으로 움츠리면 익수자가 올라가려고 몸부림치는 것도 덜하게 될 것이고, 붙잡은 것도 허술해져서 풀기가 쉬워진다.

구조자가 익수자에게 팔목이나 목과 머리를 힘껏 잡히는 경우는 드물지만(대체로 구조자가 모르고 접근할 때 익수자가 발작적으로 붙잡는 결과임), 강력한 지레의 원리를 적용하여 그것을 기술적으로 푸는 방법이 있으나, 이 방법을 사용하는 경우는 극히 드물다. 왜냐하면 이런 방법은 구조자가 머리와 목과 팔을 붙잡혔을 때에 한하여 사용되기 때문이다. 익수자가 어떤 특수한 방법으로 구조자의 두 다리나 허리를 붙잡을 수도 있다.

그러나 익수자가 수면 아래에 있는 한 그것이 구조자에게 별로 불편을 줄 것은 없다. 왜냐하면 물속에 잠겨 있는 익수자의 무게는 그의 부력에 의하여 소멸되기 때문이다. 다시 말하면 익수자가 구조자에 의해 올라가기 시작하지 않는 한 그는 구조자를 아래로 끌어내릴 수는 없다. 그러나 익수자는 대체로 위로 올라가서 구조자의 머리와 어깨 위에 그의 무게를 싣는 까닭에 구조자가 어떤 방법으로든지 익수자에게 붙잡힌 것을 풀지 않으면 머리가 수면 아래에 있게 되어 생명이 위태롭게 될 수도 있다.

① 익수자가 앞에서 목을 끌어안은 경우

'죽음의 붙잡힘'이라고 하는 붙잡힘 가운데서 가장 흔한 것이 구조자자가 익수자에게 앞으로부터 붙잡히는 경우이다. 익수자가 구조자의 머리를 두 팔로 안아잡고 구조자의 머리 위에서 자기 얼굴을 위와 바깥쪽으로 돌리고 두 다리로 구조자의 허리를 둘러감을 수 있다.

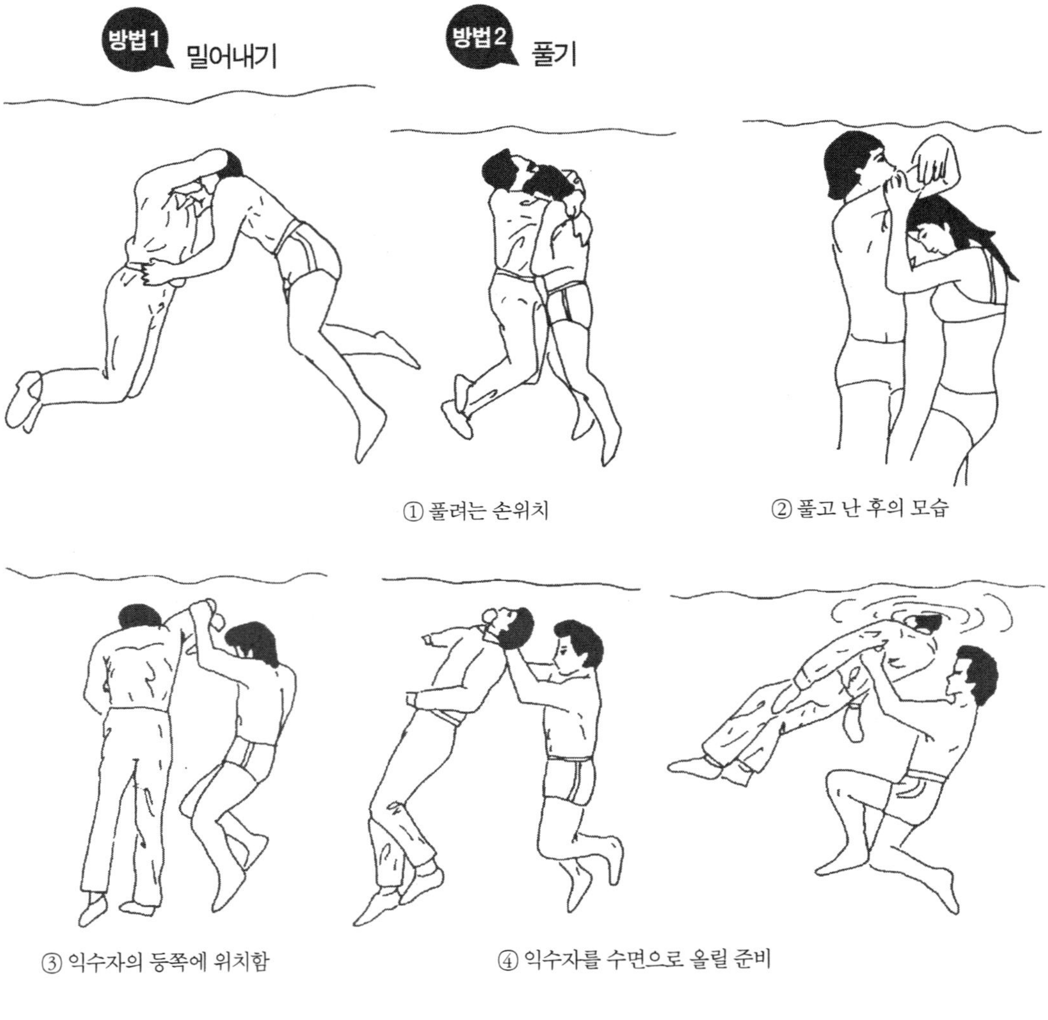

그림 10-19 익수자가 앞쪽에서 목을 끌어안은 경우 푸는 방법

이때에 얕은 물까지의 거리가 몇 m밖에 안 된다든가, 익수자가 작은 아이라면 구조자는 구태여 그것을 풀려고 애쓸 필요는 없다. 이 경우에 구조자는 그 상태에서 평영으로 안전한 곳까지 익수자를 운반할 수 있다. 이 영법으로 익수자의 얼굴에 물이 부딪치는 것을 방지할 수도 있다.

앞쪽에서 머리를 붙잡혔을 경우 푸는 방법은 구조자가 재빨리 숨을 들이쉬고 익수자와 함께 잠수한다. 아래로 내려가면서 두 손으로 익수자의 팔밑부분을 위쪽으로 잡는다. 위쪽으로 힘차게 밀어내면서 턱을 끌어당기고 어깨를 움츠리면 쉽게 벗어날 수 있다. 이때 재빨리 뒤쪽으로 헤엄쳐 물러나서 더 안전한 접근을 시도해야 한다.

② 익수자가 뒤에서 목을 안은 경우

수영자가 다른 수영자나 보트가 전복되어 익수한 사람에게 뒤에서 붙잡힐 경우가 있다. 이런 상황은 실제 구조시에는 발생할 수 없다. 왜냐하면 구조자가 등을 돌려 익수자에게 뒤에서 붙잡힌다는 것은 도저히 생각할 수 없는 일이기 때문이다.

구조자는 익수자의 두 팔이 자기 머리를 감는다고 느끼면 곧 턱을 아래로 당겨서 목을 붙잡히지 않도록 하고 숨을 들이마셔야 한다. 그다음에는 익수자를 끌고 그와

① 손위치　② 지레작용　③ 익수자밑에 있는 상태

그림 10-20 익수자가 뒤에서 목을 끌어안은 경우 푸는 방법

함께 수면 아래로 내려간다. 익수자가 붙잡은 것을 놓으면 구조자는 선회하여 한 손으로 익수자를 잡고 전방 접근에서와 같은 방법으로 익수자를 수면까지 수평위치로 끌어올린다.

붙잡힌 것을 꼭 풀어야 할 때에는 수영자는 한 손으로는 익수자의 전완을 잡고, 다른 손으로는 같은 팔의 팔꿈치를 잡는다. 익수자의 손을 바깥쪽으로 비틀면서 동시에 팔꿈치에 힘을 가하면 익수자가 붙잡은 것을 풀만한 충분한 지레작용이 생긴다. 그때에 팔꿈치에 힘을 조금만 더 가하면 잡힌 것을 풀어 잡힌 팔 아래쪽 뒤로 빠져나올 수 있다.

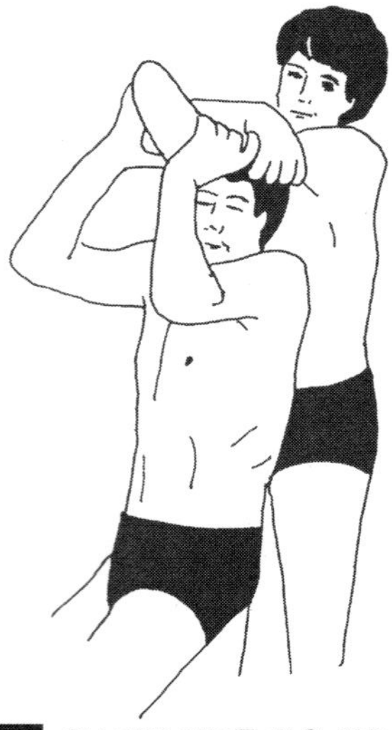

그림 10-21 익수자가 머리를 잡은 경우 푸는 방법

뒤에서 머리를 잡힌 구조자는 재빨리 턱을 아래로 당기고 옆으로 돌려 숨을 들이쉰다. 익수자와 함께 잠수한 후 익수자의 양쪽 팔꿈치밑으로 손을 가져간다. 턱을 안쪽으로, 팔을 힘차게 위쪽으로 밀어내어 머리를 빼내고 익수자를 뒤로 멀리 밀어낸다. 이때 구조자는 익수자로부터 떨어져 나와 어떤 구조방법을 사용할지 결정해야 한다.

③ 잡힌 팔목 풀기

구조자가 익수자에게 접근할 때 마지막 스트로크가 익수자와 너무 가까워 익수자가 구조자의 손이나 팔을 잡는 경우가 흔히 있다. 이 때 익수자의 팔을 끌어당겨 머리를 잡지 못하게 하려면 매우 민첩한 동작을 취해야 한다.

구조자는 익수자에게 팔목을 잡히면 곧 그의 위치를 반전시켜 잡히지 않은 쪽 손으로 익수자가 내민 팔위로 익수자의 반대쪽 팔목을 잡는다. 야구배트나 테니스라켓을 잡는 식으로 엄지손가락이 밖으로 가게 팔목을 잡고 팔로 익수자의 뻗친 팔을

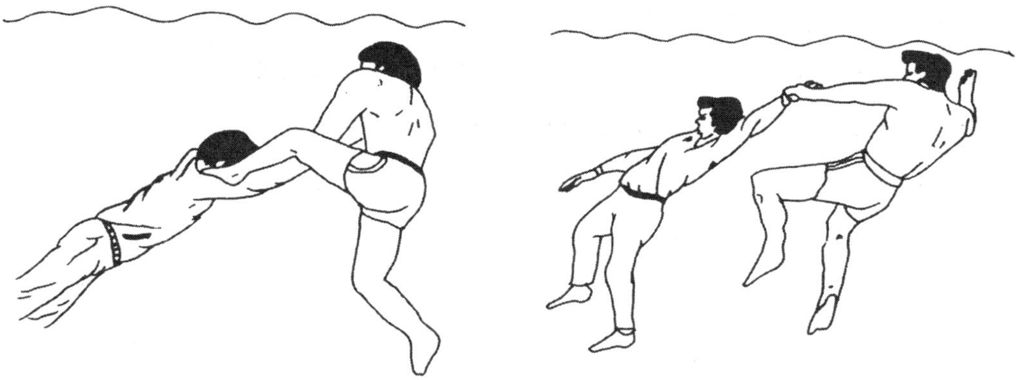

그림 10-22 익수자가 팔목을 잡은 경우 푸는 방법

내리누르면서 물속으로 가라앉는다. 이와 동시에 반대쪽 발을 위로 올려 익수자의 팔목이 목밑에 오도록 하고, 구조자의 발바닥을 익수자의 어깨에 가져다 댄다.

그리고 팔목을 단단히 잡고 다리를 뻗쳐 익수자를 뒤로 민다. 그렇게 하여 팔목이 풀리면 다리를 가위차기 준비동작을 하면서 팔을 당겨 한 바퀴 완전히 틀어 돌린 다음 수영자세를 취하고 가위 킥을 세게 하여 익수자 뒤쪽으로 헤엄쳐 나온다.

(5) 익수자끼리 맞잡고 있을 때 떼어놓기

수영을 하지 못하는 두 사람이 깊은 곳에 빠지거나, 한 사람이 미끄러져 균형을 잃으면 다른 사람을 끌고 들어가는 경우도 있다. 또는 빠진 사람을 도와주려고 하다가 잘못하여 끌려들어가기도 한다. 이런 경우에는 비록 헤엄을 잘 치더라도 인명구조훈련을 받지 않으면 빠진 사람에게 붙잡혀 곤경에 처하게 된다. 이러한 경우 결과는 모두 비슷하다.

익수자를 구조하기 위해서든, 그렇지 않든 간에 익수자에게 붙잡히기만 하면 서로 수면 위에 떠오르려고 하여 결국 두 사람 모두 지쳐서 물속으로 가라앉아 생명을 잃게 된다. 이런 경우에 구조자는 그 두 사람을 떼어놓고, 우선 그중의 한 사람만을 먼저 끌어내야 한다. 구조자가 이런 사고를 당하게 되면 더 위험한 익수자부터 구출하고, 수영을 할 수 있는 익수자는 자기 힘으로 헤엄쳐 나오게 한다. 두 사람을 동시에 구해낼 수 있는 효과적인 방법은 없다.

이런 경우에 두 사람을 떼어놓고 구출하는 방법은 다음과 같다. 구조자는 서로 붙잡고 있는 두 사람 중에서 한 사람의 등 뒤로 헤엄쳐간다. 그리고 두 손으로 한 사람의 겨드랑이를 잡고, 한쪽 다리를 다른 익수자의 목 바로 밑쪽 가슴에 댄다. 그리고 아래로 누르면서 다리를 편다(발로 걷어차면 안 된다). 이와 동시에 겨드랑이를 잡은 익수자를 끌어올리면서 위로 당겨 두 사람을 떼어놓는다.

두 사람이 떨어지면 곧 배영으로 운반자세를 취한다(다리는 가위킥이나 평영 킥). 먼저 구조한 익수자를 안전한 곳까지 운반한 다음 곧 남아 있는 익수자에게로 돌아간다. 만일 다른 구조자가 있으면 그가 남아 있는 익수자를 도와주게 한다.

① 한 익수자의 양쪽 겨드랑이를 잡는다.

② 다른 익수자의 가슴을 밀어 떼어낸다.

③ 배영으로 운반할 자세를 취한다.

그림 10-23 **익수자끼리 맞잡고 있을 때의 구조방법**

7) 익수자의 운반

익수사고는 대개 깊은 물에서 발생한다. 그러므로 익수자에게 접근하거나 익수자가 잡은 것을 떼어놓은 다음에는 익수자를 육지까지 운반해야 한다. 즉 구조자가 익수자를 끌며 수영을 해야 하므로 수영하기가 자유롭지 않다. 또 익수자를 붙잡고 있어야 하므로 한쪽 또는 양팔을 쓸 수 없게 된다. 따라서 사용할 수 없는 한쪽 팔 또는 양쪽 팔을 보충하기 위하여 특별한 방법을 써야 하므로 보통 수영법으로는 안 된다는 것을 알 수 있다.

구조자는 자기 자신과 익수자 두 사람의 무게를 주로 다리 힘에 의한 수영으로 운반해야 한다. 따라서 익수자 운반에 가장 적합하고 효과적인 수영법을 선택하여 그 수영법을 이용한다. 인명구조법을 배우는 사람들은 우선 이 수영법을 습득하여야 한다.

(1) 효과적인 익수자 운반방법

익수자 운반에는 여러 가지 방법이 있지만, 그중 오랜 경험을 통하여 실증된 효과적인 방법은 네 가지이다. 운반에 필요한 몇 가지 요소를 생각해 보면 그 이유를 쉽게 이해할 수 있을 것이다.

익수자를 효과적으로 운반하려면 다음과 같이 하여야 한다.

» 익수자의 얼굴이 항상 수면 위에 오게 한다.

» 익수자가 항상 수평 또는 수평에 가까운 자세를 취하게 한다.

» 구조자가 익수자의 몸을 마음대로 조정할 수 있어야 한다.

» 구조자는 그의 몸이 항상 익수자의 몸과 밀접하게 접촉하면서 마음대로 수영동작을 할 수 있어야 한다.

(2) 익수자 운반에 사용되는 영법

익수자 운반시에는 다음의 세 가지 영법이 많이 사용되므로 이 영법들을 힘이 있고 조화가 잘 될 때까지 반복하여 연습한다.

» **횡영** : 한 방향으로 누워서 팔 당기기와 가위차기 및 평영 킥

» 반대 방향으로 팔 당기기와 가위차기 및 평영 킥

» **기본배영** : 누운 자세에서의 가위차기(변형 포함) 및 평영 킥

(3) 익수자 운반법(수중운반)

① 셔츠칼라잡이 운반법

이 운반법은 익수자의 셔츠나 옷의 등쪽 칼라를 잡아 운반하는 방법이다. 익수자의 호흡을 방해하지 않기 위해여 목이 약간 느슨하도록 손바닥을 아래로 하여 잡는다.

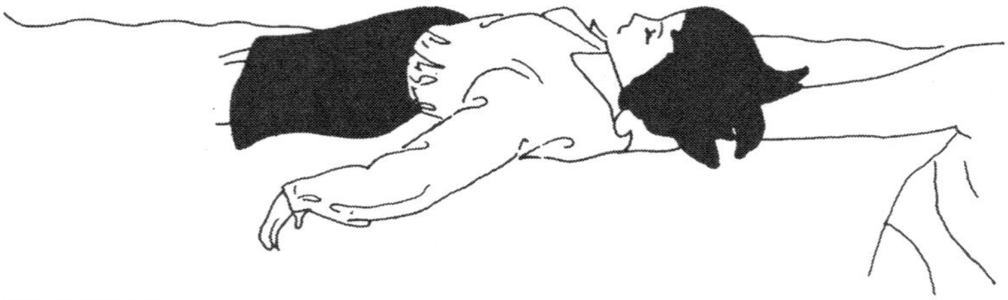

그림 10-24 셔츠칼라잡이 운반법

② 가슴잡이 운반법

익수자 운반법 중에서 가슴잡이 운반법이 구조자나 익수자에게 가장 만족할만한 운반법이다. 이 운반법으로 익수자를 운반하면 구조자가 익수자를 어느 방법보다도 가장 마음대로 운반할 수 있다. 또한 익수자는 구조자에게 완전히 접촉되어 있고, 구조자 팔에 단단히 안겨 있으므로 안도감을 갖게 된다. 이 운반법은 운반거리가 멀지 않은 경우에 많이 이용되며, 몸부림을 치고 공포심을 가진 익수자를 운반할 때에는 반드시 이 방법으로 운반해야 한다.

가슴잡이 운반법은 다음과 같다. 구조자는 익수자의 등뒤에서 익수자의 어깨 위로 한 팔을 넘겨 가슴 위로 반대쪽 겨드랑이밑을 잡는다. 그리고 익수자를 밀착시키기 위하여 돌려감은 팔을 당긴다. 이와 동시에 옆으로 돌아 엉덩이가 익수자의 허리 바로 밑에 오게 한다.

그리고 횡영의 정식가위차기 또는 변형가위차기 자세로 얕은 긁기를 하여 헤엄쳐 나온다. 변형가위차기로 운반할 때에는 익수자가 어느 정도 엉덩이 앞으로 오게 되어 구조자는 약간 배영 자세를 하게 되며, 얕은 긁기 스트로크의 거리는 정식가위차기보다 짧다.

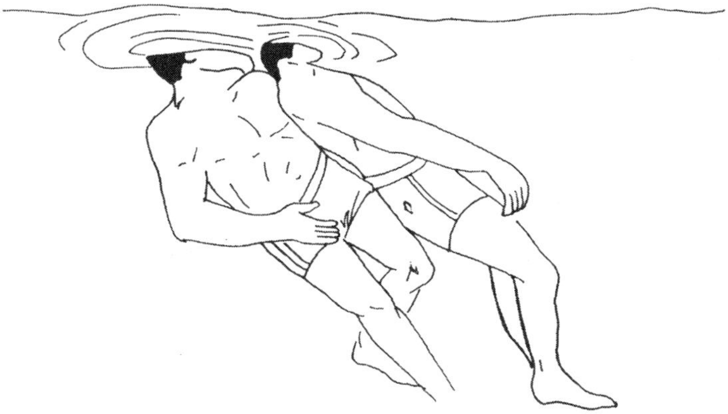

그림 10-25 가슴잡이 운반법의 수중자세

③ 머리잡이 운반법

머리를 잡고 운반하는 방법은 구조자들이 그리 좋아하는 방법이 아니다. 그 이유는 배영자세로는 다른 수영자세와 같이 힘있게 헤엄치는 것이 불편하며, 이 운반법에 익숙해질 때까지는 수영을 하여 두 사람의 체중을 끌고가는 데 자신이 없기 때문이다. 그러나 구조자들이 기초적인 스트로크만 충분히 체득하고 있으면 자신을 가질 수 있는 운반법이며, 변형가위차기 또는 평영차기로 충분히 익수자를 끌고 갈 수 있다.

머리잡이 운반법은 주로 파도가 있는 수중에서 구조할 때 이용된다. 구조자가 육지를 향하여 헤엄칠 때 높은 파도에 둘러싸이면 머리잡이 운반법으로 자세를 변동하면서 앞으로 오는 파도를 보고 시간을 맞추어 그 자신의 머리와 익수자의 머리가 파도 위로 오게 팔을 당겨올리며 물을 찬다.

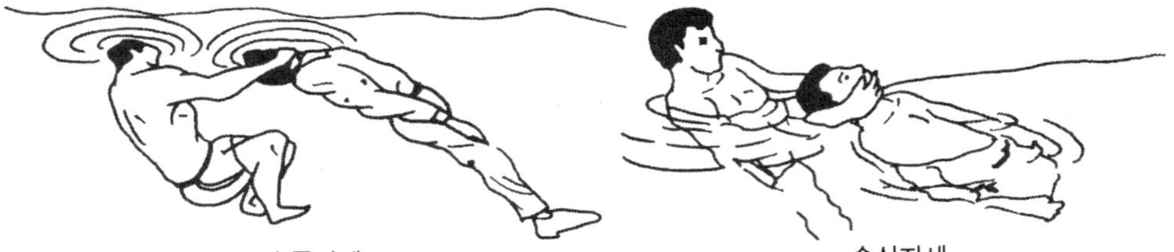

그림 10-26 머리잡이 운반법

④ 양쪽 겨드랑이 운반법

이 운반법은 양손을 익수자의 겨드랑이 사이에 끼워 겨드랑이를 받쳐들고 누워서 운반하는 방법이다.

(4) 피로한 수영자 운반법

이 운반법은 수영자가 대단히 피로하여 스스로 수영하기 어려운 경우 그를 돕기 위한 운반법이다. 이런 상황은 두 사람이 나란히 헤엄을 칠 때 일어나는데, 경우에 따라서는 자기 힘을 과대평가하여 장시간 수영하다가 발생할 수도 있다. 원거리 수영을 하던 동료가 피로하여 헤엄을 못치게 되면 곧 그에게로 접근하여 힘을 절약할 수 있는 가장 편안한 방법으로 도와 헤엄쳐 나오게 한다.

① 첫째 방법

구조자가 피로한 수영자에게 접근하여 수영자가 얼굴을 위로 하여 수면 위에 떠 있게 한다. 그런 다음 피로한 수영자에게 정면으로 접근하여 수영자의 두 팔이 구조자의 어깨에 닿도록 팔을 뻗게 한다.

그리고 피로한 수영자가 다리를 벌리고 구조자의 얼굴을 바라보게 한다. 이런 자세를 취하게 한 다음 평영으로 헤엄쳐 나간다(그림 10-27).

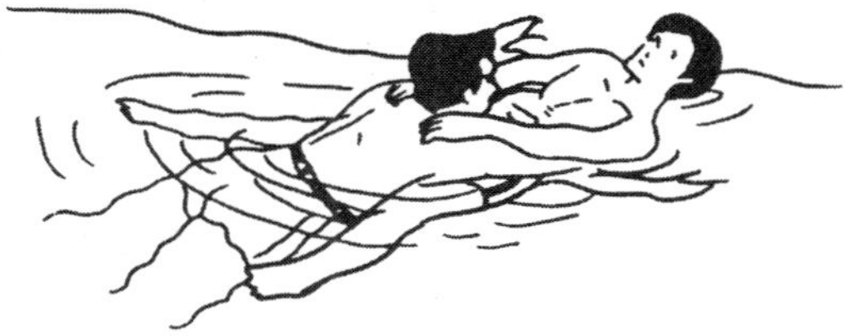

그림 10-27 피로한 수영자 운반

② 둘째 방법

피로한 수영자에게 접근하여 얼굴을 위로 하여 떠 있게 한다. 그런 다음 피로한 수영자 측면에서 팔을 뻗어 피로한 수영자의 겨드랑이를 엄지손가락이 위로 가게 붙잡는다. 그리고 변형가위차기 또는 변형 평영으로 전진한다.

③ 셋째 방법

피로한 수영자를 돕고 있을 때, 제2의 구조자가 반대쪽 겨드랑이를 잡음으로써 더 큰 도움을 줄 수 있다. 이때 제2의 구조자는 처음의 구조자의 지시에 따라야 한다.

(5) 익수자 부축방법

구조자가 익수자를 운반할 수 없거나 운반할 필요가 없는 경우가 있다. 예를 들어 구조자가 도크나 부두의 협수로에 뛰어든 경우이다. 이런 경우에 구조자는 다른 사람의 도움을 받지 않고는 자기 자신 또는 익수자를 빠져나오게 할 방법이 없다. 이때에 구조자는 익수자에게 접근하여 도와줄 사람이 올 때까지 익수자를 수면 위에 떠 있게 부축한다. 그리고 익수자를 운반하려고 애쓰지 말고 도와줄 사람 또는 보트가 접근해 올 때까지 익수자를 수면 위에 떠 있게 하여 힘을 아낄 수밖에 없다.

이때에 익수자를 다루는 가장 간단한 방법은 익수자를 가슴잡이 운반법의 방법으로 잡고 협조자가 올 때까지 가장 힘이 안 드는 동작으로 수평자세를 유지하고 떠 있는 것이다.

그림 10-28 익수자 부축방법

(6) 얕은 물에서 운반(육상운반법)

익수자 구조는 구조자가 설 수 있는 수심에 도달하거나 풀 가장자리나 부판(浮版)에 도달한 것으로 끝나는 것이 아니다. 이런 장소까지 오는 동안 익수자는 비록 의식을 완전히 잃지 않더라도 극도로 피로하여 혼자 일어설 수 없거나, 안전한 곳까지 가는 데 도와주어야 할 경우가 많다.

가장 효과적이고 신속한 방법으로 이에 대처하기 위하여 얕은 물에서 운반법과 수중에서 도움을 받지 않고 익수자를 들어올리는 방법이 있다.

① 어깨 운반법

구조자는 수심이 가슴 정도인 곳에 도달하면 일어서서 익수자를 구조자앞으로 돌려 물에 떠 있게 한다. 그리고 익수자의 허리옆에 서서 한쪽 손을 목밑에 대고 다른 손은 안쪽 다리를 거쳐 바깥쪽 다리 무릎밑으로 가져간다. 그런 다음 허리를 편 채 물속에 웅크려 앉으면서 머리를 숙인다. 이와 동시에 익수자를 어깨 위에 올려놓고 즉시 다리를 펴서 일어선다(익수자의 허리가 목뒤로 오게 하여 체중을 양쪽으로 고르게 분산시키며, 한쪽으로 미끄러지거나 균형을 잃지 않도록 주의해야 한다). 그리고 다리 사이에 들어간 손으로 익수자의 팔을 잡고 걸어나온다.

물가의 적당한 장소에 이르면 익수자를 지면에 내려 놓는다. 익수자를 내려 놓을 때는 익수자의 머리쪽에 있는 무릎을 끓고, 다른쪽 다리를 앞으로 뻗는다. 그리고 잡고 있던 팔목을 놓고 다른 손을 그 팔목을 잡고 익수자의 다리 사이에 있던 손을 빼서 익수자의 양다리에 돌려 감는다. 그리고 한 번에 익수자의 몸을 앞으로 돌리면서 앞으로 몸을 숙여 지면에 뻗친 다리 위에 내려놓는다. 이렇게 하는 동안 목뒤에 있는 익수자의 팔은 계속 단단히 잡고 있어야 한다. 그리고 익수자를 반 앉은 자세를 취하게 하고, 한쪽 손으로 익수자의 목뒤를 받치고 머리부터 서서히 지면에 내려놓는다.

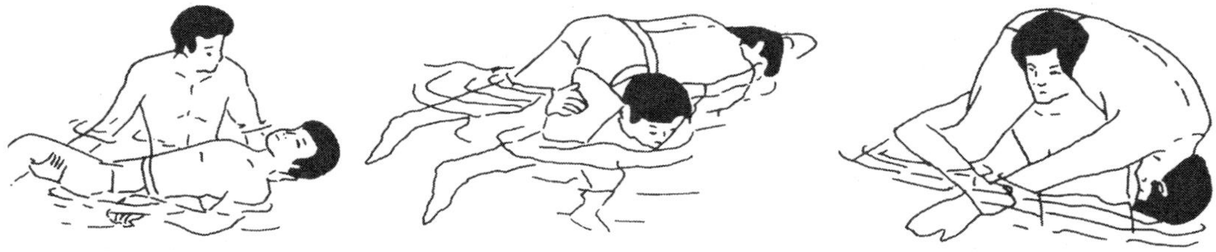

그림 10-29 어깨 운반법

② 등 운반법

등 운반은 익수자의 체중이 구조자의 엉덩이 바로 위에 걸리게 하여 운반하는 방법이다. 이 운반법은 무게중심이 밑으로 내려오므로 어깨 운반법에 비하여 힘도 덜 들고 균형을 잃을 염려도 적다. 따라서 이 운반법은 체중이 무거운 익수자를 운반할 때 적합하다.

이 운반법은 구조자가 허리정도 깊이의 물에 서서 익수자를 수평자세로 한다. 그런 다음 익수자의 머리쪽을 보게 익수자옆에 서서 바깥쪽 손으로 익수자의 먼쪽 팔목을 잡아 위로 올려 구조자의 어깨 위에 둔다. 이와 동시에 안쪽 손으로 익수자의 어깨 부근을 돌려 잡는다. 그런 다음 익수자에게로 등을 돌려 대면서 팔목을 잡았던 손을 익수자의 양다리 무릎을 뒤로돌려 잡는다. 이렇게 하면 익수자의 몸이 구조자의 엉덩이 바로 위에 오게 된다.

다음에는 익수자의 어깨밑에 있는 손을 앞으로 움직여 익수자의 목밑에 댄다. 이렇게 하면 익수자의 머리가 물에 닿지 않게 할 수 있다. 이 자세로 걸어 나온다. 육지에 도달하면 발끝은 세우고 양무릎을 끓고 앉으면서 익수자를 지면에 내려놓는다.

그림 10-30 등 운반법

(7) 물에서 끌어올리는 방법

구조자는 혼자서 익수자를 풀의 가장자리나 부판 위로 끌어올려야 할 경우가 있다. 익수자가 움직일 수 없거나 수심이 가슴 이상인 때 익수자를 끌어올리는 방법은 언제나 같다.

구조자는 익수자를 풀이나 부판의 변두리까지 끌고 가서 그 가장자리를 붙잡게 한다. 구조자는 항상 익수자의 머리가 수면 위에 있게 하며 그의 손을 잡아 데크(deck) 위에 올려놓고 그 손을 잡는다. 다음에는 다른쪽 손을 잡고 처음 손위에 올려놓는다. 그리고, 한쪽 손으로 겹쳐놓은 익수자의 손을 덮어 잡은 후 익수자의 양팔을 양손으로 나누어 잡고 물에서 추켜 올릴 준비를 한다. 곧이어 익수자의 손목을 잡고 일어서면서 익수자의 몸을 데크 위로 올린다.

익수자의 머리와 가슴이 먼저 갑판(데크) 위에 올라오게 하여 한쪽 손으로 잡고 다른 손으로 익수자의 다리를 들어올린다. 이때 익수자가 다치지 않도록 주의해야 한다.

구조자가 구부렸던 다리를 펴면서 익수자를 끌어올릴 때 상체를 뒤로 젖히면 안 된다. 이렇게 하면 미끄러질 염려가 있다. 구조자의 다리가 플랫폼이나 부판밑으로 들어가 구부러지게 하면 안 된다.

익수자를 물에서 끌어올릴 때 익수자의 몸이 긁히지 않게 주의하여야 한다. 이 방법은 물에서 익수자를 잡아끌어올리는 기술을 배운 다음 거듭 연습하여 익숙해지는 수밖에 없다.

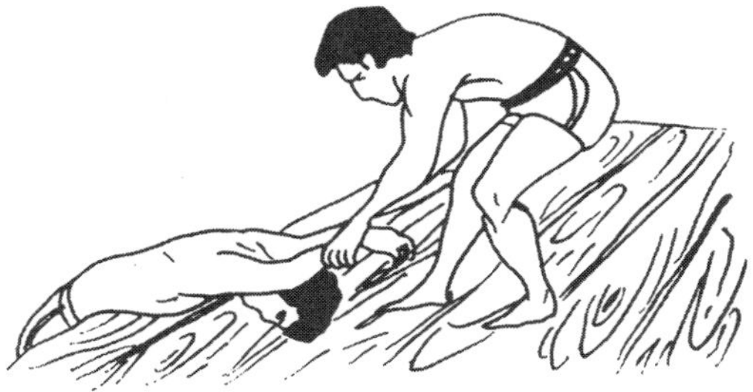

① 상체를 끌어올림

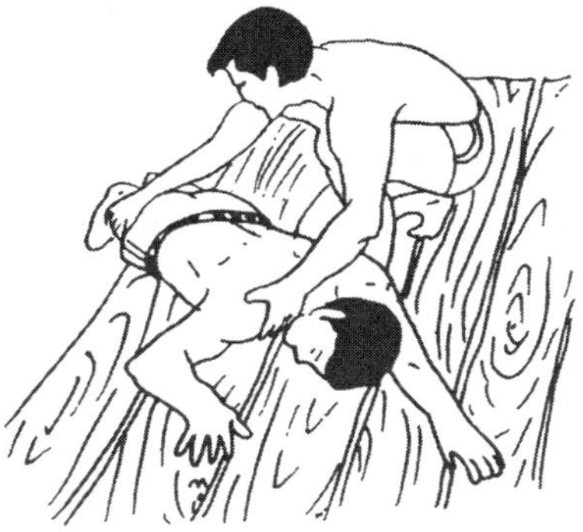

② 다리를 끌어올림

그림 10-31 데크(deck)에 올리는 방법

3. 구급소생법

익수자를 발견하여 구조한 후 안전한 장소로 옮기자마자 구급처치를 한다. 옮기기까지 상당한 시간이 경과해 버린 경우에는 물속에서 바로 구급처치를 실시할 필요가 있다.

구급처치에서 가장 중요한 것은 얼마나 신속하고 또 얼마나 정확하게 심폐소생술을 실시하는가에 있다. 심폐소생술은 특별한 기구와 약제를 이용하지 않으며 의사, 간호사, 구급대원뿐만 아니라 스포츠지도자를 포함한 일반인도 실시할 수 있는 1차응급처치(basic life support)와 전문 의료진이 각종 기구나 약제를 이용하여 병·의원에서 실시하는 2차응급처치(advanced life support)로 분류된다. 물에 빠진 사람의 응급처치를 현장에서 처음 실시하는 것은 수영지도자와 수영장의 관계자 또는 일반시민이다. 따라서 1차응급처치법을 습득해 둘 것이 필요하다. 구급법의 A, B, C, D, E, F라는 약어는 구급의학의 분야에서는 이미 상식화되어 있다(표 10-1). 1차 구명처치는 이중 A, B, C를 말한다. 요컨대 기도를 확보해서 호흡을 보조하여 심장마사지를 하는 심폐소생술의 순서를 나타내는 것이다.

표 10-1 심폐소생술의 순서

A-airway(기도확보)
B-breathing(인공호흡)
C-circulation(심장마사지)
D-drugs(약제투여)
E-electrocardiogram(심전도검사)
F-fibrillation treatment(제세동)

1) 익수자의 체크

익수자에 대해 어떤 응급처치를 실시해야 할 것인가를 결정하려면 먼저 익수자의 상태를 체크해야 한다.

우선 의식이 있는지를 확인한다. 아무 반응도 없다면 위험한 상태이므로 기도를 확보하지 않으면 안 된다. 눈만으로 식별하기 어려울 때는 가슴과 배에 손을 대어 본다. 그리고 나서 호흡상태를 체크한다. 정상적인 호흡은 1분 동안 성인은 20회, 소아는 30회 정도이다. 만약 호흡을 하고 있어도 횟수가 많고 끊임없이 괴로운 듯한 호흡을 하거나 코를 고는 것같이 호흡하고 있다면 위험한 상태이다. 호흡이 멈춘 상태라는 것이 확인된다면 바로 마우스 투 마우스 인공호흡을 한다. 그 후에는 목이나 손목에 손을 대고 맥박이 뛰는지 확인하는데, 유아는 심장에 직접 손을 대고 맥박을 잰다. 정상적인 맥박은 1분동안 성인은 60~80회, 소아는 100회 정도이다. 맥박이 있어도 정상치와 차이가 많거나 불규칙할 때에는 주의를 요한다. 맥이 뛰지 않을 경우에는 서둘러 심장마사지를 해야 한다.

이외의 신체에 큰 외상이나 출혈부위는 없는가, 신체가 어느 정도 차가워졌는가 등을 본다(그림 10-32). 큰 출혈이 있다면 그 부분을 압박하며, 넥타이, 벨트, 손수건 등을 지압대 대신으로 이용하도록 한다. 또, 익수자의 발견장소, 시각, 구급처지의 개시시각 등을 확인해 가까운 사람에게 메모해 두도록 한다.

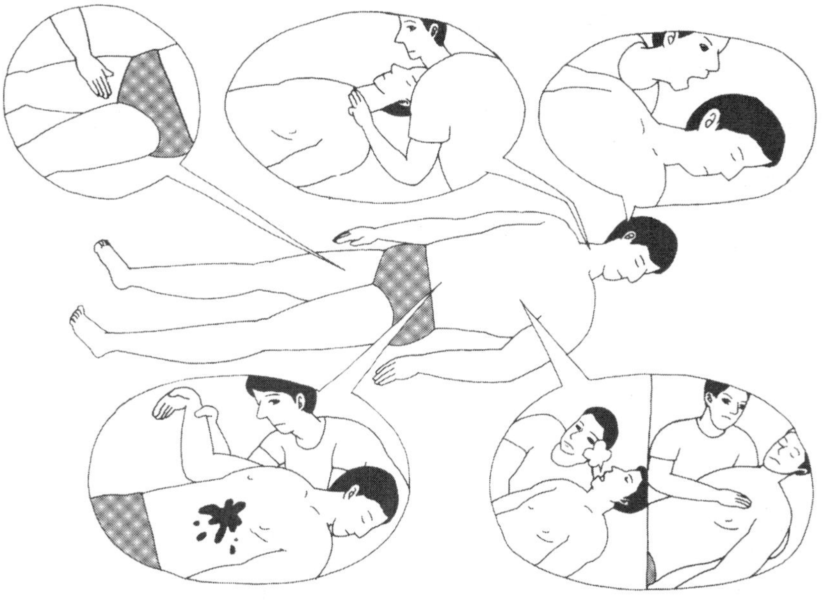

그림 10-32 익수자의 체크 포인트

2) 기도확보

기도를 확보하는 것은 구급처치에서 첫단계로, 의외로 어렵기 때문에 기도확보가 불충분한 상태로 인공호흡을 하여 위 내에 대량의 공기가 채워지면 구토와 오음(誤飮)을 일으킬 경우가 많다.

물에 빠졌을 때 먼저 물을 토하는 것이 좋다는 것은 잘못된 상식이다. 의식과 호흡을 확인되면 즉시 기도를 확보하여 인공호흡을 하는 것이 바른 처치이다. 위 내에 고여 있는 물은 거의 무해한 것으로서 의료시설에 수용 후 제거해도 결코 늦지 않는다. 흡입장치도 없는 곳에서 익숙하지 못한 사람이 의식불명인 익수자에게 물을 내뱉도록 하면 오히려 위의 내용물이 폐로 옮겨져 폐렴을 일으킬 위험이 있다.

입안에 물이 들어 있으면 몸을 한 번만 옆으로 돌려 물이 나오게 한다. 이어서 두부를 후굴(경추의 신전)하여 기도를 확보한다. 즉 한쪽 손(잘 쓰는 손의 반대쪽)을 머리 뒤로 넣고 가볍게 들어올려 다른 쪽 손(잘 쓰는 손)은 전액부에 대어 가볍게 밀어 넣는다. 경추와 경수손상이 의심될 경우에는 경추의 신전자세는 위험하기 때문에 아래턱을 들어올려 기도확보를 한다. 이같은 조작에 의해 기도를 폐쇄하고 있는 설근(혀뿌리)이 올라가 기도가 열린다(그림 10-33). 일단 기도가 확보된 후 다시 타월과 양복 등을 접어 머리 밑에 붙이고 고정시킨다.

① 의식이 없으면 설근이 내려앉아 기도를 폐쇄한다. ② 경부후굴(척추과신전)을 함으로써 기도가 열린다.

그림 10-33 기도확보

3) 인공호흡

• 마우스 투 마우스 호흡법(mouth to mouth)

두부후굴로 기도를 확보하면서 전액부에 댄 손의 엄지와 검지로 익수자의 코를 잡고 숨을 크게 들어 마셔서 크게 입을 열고 익수자의 입을 막고서 숨을 불어넣는다. 충분히 불어넣은 후 덮고 있던 입을 떼면 익수자의 호기는 흉곽의 탄성에 의해 수동적이 된다. 자신의 호기가 상대의 흉곽을 멋지게 부풀어오르게 하고 있는지를 관찰하면서 실시하는 것이 중요하다.

〈성인의 경우〉

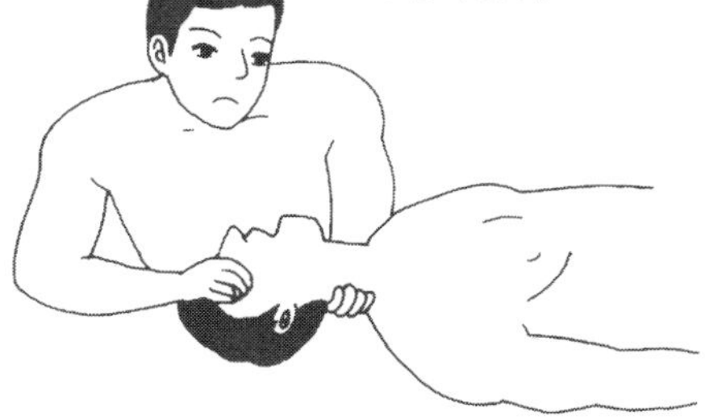

①
익수자를 위로 하고 머리를 후굴하여
기도를 확보한다.

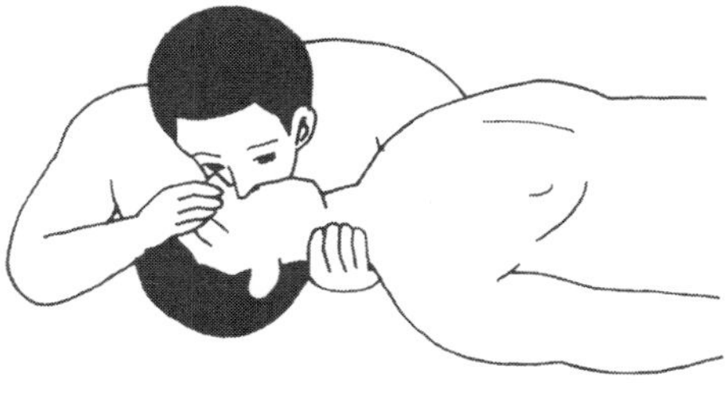

②
오른손 엄지손가락과 인지로 익수자의 코를 잡고 크게 입을
벌려 익수자의 입을 막아 익수자에게 공기를 불어넣는다.

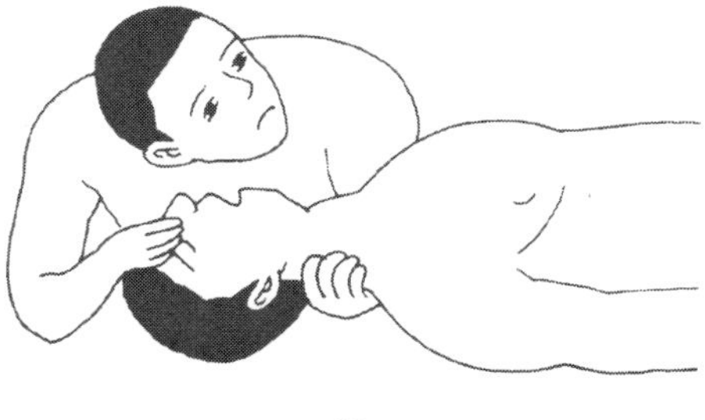

③
익수자의 흉부의 움직임을 확인하면서 귀는
내쉬는 숨의 흐름을 조사한다.
②, ③을 5초에 1회씩 되풀이한다.

〈유아의 경우〉

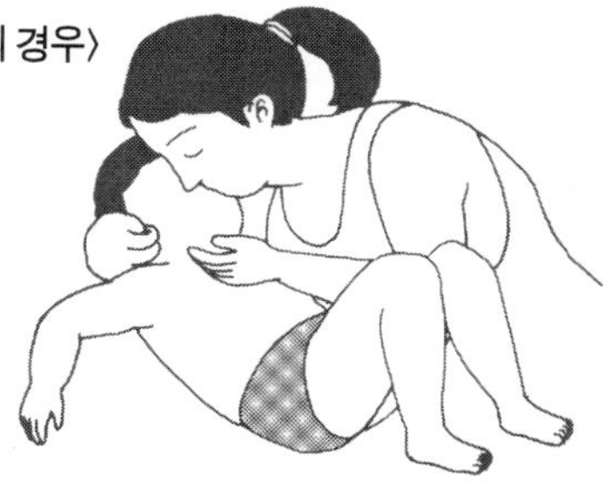

코와 입을 함께 막고 가볍게 호기를 불어넣는다. 흉부가 움직이면 숨을 내쉬게 한다. 이것을 3초에 1회씩 되풀이한다.

그림 10-34 마우스 투 마우스 인공호흡법

최초의 2회는 사이를 두지 말고 불어넣기를 되풀이 한 후 동공의 크기를 관찰하는데, 좌우 동공이 극단적으로 크게 열려 있을 때에는 위험한 상태이다. 맥박을 느낄 수 있는가를 확인한다. 맥박이 느껴지면 마우스 투 마우스 호흡하는데, 5초에 1회 비율로 1회에 800ml를 계속해서 불어넣는다. 만일 맥박이 느껴지지 않거나 동공이 확대되어 있다면 심장마사지를 병행해야 한다. 유아는 3초에 1회 가볍게 불어넣는다. 또 코와 입을 동시에 덮고 호기를 불어넣는다(그림 10-34).

마우스 투 마우스법의 최대 단점은 타인의 입에 직접 입을 댄다는 것에 대한 심리적 저항이지만 손수건과 타월 등을 사이에 둠으로써 해결할 수 있다. 4번 접은 손수건을 통해서도 공기를 충분히 불어넣을 수 있고, 효과도 전혀 변하지 않는다고 한다.

마우스 투 마우스법 외에 가슴누르기나 등누르기의 인공호흡법도 있지만, 가장 효과적인 것은 마우스 투 마우스 호흡법으로 알려져 있다. 그러나 독극물이나 약물을 복용한 경우에는 감염될 수 있으므로 등누르기나 가슴누르기를 사용한다.

4) 심장마사지

경동맥의 맥박이 뛰지 않고 동공이 확대되어 있는 경우에는 심장이 정지되었다고 판단하여 심장마사지를 실시한다. 이때 인공호흡도 반드시 병행해야 한다. 심장정지 상태는 생리학적으로 심장정지 · 심실세동 · 심실성빈박 등이 있는데, 어느 경우에도 맥박을 느껴지지 않는다면 심장마사지가 필요하다.

일반적으로는 폐흉식 심장마사지법을 이용하는데, 흉골과 척추에서 심장을 압박함으로써 순환하게 하는 것으로 먼저 익수자를 단단하고 편평한 곳에 눕혀 두는 것이 중요하다. 실시자는 익수자의 곁에 위치해서 양팔꿈치를 뻗어 흉골 아래 1/3 아래 지점에 양손바닥을 겹쳐 손바닥 중심에 힘을 주고 압박한다. 이때 실시자의 어깨가 익수자의 흉골 위에 올 정도로 몸을 앞으로 내밀어 실시한다. 흉골이 3~4cm 가라앉을 정도로 리드미컬하게 압박하여 힘을 뺀다.

힘을 뺄 때에도 손을 흉벽에 둔 채로 한다. 손바닥 전체를 흉벽에 대거나 흉골상에서 좌우로 빗나가거나 하면 늑골골절을 일으키기 쉽고, 압박이 흉골의 검상 표기부에 가해지면 간손상을 일으킬 수 있으므로 위치를 잘 잡아 압박하는 것이 중요하다(그림 10-35). 성인은 1초에 1회의 리듬(1분간 60~80회 정도)으로, 때때로 경동맥을 만져서 진단하고 효과를 확인하면서 실시한다(표 10-2).

표 10-2 심장마사지의 체크 요점

1. 익수자의 몸의 밑은 딱딱한 평면인가?
2. 손바닥 위치는 바른가?
3. 팔꿈치는 쫙 펴있는가?
4. 어깨의 위치가 익수자의 흉골 위에 있는가?
5. 체중을 두고 있는가?
6. 힘을 뺄 때, 흉벽에서 손을 떼고 있지 않나?
7. 1초에 1회의 리듬으로 하고 있는가?

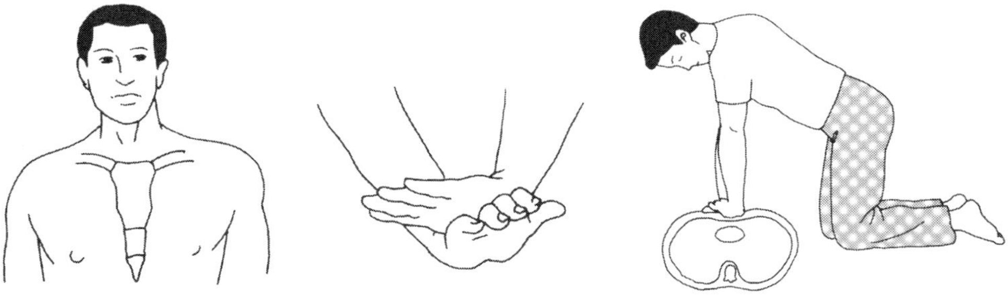

① 압박위치(흉골 아래 1/3 지점)

② 손의 형태

③ 심장마사지의 실제(양팔꿈치를 펴고 어깨가 상대의 흉골 바로 위에 오듯 바로 밑을 향해서 압박한다)

그림 10-35 폐흉식 심장마사지

신생아는 양손으로 흉곽을 잡은 듯이 해서 양쪽 엄지손가락으로 마사지한다. 유아는 한 손을 등쪽에 놓고, 다른 쪽 손의 인지와 중지로 마사지를 실시한다(그림 10-36). 압박이 너무 세지 않도록 주의하여 실시한다. 실시횟수는 1분간 100~120회 정도로 성인보다 여러 번 실시한다.

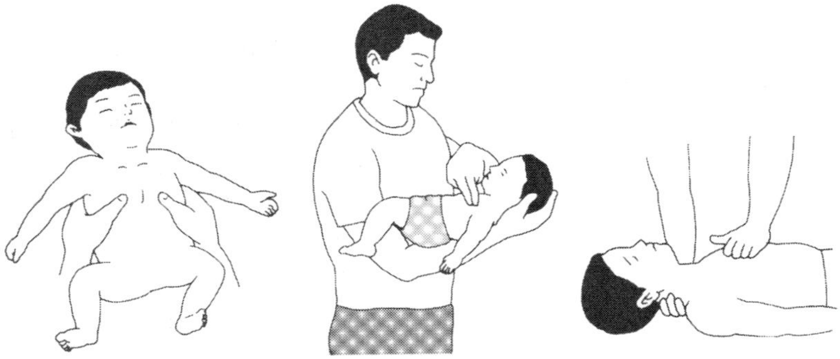

그림 10-36 소아의 심장마사지

응급처치를 혼자서 실시해야 할 경우라면, 처음 2회의 불어넣기에 이어서 심장마사지 15회, 그리고 이어서 2회의 불어넣기를 한다. 2사람이 행하는 경우는 익수자를 사이에 두고 마주보는 형태로 위치하여 한사람이 심장마사지를 5회 실시하면 다른 한 사람이 인공호흡을 실시하는 리듬을 되풀이한다(그림 10-37).

이상과 같은 순서와 방법으로 최저 30분간을 계속해야 하지만, 노르웨이의 얼음호수에서 20분간 물에 빠져 있었던 사람이 소생했다는 예가 있으므로 단념하지 말고 깨어날 때까지 전문가에게 넘겨줄 때까지 계속해야 한다.

스스로 호흡을 시작하거나, 박동이 다시 뛰기시작하거나, 얼굴이 붉어져 온다든가, 눈과 입을 움직이는 등은 다시 깨어나고 있다는 증거로 모두 얼굴에 나타나기 때문에 실시자는 익수자의 얼굴을 끊임없이 살펴보아야 한다. 완전히 깨어난다고 해도 급히 움직여서는 안 된다. 깨어난 후에는 약간의 차나 커피 등을 마시게 하는 것도 좋다.

〈두 사람이 하는 경우〉

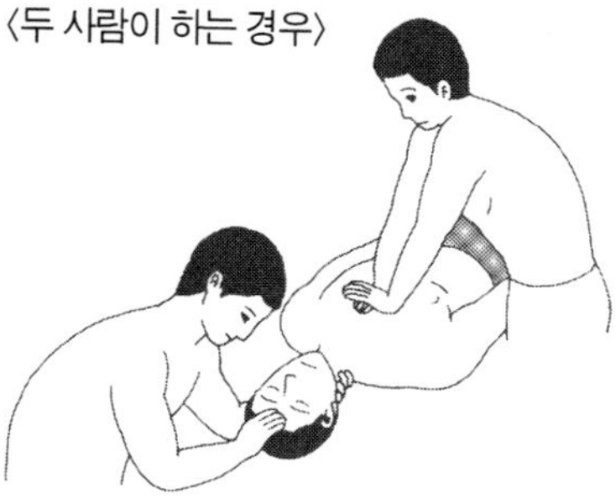

①
한 사람은 심장마사지를 5회 실시하고, 한 사람은 기도를 확보한다.

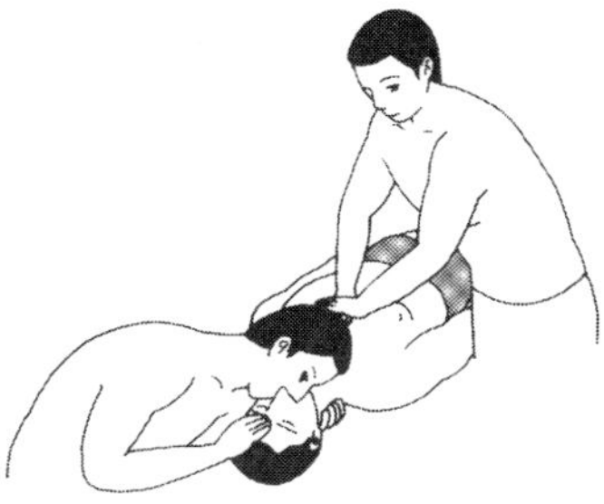

②
5회째 마사지의 힘을 뺄 때 또다른 한 사람은 인공호흡을 1회 실시한다.
①, ②를 되풀이한다.

〈혼자 하는 경우〉

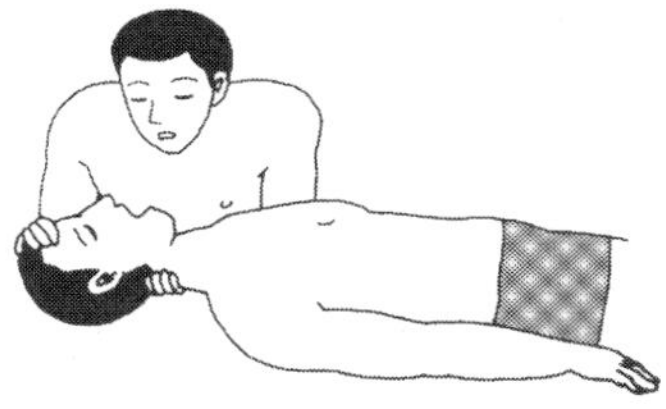

①
기도확보

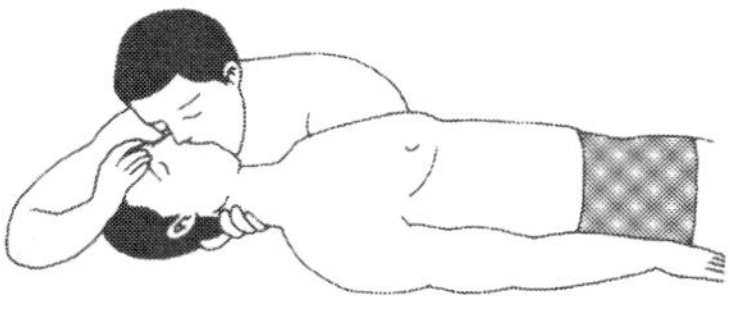

②
마우스 투 마우스 2회 실시

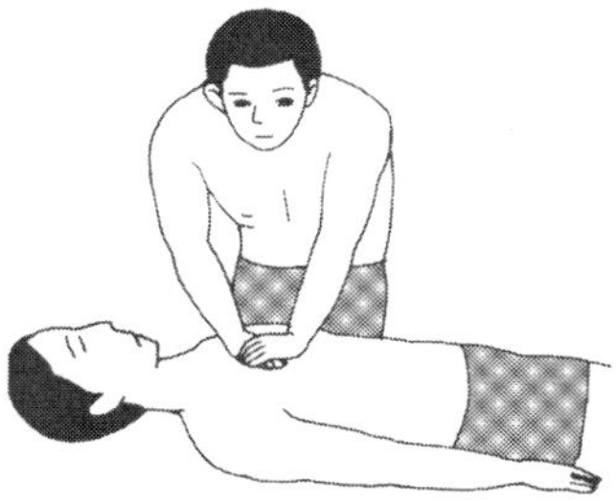

③
이어서 심장마사지 15회 실시
①, ②, ③을 되풀이한다.

그림 10-37 **인공호흡과 심장마사지의 실제**

4. 경추 · 경수상해

다이빙으로 인해 경추와 경수가 손상될 수도 있다. 이 경우 다이빙한 사람의 사지가 마비되었다면 바닥에 충돌한 경우가 많다.

일반적으로 두부가 물바닥과 충돌하면 경추과굴곡의 형태로 상해를 입기 때문에 의식장애가 동반되는 경우가 많다. 이같은 손상이 의심되면 일반적인 익수자에 대한 처치와 다르게 처치해야 한다. 왜냐하면 경추의 탈구 · 골절이 있을 때에 경추를 불필요하게 움직이면 새롭게 경수손상을 일으켜 버리거나 악화시킬 수 있기 때문이다. 즉 같은 물에서 발생한 사고라도 단순한 익수와는 달리 기도확보를 위해 실시하는 두부후굴(경추과신전)의 조작은 대단히 위험하며, 하악거상(아래턱을 올리는 것)으로 기도를 확보해야 한다(그림 10-38).

마찬가지로 경추과굴곡, 회선운동은 피해야 한다. 또 구조를 위해서 입수할 때 큰 파도를 일으켜 사상자의 경추에 진통을 일으키는 일이 없도록 주의해야 한다.

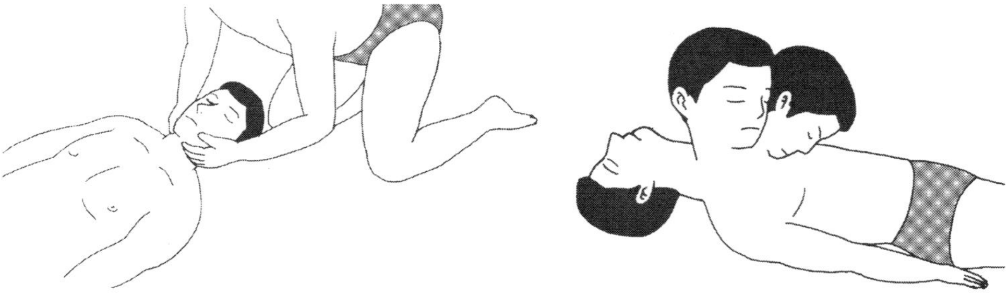

두부를 후굴하지 말고 아래턱에 손가락을 대고 전방으로 들어올린다.

경추의 과신전 · 과굴곡 · 회선운동을 하지 않는다.

그림 10-38 경추의 탈구와 골절이 의심되는 경우의 기도확보

따라서 다이빙에 의한 경추·경수상해로 의심될 때에는 먼저 경추의 안정적인 고정에 대한 배려를 충분히 해두는 것이 가장 중요하다. 가능하면 큰 판을 준비해서 입수는 조용히 하여 양팔로 경추를 꽉붙잡아 고정한 다음 위를 향한 자세로 한다. 따라서 하악거상에 의해 기도를 확보해 마우스 투 마우스 호흡법을 즉각 실시한다. 판에 상해자를 놓고 둥글게 만 타월 등으로 경부의 양쪽을 지지하고 물 밖으로 나온다. 이동 때에도 한 사람은 경부의 지지만을 담당하고 움직인다.

경수·경추상해 시에는 쇼크상태, 호흡마비를 나타내는 경우도 많으므로 육상에서도 일반 익수자에 대한 것과 마찬가지로 응급조치를 계속해야 한다. 그리고 구급차를 이용하여 가능한 한 빨리 정형외과나 뇌신경외과가 있는 병원으로 옮긴다. 만약 구조자를 옮겨야 할 경우에는 넓고 딱딱한 판이나 벤치, 책상 등에 상해자를 실어 경추가 움직이지 않도록 주의하면서 4인 이상이 함께 운반한다.

용어해설

» **고글(goggle)** 눈을 보호하기 위해 쓰는 수중안경.

» **국제수영연맹(FINA)** 본부는 프랑스에 있음. Federation Internationale de Natation Amateur.

» **그랩 스타트(grab start)** 발을 약간 벌리고 손을 발밑에 두고 출발대를 누르며 출발하는 방법으로, 순간적으로 빠르게 멀리 뛰어나가기 위하여 연구된 출발방법.

» **네거티브 스플리트(negative split)** 수영을 전후반으로 나누었을 때 후반부 수영이 전반부 수영보다 빠른 데서 비롯되는 상황.

» **돌핀킥(dolphin kick)** 접영의 발차기로, 양다리를 나란히 하여 차는 방법. 돌핀킥이라는 이름은 돌고래가 꼬리를 움직이는 모습과 닮은 데서 유래되었다.

» **디센딩(descending)** 똑같은 수영을 여러 번 할 때 횟수가 거듭될 때마다 속도를 증가시키는 수영연습법.

» **디크리징(decreasing)** 인터벌 연습의 일종으로 일정한 속도로 수영하며 쉬는 시간을 점차 줄여가는 방법.

» **라이트 암 스위밍(right-arm swimming)** 왼팔을 앞으로 쭉 편 상태에서 오른팔만 가지고 스트로크하는 것. 이 때 별다른 지시가 없으면 자유형으로 한다.

» **레그(leg)** 다리. 허리의 아랫부분 전부를 가리킨다. 발과는 구별됨.

» **레프트 암 스위밍(left-arm swimming)** 오른손은 앞으로 쭉 펴고 왼손만 가지고 스트로크 하는 것. 이 때 별다른 지시가 없으면 자유형으로 스트로크한다.

» **롤링(rolling)** 수영할 때 몸이 좌우로 기울어지는 것. 자유형에서는 좌우 같은 각도여야 하며, 잘 이용하면 물속 동작을 효과적으로 할 수 있어 물의 저항도 감소된다.

» **롱 디스턴스(long distance)** 장거리.

- » **롱 스트로크(long stroke)** 한 팔은 가능한 한 앞으로 쭉 펴고 또 다른 한 팔은 뒤쪽으로 약간 벌린 듯이 쭉 편 상태에서 자유형과 배영으로 스트로크한다.
- » **리커버리(recovery)** 양팔과 양다리가 추진작용을 시작할 수 있는 자세로 올라오는 스트로크의 한 부분.
- » **리플(ripple)** 자유형시 완전한 리커버리를 취할 때 수면에 잔물결이 일 정도로 손가락 끝이 수면상에 닿는 스트로크의 한 방법.
- » **리피트(repeat)** 똑같은 거리를 두고 한가지 영법으로 일련의 수영을 반복하는 것.
- » **메들리(medley)** 4종류의 수영을 계속하여 수영하는 방법. 한 선수가 행하는 개인혼영과 4명의 선수가 행하는 혼계영이 있다.
- » **메들리 릴레이(medley relay)** 정해진 거리(보통 400m)를 배영 · 평영 · 접영 · 자유형(앞의 3가지 이외의 수영)의 순서로 4명이 계영한다.
- » **미들 디스턴스(mid distance)** 중거리
- » **바이래터럴(bilateral)** 자유형시 고개를 오른쪽과 왼쪽으로 번갈아 돌리며 호흡하는 것.
- » **보드(board)** 킥보드. kicking 연습을 할 때 팔에 부력을 주고 턴할 때 쉽게 조작할 수 있을 정도의 크기를 가진 직사각형 모양의 부유 장비를 말한다.
- » **보디 포지션(body position)** 몸의 위치. 수영할 때의 자세. 4가지 영법의 기본은 보디 포지션을 수평 또는 유선형으로 유지하는 것이다.
- » **브로큰(broken)** 어떠한 거리를 몇 부분으로 구분하여 짧은 휴식(5~10초 정도)을 가지며 반복하여 목표기록을 달성하는 연습방법. 예를 들어, 200m=2분 목표 기록이라면 50m를 30초로 수영하고, 10초 휴식을 5회 반복한다. 같은 페이스로 목표기록을 수영하지 않으면 안 된다.
- » **브리딩(breathing)** 호흡.
- » **서키트 트레이닝(circuit training)** 육상트레이닝으로서 각종 웨이트 트레이닝과 스트레칭을 조합하여 차례차례로 연습하는 방법. 많은 인원이 함께 실시하여 근력 · 근지구력 · 파워스피드 · 산소부하능력 등과 같은 체력구성요소를 동시에 높이는 효과가

있다. 복잡한 운동은 정확함이 결여되므로 제외한다. 하나의 운동에 쓰인 근육은 부분적으로 피로가 발생하지만, 휴식을 취하지 않고 또다시 같은 근육을 사용하지 않는 다음 운동으로 옮겨져 각 부분의 운동을 포함한 1세트를 끝낼 때까지 쉬지 않는다. 심박수가 높은 운동의 부하를 바꾼다거나, 1세트보다 2세트째에 시간을 단축하여 실시하고 2세트를 마치고 쉬는 방법도 있다. 운동의 부하·횟수 등은 능력에 맞추어 트레이닝을 편성한다.

» **스윔 벤치(swim bench)** 수영동작에 가장 가까운 자세로 부하를 주어 근육을 강화하기 위하여 개발된 기구. 몸을 옆으로 눕히는 끝부분에 추가 달려 손으로 당기도록 되어 있는 로프.

» **스타팅 블록(starting block)** 출발대. 최근에는 풀에 부착하는 방식보다는 수시로 떼어낼 수 있도록 제작되며, 상단은 비스듬히 경사져 있다.

» **스타팅 그립(starting grib)** 배영의 출발을 위하여 설치된 손잡이.

» **스트레칭(stretching)** 유연체조·근육·건의 신축성·관절의 유연성을 높이기 위해 실시하는 육상운동. 준비체조와 같이 항상 실시해야 한다.

» **스트로크(stroke)** 오른팔 또는 왼팔의 회전동작. 이 때 양팔에 의한 완전한 스트로크는 2회의 스트로크로 구성된다.

» **스트림라이닝(streamlining)** 일반적으로 물의 저항을 최소한으로 줄이도록 몸을 가능한 한 유선형으로 만드는 동작.

» **스프린트 이벤트(sprint event)** 100m 미만의 수영경기.

» **시뮬레이션(simulation)** 경기에서 직접 느끼는 체감을 경기에 가장 가까운 형태로 경험하는 것을 목적으로 하는 연습. 경기에서 수영하는 거리를 제1구분은 반분, 다음은 반분을 계속 2회, 합계 3-5구분으로 하여 그 경기 종목의 자신의 최고기록보다 훨씬 빠른 기록을 목표로 하여 달성하도록 한다. 주로 시즌의 후반에 사용하며, 너무 잦은 사용은 피로의 원인이 되므로 주의하여야 한다.

» **아웃도어 풀(outdoor pool)** 옥외 수영장. 실내는 인도어 풀(indoor pool).

» **에그비터 킥(eggbeater kick)** 평영 킥. 그러나 발은 한번에 하나씩 움직인다.

» **엔트리(entry)** ① 경기에서의 출장신청. ② 영법에서는 손의 입수.

» **웨이트 트레이닝(weight training)** 강한 근육을 만들기 위한 육상 연습. 바벨이나 덤벨과 같은 중요기구를 사용한다든지, 스트레치 고무줄 같은 고무의 수축력을 이용한다든지, 또는 자기의 체중을 이용한 굴신운동을 한다. 연령층 · 시기 · 부하량 등 세심한 주의를 기울여 연습계획을 세울 필요가 있다.

» **웨지 킥(wedge kick)** 평영에서 발을 당겼을 때 뒤꿈치의 사이를 좁게, 무릎을 옆으로 열고 무릎의 간격이 넓도록 끌어당기는 방법. 웨지 킥은 다리를 굽혔을 때 물의 저항이 큰 것과 물을 후방으로 차는 것보다 비스듬히 바깥으로 차서 두 다리로 짜는 동작에 쓰이므로 추진력을 얻기 위해서는 효과적이지 않다.

» **윕 킥(whip kick)** 평영의 발차기에는 윕 킥과 웨지 킥(wedge kick)의 두 가지가 있는데, 현재 대부분의 선수는 윕 킥을 사용한다.

윕킥의 사용시 주의사항은 다음과 같다.

① 발목을 굽혀 두 다리를 가지런히 하여 똑바로 편다.

② 발목을 굽힌 채로 무릎과 고관절을 굽혀 발을 끌어 붙인다.

③ 차내는 동작은 뒤꿈치를 시작으로 타원형을 그리는 감각으로 발목을 굽힌 채로 무릎을 편다.

④ 발차기의 마무리는 두 다리가 붙을 때까지 편다. 이 때 엄지발가락이 가지런히 놓일 정도가 적당하다.

» **인디비주얼 메들리(individual medley)** 개인혼영. 동일거리의 접영, 배영, 평영, 자유형의 순서로 이어지는 경기방법.

» **인터벌 트레이닝(interval training)** 짧은 휴식 간격이 번갈아 오는 최고수준에 가까운 연습시기로 구성된 컨디션 조절법. 인터벌 수영은 각 세트마다 정해진 출발시간에 시작하거나 각 세트 사이에 정해진 휴식을 취하거나 각 세트사이에 평이한 속도를 삽입하는 것 등을 포함할 수 있다.

» **캐치 업(catch up)** 한쪽 팔이 완전히 한 사이클을 마친 뒤 다른 쪽 팔이 회전을 시작하기 전에 팔을 쭉 앞으로 펴서 휴식하는 자유형 영법. 다시 말해 정면에서 서로 교대하는 것을 말한다.

» **캐치 포인트(catch point)** 손동작에서 충분히 편 손이 물을 긁기 시작하는 점. 손끝에서 팔꿈치까지 전체적으로 물을 잡는 감각이 중요함.

» **컨디션(condition)** 수영에서는 몸의 상태나 수영의 기술을 종합적으로 높인다는 뜻으로 사용된다.

» **컴비네이션(combination)** 수영에서의 쓰임은 ① K-킥, P-풀과의 구별을 하기 위해 C-컴비를 줄여서 쓰인다. ② 손과 발의 조화. ③ 연습항목의 조합.

» **코스(course)** 경기자가 수영하는 수로. 연맹규정에는 넓이 2~2.5m 이상으로 규정되어 있다.

» **코스 라인(course line)** 코스 중앙의 밑바닥에 그어져 있는 선.

» **코스 로프(course rope)** 철사 또는 와이퍼에 나무 또는 PVC 제품의 원통물을 관통한 것으로 코스를 구분한다.

» **퀵 턴(quick turn)** 물 속에서 되돌아오기 동작 중 뒤집어 나오는 동작.

» **크롤(crawl)** 크롤은 현재 가장 빠른 영법으로 알려져 있다. 경기종목으로서는 자유형 영법에 한정하지 않고 자유형으로서 어떠한 수영이라도 가장 빠른 수영이 개발될 여지가 남아 있다.

» **킥(kick)** 발로 물을 차는 것. 과거에는 비트(beat)라고 표현했다. P=pull과 구별하여 K라고 줄여쓰기도 한다.

» **타이밍(timing)** 동작에 가장 적절한 순간.

» **타임 레이스(time race)** 각조의 착순에 관계없이 기록이 빠른 순서부터 결승진출자를 결정하는 예선.

» **터치(touch)** 골(goal). 또는 턴할 때 벽면에 접촉하는 것.

» **테이크 유어 마크(take your marks)** 스타트할 때(차렷)의 호령. 이전에는

swimmers up의 구령으로 출발대에 올랐다.

» **튜브(tube)** 팔젓기동작시 저항을 증가시키고 힘을 키우기 위해 발목에 감는 스쿠터기의 타이어 튜브를 가리킴.

» **파트렉(fartrek)** 장거리 연습할 때 도중에서 스피드를 변화시켜 극복력 · 추위 · 페이스 변화를 몸에 익히는 연습방법. 일명 스피드플레이라고도 한다.

» **패들(paddle)** 저항을 증가시켜 힘을 키우기 위해 손에 부착하는 것으로 다양한 모양의 플라스틱판을 말함

» **페이스 클락(pace clock)** 연습때 풀의 사이드에 설치하는 대형 1시간 계시용 시계. 분침과 초침이 부착되어 있다. 선수들은 이것으로 수영기록을 알 수 있다.

» **풀(pull)** 수영의 팔젓기 동작. 연습에서는 손만의 연습. P라는 약자를 쓴다.

» **풀 부이(pull buoy)** 두 개의 원통형의 스티로폼을 붙인 것으로 pulling 연습시에 발에 부력을 주어 양팔의 동작을 자유롭게 하기 위해 만들어진 부유장비를 말함.

» **풀 사이드(pool side)** 풀 주위의 공간. 영어권에서는 풀 테크라고 한다.

» **프로그레시브(progressive)** 수영을 여러 회로 분할했을 때 진행시 각각의 수영속도를 점차 증가시켜 나가는 영법.

» **피치(pitch)** 팔이나 발을 움직이는 횟수나 상태. 일정거리에서의 팔젓는 동작의 숫자.

» **하이 엘보(high elbow)** 풀하는 손동작의 전반부에는 팔꿈치를 높이 유지하여 긁는 동작이 가장 효율적이다. 이 동작은 팔꿈치를 굽혀 상완을 안쪽으로 끌어넣으면 정확하다. 리커버리 때에는 손목이 팔꿈치보다 낮게 되돌려진다.

» **하이폭식 트레이닝(hypoxic training)** 수영을 하는 사이사이의 호흡 수를 1/2, 1/3, 그 이하로 제한하는 연습법. 혈액이 보다 효율적으로 근육에 산소를 공급하고, 이산화탄소를 운반하는 심폐기능을 높이기 위하여 실시. 또한 선수가 경기에서 전력을 다하는 데 도움이 되도록 자연스럽게 실시한다. 그리고, 무호흡의 능력도 높인다. 보통 3~7 팔젓기에 1회 호흡을 좌우측 모두 교대로 실시하여 롤링의 좌우균형 맞춤 등 폼의 교정도 겸하여 실시하는데, 선수가 두통을 호소해 오면 호흡수를 증가시키도록 한

다. 풀 브로큰 등 여러 가지 연습에 채택된다. 배영의 경우 코마개(nose grib)를 착용시켜 입이 열리는 것을 확인하면 된다. 호흡수를 줄이면 체내의 산소부채가 증가하는데, 반복된 연습을 통해 생리적 변화가 일어나 심폐기능, 근육의 피로회복 능력이 높아지게 된다.

참고문헌

고영완, 이동욱, 최정락, 김성길(1999). 건강수영과 수상안전. 홍경출판사.

김상겸, 위성식, 김창국(2002). 수영의 지도와 관리. 대경북스.

김성수, 정일규(2000). 운동생리학. 대경북스.

김재호(2009). 실전 수영. 대경북스.

김창국, 김헌수, 홍종문 역(2000). 스포츠생체역학. 대경북스.

대한수영연맹(1998). 규정집. 대한수영연맹.

대한적십자사(1997). 수상안전과 인명구조. 동명출판사.

대한적십자사(1998). 수영과 수상안전. 동명출판사.

대한적십자사(1992). 수상안전. 동명인쇄사.

대한적십자사(2003). 안전수영. (주) 동명인쇄.

대한적십자사(1995). 응급처치. 동명인쇄사.

대한적십자사(1994). 응급처치 기본요령. 동명인쇄사.

대한체육회 스포츠과학연구소(1984). 경영의 코우칭.

박성순 외 3인(1987). 스포츠기술의 생체역학. 동화문화사.

백광(1992). 스포츠 안전학. 도서출판 나남.

육현철(2012). 수영(경영) 경기 운영론. 광림북하우스.

육현철(2015). 수영지도론 Ⅱ. 광림북하우스.

육현철(2018). 수영지도론. 2: 초보에서 선수 및 지도자에 이르기까지. 광림북하우스.

의학교육연수원(1989). 응급처치. 서울대학교출판부.

임번장(1982). 수영. 동양문화사.

이상우 외(1994). 신안전교육. 세종출판사.

이수영 외(1996). 구급안전학. 도서출판 교육성당.

이은옥 외(1996). 응급처치의 원리와 실제. 수문사.

이재학(1987). 운동치료학. 대학서림.

임번장(1985). 스포츠 시리즈 3. 수영. 동양문화사.

임번장 외 7인(1976). 체육실기지도서. 동화문화사.

전형권, 유영창(2002). 수영지도와 프로그램. 대경북스.

조윤제(1998). 수영지도와 수상안전. 부산정보대학 출판부.

조윤제, 남동현(2003). 수영상해의 예방 및 처치. 대경북스.

진낙식, 유신환(2018). 수영지도자 길라잡이. 지식과감성.

한갑수(1985). 인체해부학. 고문사.

東島新次・堂下雅晴(1993). 水泳. ベ-スボ-ル・マガジン社.
鈴木智光(2015). 子供の命を守る泳力を保証する 先生と親の万能型水泳指導プログラム. 学芸みらい社.
松井秀治, 横江清司(1995). スポ-シ外傷と障害. スポ-シ-ル・アガジン社.
永瀬功二(2016). ペア グル-プの力でみんな泳げる! 水泳指導アイデア事典. 明治圖書出版.
日本水泳連盟 編(2019). 水泳指導教本-公認コーチ 1. 公認コーチ2用 [3訂版 edition]. 大修館書店.
日本赤十字社 編(1977). 赤十字救急法教本.
日本赤十字社 編(1979). 赤十字水上安全講習教本.
直井寿徳, 増渕順恵(2018). 障害を持った子どもたちのための水泳指導. 健康ジャ-ナル社.
平川譲, 清水由, 眞栄里耕太, 齋藤直人(2016). 水泳指導のコツと授業アイデア. ナツメ社.
合屋十四秋(2018). 水泳水中運動のカラクリとその指導 科學的エビデンスにもとづくティーチングメソッド. インプレスR&D.

FINA(2015-2017). FINA 시설규정.

Anderson, J. R.(1999). *Muir's Textbook of Pathology, 12th Eds*. London : Arnold.
Bergeron, J. D. & H. W. Greene(2000). *Coaches Guide to Sport Injuries*. Human Kinetics Books, Champaign.
Daniel, N. K.(1998). *The Injured Athlete*. J. B. Lippincott Co., Philadelphia.
Department for Culture, Media and Sport(2012). *Archived from the original*.
Forster, A. & Palastanga, N.(2001). *Clayton's Electrotherapy, Theory and Practice, 9th Eds*. Eastbourne : Bailliere Tindall.
Helal, B., King, J. B. & Grange, W. J.(1999). *Sports Injuries and Their Treatment*. London : Champman and Hall.
Human Kinetics(2010). *Simming Anatomy*.
Jones, Helen; Millward, Peter; Buraimo, Babtunde(August 2011). *Adult participation in sport*.
Mosterd, W. L. & Jongbloed, J.(1964). *Analysis of the stroke of highly trained swimmers*.
Taussing, M. J.(1994). *Processes in Pathology and Microbiology, 2nd Eds*. Oxford : Blackwell Scientific Publication.

저 | 자 | 소 | 개

김 재 호

동의대학교 체육학과 졸업
동아대학교 대학원 교육학석사
동아대학교 대학원 이학박사
한국해양대학교 수상안전법 사범강사
대한적십자사 응급처치법 및 수상안전법 강사
부산광역시 경찰청 응급처치법 및 수상안전법 교관
부산광역시수영연맹 이사
부산광역시 재난평가위원
대한손상예방협회 수상안전본부장
대한수영연맹 공인1급 지도사
대한수영연맹 공인1급 심판
대한재난안전 공인1급 지도사
동의과학대학 사회체육과 교수
현 동의과학대학 사회체육과 학과장

수영지도론

초판인쇄 2020년 3월 10일
초판발행 2020년 3월 16일
발 행 인 민유정
발 행 처 대경북스
ISBN 978-89-5676-811-3

dkb 대경북스
등록번호 제 1-1003호
서울시 강동구 천중로42길 45 2F · 전화 : 02) 485-1988, 485-2586~87
팩스 : 02) 485-1488 · e-mail:dkbooks@chol.com · http://www.dkbooks.co.kr